KB276107

AI시대,
무엇이 성과를
이끄는가?

AI시대,
무엇이 성과를 이끄는가?

초판 1쇄 발행 2026년 01월 01일

지은이 유준희

표지 디자인 사지 스튜디오
내지 디자인 박은진
마케팅 이유림 | **경영지원** 이지원

펴낸곳 파지트 | **펴낸이** 최익성
출판총괄 최익성 | **출판등록** 제2021-000049호

주소 경기도 화성시 동탄원천로 354-28 | **전화** 070-7672-1001
이메일 pazit.book@gmail.com | **인스타** @pazit.book

© 유준희 2026
ISBN 979-11-7152-084-8 (03320)

THE STORY FILLS YOU
책으로 펴내고 싶은 이야기가 있다면, 원고를 메일로 보내주세요.
파지트는 당신의 이야기를 기다리고 있습니다.

AI시대, 무엇이 성과를 이끄는가?

<hr>

조직문화 실전 가이드

유준희 지음

속도의 시대, 문화는 전략의 무기가 된다.

pazit

1부

AI, 그 변화의 본질

1장 기술이 아니라 '일하는 방식'이 바뀌었다 ——— 11

기술의 진화와 인간의 적응 · 11

'알고 있는 것들'의 종말 · 13

기술의 도구화, 그리고 도구의 풍요 · 16

전문가의 소멸, 실행가의 부상 · 19

동시적, 선별적 정보 흐름 · 21

협업의 진화 · 24

일하는 방식과 행동의 정렬 · 26

2장 일과 성과의 새로운 공식 ——— 29

일의 증강Augmentation · 29

성과의 재정의 · 31

성과의 구조 · 33

실행 문해력 · 36

실행하는 동안의 학습 · 39

컨택스트 중심의 목표 · 42

실행과 학습의 리듬 · 44

3장　왜 기술이 아니라 조직문화인가? —————— 47

AI라는 황금망치 · 47

AI의 효과를 증폭시키는 클러치 · 51

장기 성과와 단기 성과 · 54

직관과 통찰의 조직문화 · 57

배우는 방식을 배우는 조직문화 · 60

조직문화의 본질 · 64

기술의 공진화 · 67

1부 "AI, 그 변화의 본질"을 마치며 —————— 70

2부

AI 시대, 우리만의 조직문화 만들기

4장　목적과 일하는 원칙에서 시작하라 —————— 75

목적과 일하는 원칙 · 75

조직의 목적MTP: Massive Transformative Purpose · 80

원칙 중심의 일 문화 · 84

일하는 원칙 정립 · 87

목적과 일하는 원칙의 일상화 · 94

목적과 원칙이 조직문화의 출발점 · 96

5장　업무 프로세스를 다시 설계하라 —————— 100

업무 프로세스가 핵심 · 100

원칙과 프로세스의 정합성 · 103

조직문화기반의 프로세스 재설계 · 107

AI자동화 도구와 프로세스 설계 · 112

프로세스를 움직이는 감각: 리듬과 연결 · 116

조직문화 기반 프로세스 설계 도구들 · 120

**6장 실행을 설계하고 흐름을 만드는
리더십으로 전환하라** ———————————— 126

리더십의 근본적인 전환(실행촉진자) · 126

정렬과 흐름의 촉진자 · 129

스스로 판단할 수 있는 환경설계 · 133

실행루프를 설계하는 리더 · 137

실행을 촉진하는 리더의 언어 · 141

몰입 환경을 설계하는 리더 · 145

7장 평가와 보상: 실행과 학습에 보상하라 ———————— 151

실행 중심의 평가/보상 · 151

학습에 대한 평가/보상 · 156

실패와 실험에 대한 평가/보상 · 159

협업과 집단 성과에 대한 평가/보상 · 163

목적과 원칙에 정렬된 평가/보상 · 166

AI 활용 성과에 대한 평가 · 170

8장 성장 설계: 실행속에 성장경로를 구축하라 ———————— 174

AI 시대의 새로운 성장 설계 · 174

실행루프 기반의 성장 · 177

성장형 실행자의 역량 · 179

AI 기반 맞춤형 성장 구조 · 182

성장 환경 조성 · 185

성장 과제 설계 · 188

성장 경로 중심의 경력 설계 · 191

9장 조직구조: 문제 중심 실행구조로의 전환하라 ——————— 195

실행의 흐름을 담는 조직구조 · 195

문제 해결자 중심의 설계 · 198

실행 단위 중심의 조직모델 · 201

권한과 책임의 유기적 분산 · 204

실행 중심 조직 설계 도구 • 206

조직구조 전환을 위한 실행 로드맵 • 212

**10장 공간과 기술:
몰입과 실행을 지원하는 인프라를 구축하라** ——— 216

실행환경으로서 공간과 기술 • 216

몰입을 설계하는 공간: 집중, 연결, 회복의 리듬 • 219

일하는 원칙과 연결된 공간 디자인 • 222

AI 시대의 하이브리드 워크 인프라 • 224

몰입과 실행을 위한 인프라 설계자의 역할 • 226

11장 조직문화 활동과 커뮤니케이션을 디자인하라 ——— 228

목적과 원칙을 반영한 활동 설계 • 228

일상 속에 스며드는 조직문화 루틴 • 232

피드백과 공유 활동 • 234

커뮤니케이션 채널과 방식의 설계 • 237

실천공동체와 사내 토론 문화 • 240

12장 우리만의 조직개발 체계를 구축하라 ——— 243

변화의 통합 관리체계 • 243

조직요소의 정렬: 리더십·구조·보상·성장·공간의 통합 • 246

실행 루프 기반 조직개발 • 248

변화의 라이브스트리밍 조직문화진단 • 250

제도화된 경험, 경험화된 제도 • 255

구성원 참여의 제도화 • 257

지속 실행가능한 조직개발체계 설계 • 259

AI와 인간의 공진화를 촉진하는 조직개발 • 261

2부 "AI 시대, 우리만의 조직문화 만들기"를 마치며 ——— 265

AI,
그 변화의
본질

1장

기술이 아니라
'일하는 방식'이 바뀌었다

기술의 진화와 인간의 적응

"세상이 빠르게 변하고 있다"라는 말은 이제는 상투적인 표현처럼 들릴지도 모른다. 그러나 이 문장 속에는 두 가지의 본질적인 속도 변화가 동시에 담겨 있다. 하나는 기술, 즉 우리가 사용하는 도구와 시스템이 진화하는 속도이고, 다른 하나는 인간, 즉 우리가 그 기술에 적응하며 살아가는 속도다. 이 둘은 때때로 나란히 가기도 하지만, 대부분의 시간에는 미묘하게 어긋나 있다. 중요한 것은 기술의 진화보다는 그것을 수용하고 체화하는 인간의 적응이며, 진정한 변화는 바로 여기에 있다.

인간은 언제나 기술에 빠르게 적응하여 삶의 방식을 변화해 왔다. 농업기술은 인간을 정착 생활로 이끌었고, 인쇄술은 지식의 전파를 획기적으로 확장시켰다. 산업혁명은 기계와 에너지의 결합을 통해 대량생산의 시대를 열었고, 20세기의 디지털 기술은 우리의 사고방식과 생활 양식을 근본부터 뒤바꿨다.

스마트폰이 처음 등장했을 때 사람들은 "모든 사람들이 쉽게 사용할 수 있을까?"라는 의문을 품기도 했다. 그러나 불과 몇 년 만에 그것은 우리 삶의 일부가 되었고, 이제 우리는 은행 업무, 통신, 콘텐츠 제작, 심지어 의료와 교육까지 이 작은 기기를 통해 수행한다. 인터넷, 클라우드, 가상현실 등 다양한 기술이 빠르게 일상화된 것도 같은 맥락이다. 인간은 기술에 적응하고, 그것을 자신만의 방식으로 재해석하며 도구화하는 능력을 끊임없이 키워왔다.

그러나 지금, 우리는 그동안 경험하지 못한 전환점을 마주하고 있다. 과거에는 기술이 한 걸음 먼저 나아가고 인간이 그것에 따라 적응하는 리듬이 어느 정도 유지되었지만, 이제 그 간극이 빠르게 벌어지고 있다. 이 간극이 현실로 드러난 가장 상징적인 사건은 2022년 11월, 오픈AI의 ChatGPT와 함께 본격적으로 대중에게 다가온 생성형 AI의 등장이다.

AI라는 개념 자체는 결코 새삼스러운 것이 아니다. 인공지능은 이미 1950년대부터 연구가 시작되었고, 80~90년대에는 머신러닝, 2000년대 초반에는 딥러닝으로 진화하며 산업과 학문의 중심 주제가 되었다. 특히 우리나라에서는 2016년 알파고와 이세돌 9단의 바둑 대국을 통해 대중적 관심이 폭발적으로 확대되었다. 그러나 생성형 AI의 등장은 단순한 관심을 넘어, AI라는 개념이 우리의 삶과 업무에 깊숙히 들어오는 계기가 되었다.

알고리즘은 아무리 정교하더라도 사람이 설계한 절차를 충실히 따르는 것이며, 결과는 예측 가능하다. 반면 AI는 비록 방향이 설계되었다고 하더라도, 그 안에서 스스로 아이디어를 제시하고, 스스로 결정하고 행동하며, 심지어 예측하지 못한 새로운 것을 만들어내기도 한다. 생성형 AI의 등장은 단순히 ChatGPT나 제미나이와 같은 AI 어플리케이션의 활용이 빠르게 일상화되고 있다는 것을 넘어서, 에이전틱 AI, 피지컬 AI 등, 스스로 결정하고 행동하고, 새로운 것을 만들어내는 AI라는 존재가 더 이상 이론적인 개념이나 소설 속 상상에 머무르지 않고, 우리의 삶과 업무의 일상이 되어가고 있다는 것을 의미한다.

AI의 발전으로 인해 기술의 진화 속도와 인간의 적응 속도의 간극은 점점 더 커지고 있으며, 단순히 새로운 기술을 수용하고 체화하는 기존의 적응은 더 이상 유효하지 않다. 이제, 우리는 기술을 주체적으로 이해하고, 학습과 사고방식을 전환하며, 그것을 삶과 업무 속에서 의미 있게 활용하는 새로운 적응을 만들어가야 한다.

'알고 있는 것들'의 종말

정보는 오랫동안 희소한 자산이었다. 누구에게 어떤 정보가 주어지는지가 곧 권력의 구조를 결정했고, 사회와 조직은 이 희소성의 원리에 따라 움직였다. 그러나 이 정보의 희소성은 인류의 역사를 거치며 점차 무너져왔다. 그리고 지금 우리는 그 마지막 벽조차 허물어지는 시대를 살고 있다.

첫 번째 전환은 15세기 구텐베르크의 인쇄술 발명으로 시작되었다. 이전까지 책은 손으로 필사해 만든 값비싼 물건이었고, 지식은 수도원이나 귀족 사회처럼 폐쇄된 영역에 국한되어 있었다. 하지만 금속활자의 등장은 지식의 유통 속도를 비약적으로 끌어올렸다. 정보는 더 이상 소수의 특권층만이 독점하는 자산이 아니게 되었다. 대중은 책을 읽을 수 있게 되었고, 학문과 사상의 교류는 폭발적으로 확장되었다. 정보의 벽은 균열을 일으켰고, 인류는 처음으로 지식의 평등을 향한 첫걸음을 내디뎠다.

두 번째 전환은 인터넷, 특히 구글의 등장에서 나타났다. 검색창에 단어 하나만 입력하면 전 세계의 정보가 손안에 들어오는 시대가 열렸다. 이제 정보는 더 이상 도서관에 있는 책을 찾아 헤매야 얻을 수 있는 것이 아니었다. 누구든지, 언제든지, 무엇이든 검색하고 연결할 수 있게 되면서, 정보 접근의 문턱은 사실상 사라졌다. 정보는 이제 누구나 손에 쥐어질 수 있는 자원으로 변했고, 그 양은 끝없이 불어났다. 하지만 이 두 번째 전환에서조차 정보는 여전히 '찾아내야 하는 것'이었다.

그리고 지금, 우리는 세 번째 전환을 지나고 있다. 생성형 AI의 등장은 정보의 패러다임을 근본적으로 바꾸었다. 정보는 이제 더 이상 '찾는 대상'이 아니다. AI는 정보를 직접 만들어내며, 필요한 순간에 실시간으로 변형하고 조합한다. 단순한 검색과 요약을 넘어, 특정 질문에 맞는 보고서, 프레젠테이션, 심지어 전략 제안까지 AI가 스스로 생성한다. 정보는 고정된 형태의 자산이 아니라 언제든 생성되고 변형될 수 있는 동적인 자원으로 바뀌었다. 이 변화는 단순한 기술의 진보가 아니라, 정보의 희소성을 결정짓던 근본적인 규칙을 무너뜨리는 전환이다.

과거에는 전문가만이 접근할 수 있던 고급 정보와 분석이 이제는 누구나 AI를 통해 손쉽게 얻을 수 있는 시대다. 몇 번의 클릭, 몇 번의 프롬프트 입력만으로 방대한 데이터가 정리되고, 과거 수일 혹은 수 주 걸리던 작업이 실시간으로 처리된다. 정보의 생산과 가공 자체가 평준화되었다. 이것은 '정보를 아는 것' 자체가 더 이상 경쟁력이 되기 어렵다는 것을 의미한다.

이 사실을 새삼 느낀 것은, 지난해 ChatGPT가 한참 화제가 되던 어느 날 중학생인 딸과 나눈 대화에서였다. 딸이 "학교 선생님이 숙제할 때 ChatGPT를 사용하면 안 된대요"라고 말했을 때 순간 웃음이 났지만, 동시에 낯설지 않은 기억이 떠올랐다. 2000년대 초반 호주에서 대학원을 다니던 시절, 일부 교수들이 "과제를 할 때 구글을 사용하지 말라"고 했던 일이 있었다. 당시에도 '인터넷 검색이 정답을 보여주면 학습의 의미가 퇴색된다'는 우려가 있었고, 지금도 AI가 답을 '너무 쉽게' 만들어준다는 이유로 제한하려는 움직임이 있다. 그러나 이런 태도는 지식과 정보에 대한 근본적인 개념이 바뀌었음을 받아들이지 못하는 관성이라고 할 수 있다.

놀랍게도 이런 모습은 일부 기업에서도 여전히 반복된다. 조직 전체의 정보 흐름을 제한하고 선택된 정보만을 일부에게 제공하는 방식을 고수하는 것이다. 관리자들만 전체 그림을 알고 실무자는 조각난 데이터만 받는 구조, 의사결정의 핵심 정보가 상위 직급에서만 다뤄지는 문화는 여전히 존재한다. 그러나 정보는 이미 특정 소수의 손에만 있지 않다. 누구나 접근 가능한 상태로 풀려나 있으며, 이를 억제하려는 시도는 오히려 불신과 단절을 키운다.

기존에는 지식과 정보 자체가 경쟁력이었다. 누가 더 많은 정보를 알고, 누가 더 빨리 접근하는가가 곧 조직과 개인의 우위를 결정했다. 그래서 '지식과 정보의 축적'은 투자로 여겨졌고, 많은 기업과 구성원들이 이를 위해 시간과 노력을 들였다.

그러나 '알고 있는 것'의 희소성이 사라진 지금, 지식과 정보는 더 이상 경쟁력을 가르는 기준이 아니다. 누구나 같은 정보에 접근하고 활용할 수 있는 시대다. 중요한 건 그 지식을 어떻게 해석하고 실행으로 연결하느냐다. 정보가 모두에게 열려 있다는 전제 위에서, 각자가 더 나은 질문을 던지고, 연결하고, 실행할 수 있도록 조직이 설계되어야 한다.

기술의 도구화, 그리고 도구의 풍요

'정보와 지식'만이 아니라 '기술' 역시 더 이상 특정 집단만이 다룰 수 있는 희소한 자원이 아니다. 한때 기술은 자격과 직무, 훈련을 통해서만 얻을 수 있는 특별한 능력이었다. 코드를 짜는 능력, 데이터를 분석하는 능력, 디자인 툴을 다루는 능력 등은 오랜 시간의 학습과 경험을 통해 축적해야 하는 전문성으로 여겨졌다. 하지만 이제 기술은 누구나 손쉽게 접근하고 활용할 수 있는 도구가 되어가고 있다.

이것이 바로 '기술의 도구화'라는 개념이다. 기술의 도구화란, 과거에는 전문지식과 숙련된 기술자만이 다룰 수 있었던 고급 기술이 누구나 사용할 수 있는 직관적인 도구의 형태로 변환되는 현상을 말한다. 더 이상 기술 자체가 목적이 아니라, 기술은 문제 해결을 위한 수단, 즉 도구가 된다는 것이다. AI 기술과 다양한 플랫폼의 발전은 기술의 문턱을 허물고, 전문가만의 영역이었던 기술들을 보편적 자원으로 만들어가고 있다.

지난 2018년 AI Summit Seoul에서 한 글로벌 AI 기업 임원과 나눈 대화가 아직도 기억에 남는다. 농담 삼아 "저도 이제 파이썬을 배워야겠네요"라고 말했더니, 그 임원은 웃으며 "안 배우셔도 됩니다. 조만간 저희가 누구나 코딩 없이도 원하는 프로그램을 쉽게 만들 수 있게 해드릴 겁니다."라고 말했다. 당시에는 조금 과장된 이야기처럼 들렸지만, 어느새 현실이 되었다. 노코드no-code, 로우코드low-code 플랫폼의 폭발적인 성장, 그리고 AI 기반의 코드 생성 기능은 이제 전문적인 프로그래밍 지식 없이도 누구나 앱을 만들고, 데이터를 분석하며, 간단한 서비스까지 구축할 수 있는 시대를 열었다.

이러한 변화는 IT 분야를 넘어 일상의 모든 영역으로 확장되고 있다. 요리에서는 스마트 오븐과 AI 기반 레시피 추천 앱이 요리법을 안내하고, 디자인에서는 Canva나 Figma 같은 툴이 전문 디자이너의 손을 빌리지 않고도 고퀄리티의 결과물을 만들 수 있도록 돕는다. 음악과 영상 분야도 마찬가지다. AI는 몇 가지 키워드만 입력하면 음악을 작곡하고, 동영상을 자동 편집해준다. 교육, 헬스케어, 마케팅, 법률, 행정 등 거의 모든 분야에서, 과거에는 전문가의 손에만 있던 도구와 기술들이 이제는 누구나 쓸 수 있는 형태로 제공되고 있다.

놀라운 것은 이러한 도구들이 넘쳐난다는 점이다. 한 예로, 2025년 9월 기준으로 AI관련 오픈소스를 공유하는 플랫폼인 Hugging Face에만 60만 개 이상의 AI 어플리케이션들이, 170만 개 이상의 AI 모델들이, 그리고 40만 개 이상의 데이터 셋이 등록되어 있다. 또한 GitHub에는 1억 개 이상의 AI관련 오픈소스들이 등록되어 있다. 상당수는 무료거나 저비용으로 접근 가능하다. 이제는 기술이 없어서 문제를 해결하지 못하는 시대는 끝나가고 있다.

그러나 도구가 풍부하다고 해서 모두가 같은 성과를 내는 것은 아니다. 같은 AI 어플리케이션을 가지고도 어떤 사람은 단순히 문서 요약에 그치지만, 또 다른 사람은 이를 전략 설계의 근거로 활용해 팀의 방향을 바꾼다. 같은 디자인 도구를 써도 어떤 이는 포스터를 만들고 끝내지만, 또 다른 이는 캠페인의 메시지를 시각화해 실행으로 연결한다. 또한, 동일한 도구를 갖추고 있어도 어떤 조직은 이를 협업과 실행력 강화로 연결시키는 반면, 어떤 조직은 통제와 보고의 수단으로 활용한다. 결국 기술의 도구화는 기술의 보편화를 통해 경쟁의 출발선을 동일하게 만들어주고 있지만, 진짜 차이는 사고방식과 실행력에서 갈린다.

전문가의 소멸, 실행가의 부상

여기 본질적으로 동일한 일을 하고 있는 두 사람이 있다. 공항 관제사와 초등학교 앞 횡단보도의 안전 도우미. 이들은 모두 자신이 맡은 구역에서 교통 상황을 모니터링하고, 충돌 없이 안전하게 통행이 이루어지도록 관리한다. 하지만 우리는 안전 도우미보다 관제사에게 훨씬 높은 보수를 지급한다. 그 이유는 무엇일까? 관제사는 '전문가'이기 때문이다. 전문가로 인정받는 이유는 두 가지였다. 첫째, 오랜 시간 축적된 지식과 경험. 둘째, 업무의 복잡성이다.

그러나 AI와 기술의 발전은 이 두 가지 이유를 동시에 무너뜨리고 있다.

먼저, 지식과 경험의 축적은 앞에서 살펴본 '지식의 희소성의 해체'와 '기술의 도구화'로 인해 더 이상 전문가만의 전유물이 아니다. 누구나 AI를 통해 빠르게 정보를 검색하고 분석할 수 있으며, 수년간의 학습과 경험을 대체할 수 있는 도구들이 넘쳐난다. 최근 GitHub Copilot 연구 보고서The Impact of AI on Developer Productivity: Evidence from GitHub Copilot, 2023에 따르면, AI의 도움을 받은 개발자들은 경험 수준과 관계없이 더 빠른 성과를 냈으며, 경험이 적은 개발자조차 AI의 지원으로 고경험자와 비슷한 수준에 도달할 수 있었다. AI는 생산성을 높이는 도구를 넘어, 경험 격차를 줄이고 더 많은 사람들에게 실행과 실험의 기회를 제공한다.

또한 업무의 복잡성도 AI 에이전트의 등장으로 점점 단순화되고 있다. 과거 공항 관제사가 처리하던 복잡한 데이터는 이제 다수의 AI 에이전트가 동시에 협력하며 실시간으로 모니터링, 분석, 의사결정을 지원한다. 각기 다른 역할을 맡은 AI들이 데이터를 분담하고 클라우드 인프라로 연결되며, 필요 시 인간 관제사의 판단을 보조한다. 과거 전문가만 수행할 수 있던 고난도 작업이 더 이상 인간만의 고유 영역이 아니게 된 것이다.

이제 진정한 가치는 '실행가'에게로 옮겨가고 있다. 실행가는 문제를 정의하고, 질문을 던지며, 정보를 종합해 판단을 내리고 실행으로 옮기는 사람이다. AI의 출력 결과를 그대로 수용하는 것이 아니라, 이를 검토하고 맥락에 맞게 재구성하여 최종 결정을 내리고 책임을 진다.

한 예로, 과거에는 마케팅 전략을 세우려면 외부 전문가의 분석 보고서를 기다려야 했다. 그러나 이제는 실무자가 AI를 활용해 즉시 데이터를 분석하고 팀과 토론하며, 실험을 통해 전략을 수정하고 실행할 수 있다.

AI는 누구에게나 '해법의 초안'을 제공할 수 있지만, 그 초안을 실행 가능한 전략으로 전환해 실제 실행으로 옮기는 것은 여전히 사람과 조직문화에 달려 있다. 실행가는 질문을 멈추지 않고, 작은 실험을 반복하며, 불완전한 결과를 개선해 나간다. 그리고 실행가를 중심에 두는 조직문화는 실행가가 시도와 학습을 거듭할 수 있도록 신뢰와 심리적 안전감을 제공하고 빠른 실행을 촉진한다. 실행이 자리 잡은 조직만이 빠르게 변화하는 환경 속에서 지속적인 경쟁력을 유지할 수 있다.

동시적, 선별적 정보 흐름

기존의 정보와 일의 흐름은 순차적이고 독점적인 방식으로 이루어졌다. 탐험가가 미지의 땅을 걸어다니며 측량 데이터를 모아오면, 분석가가 이를 정리해 지도를 그리고, 그 지도는 왕실의 창고에 보관되었다. 지도를 소유한다는 것 자체가 권력의 상징이었고, 상위 권력자가 이 독점된 정보를 바탕으로 전쟁과 통치를 계획했다. 그 계획은 다시 군인과 관료들에게 명령 형태로 내려가고, 각자는 맡은 역할을 수행했다. 그리고 실행의 결과는 다시 상부로 모여드는 순차적 흐름이 반복되었다.

그러나 AI와 함께 일하는 오늘날의 정보 흐름은 네비게이션 시스템과 닮아 있다. 위성과 지상 센서가 보내는 수많은 데이터가 클라우드에서 실시간으로 분석되고, 각 사용자는 자신이 위치한 곳에 꼭 필요한 정보만 선별적으로 받는다. 판교에 있는 사람은 판교의 교통 정보를, 강남역에 있는 사람은 강남역의 혼잡 상황을 받는 식이다. 또한 모든 정보를 한꺼번에 제공하지도 않는다. 딱 필요한 순간에 필요한 정보만을 보내준다. 이때 네비게이션은 다양한 경로를 제시하지만, 어떤 경로로 운전할지 혹은 전혀 다른 길을 시도할지는 온전히 운전자의 선택이다. 그리고 운전자의 이동 자체가 다시 데이터로 수집·분석되어 전체 시스템에 반영된다.

과거에는 '지도를 그리는 것' 자체가 중요한 일이었지만, 이제는 '선택하고 실행하는 것'이 핵심이 된다. 조직의 일하는 방식도 마찬가지다. 과거에는 현장에서 모아진 정보가 본사로 올라가 보고서로 정리되고, 경영진이 이를 독점해 판단과 결정을 내린 뒤 지시하는 구조였다. 그러나 AI 시대에는 내외부에서 수집된 다양한 정보가 동시에 분석되고, 구성원 개개인에게 꼭 필요한 정보가 선별적으로 제공된다. 이를 통해 누구나 상황에 맞는 실행을 스스로 선택할 수 있고, 그 실행은 다시 조직의 지식과 데이터로 환류된다.

예를 들어 조선업 현장을 상상해보자. 영업팀이 고객과 협의 중 설계 변경 사항이 발생했다고 하자. 과거에는 영업팀이 요구 사항을 문서화해 설계팀에 전달하고, 설계팀이 이를 반영해 도면을 수정한 뒤 다시 영업팀을 거쳐 고객과 협의했다. 완성된 도면은 생

    1부 — AI, 그 변화의 본질

산팀으로 넘어갔지만, 생산팀이 현장 조건과의 차이를 발견하면 다시 설계팀에 피드백을 요청했다. 설계팀은 대안을 마련해 영업팀을 거쳐 고객과 협의하는 과정을 반복해야 했고, 수많은 회의와 보고, 승인 절차가 이어졌다. 결과적으로 대응 속도는 느려지고 자원은 낭비되었다.

반면 AI 시대의 정보와 일의 흐름은 동시적·선별적으로 작동한다. 영업팀이 고객과 미팅을 진행하는 순간, AI 협업 플랫폼이 고객 요구, 비용, 설계 조건을 실시간으로 분석한다. 그리고 영업팀·설계팀·생산팀에 각각 필요한 정보를 선별적으로 제공한다. 생산팀에는 자원 배분 변경 가능성을, 설계팀에는 예상되는 기술적 제약 조건을, 영업팀에는 원가와 납기 변경 가능성을 알려준다. 각 팀은 이 정보를 토대로 병렬적으로 조치를 실행하며, 짧은 실행 주기로 조정과 실행을 반복한다. 디지털 트윈 AI는 설계 변경 결과를 3D 시뮬레이션으로 시각화해 팀 간 소통을 직관적이고 실시간으로 지원한다. 필요한 경우에만 Ad-hoc 미팅이나 보고, 승인이 이루어지고, 나머지 시간에는 각자가 맡은 실행에 집중한다.

결국 정보 흐름이 순차적·독점적에서 동시적·선별적으로 전환되면서, 조직의 힘은 소수의 판단이 아니라 다수의 실행에서 나온다. 지도 제작이 아니라 길 선택이 중요해진 것처럼, AI 시대의 경쟁력은 정보를 얼마나 모으는가가 아니라 그것을 어떻게 선택하고 실행으로 연결하는가에 달려 있다.

협업의 진화

"한번도 해보지 않은 새로운 업무를 시작하려고 한다"라고 상상해보자. 과거에는 보통 경험이 많은 선배를 찾아가 조언을 구했지만, 이제 많은 사람들은 노트북을 열고 AI에게 질문을 던지기 시작한다. 선배와의 대화는 따뜻하지만 정서적 부담이 따르고, 조언이 기대만큼 실질적이지 않을 수도 있다. 반면 AI는 즉각적이고 실질적인 답을 제공해주며, 필요 이상으로 간섭하지 않는다. 그래서 사람들은 점점 더 AI를 활용하는 쪽을 선택한다.

예를 들어, 바쁜 일정 속에서 보고서 초안을 부탁해야 할 때, 과거에는 후배 직원에게 맡겼지만 이제는 AI에게 요청한다. 신제품의 이름을 정할 때도 예전에는 팀 회의를 열어 아이디어를 모았지만, 이제는 AI에게 수십 가지 제안을 받아 그중에서 토론하고 선택한다. 프로젝트의 진행 상황을 확인할 때도 과거에는 정기 점검 회의가 필수였지만, 지금은 AI 협업 플랫폼의 대시보드를 수시로 확인하며 각자의 과제를 조율한다.

이러한 변화를 보면, 어떤 사람들은 "이제는 더 이상 함께 일할 필요가 없다", "회의도 필요 없다"라고 말하기도 한다. 각자가 AI와 파트너로 일하고, 그 결과물을 공유·재가공하는 일조차 AI가 대신할 수 있다고 보기 때문이다. 실제로 AI가 필요한 정보를 선별적으로 제공해주니, 과거 사람들 사이에서 이루어지던 업무 분담이나 진척 사항 공유 회의가 사라질 것처럼 보이기도 한다.

정말 그럴까? 절대 그렇지 않다. 단지 협업의 방식이 달라지고 있는 것이다. 변화한 방식에 눈을 맞추지 못하면 협업이 사라진 것처럼 느껴질 뿐이다. 이제 협업은 더 이상 단순한 역할 수행이나 책임 분담이 아니라, 문제 해결을 위한 적극적인 참여와 실행의 과정으로 재정의되고 있다.

과거의 협업은 각자의 직무와 역할을 충실히 수행하는 데서 출발했다. 설계팀은 도면을 책임지고, 생산팀은 제조와 품질을 맡으며, 영업팀은 고객과의 계약을 담당했다. 전문성·권한·책임의 차이에 따라 업무가 분장되고, 역할 사이의 경계나 그레이존은 조정과 합의를 통해 처리되었다. 결국 협업은 '역할을 나누고 책임을 다하는 것'이었다.

그러나 AI와 함께 일하는 지금은 협업의 성격이 크게 달라졌다. 자료 수집, 초안 작성, 데이터 분석 등 단순 반복 업무는 AI가 대신하며, 사람들 사이의 협업은 '문제 해결'로 초점이 이동한다. 정해진 역할을 수행하는 것에 머무는 것이 아니라, AI가 제시한 결과에 의문을 제기하고 비판적으로 검토하며, 새로운 문제를 정의하고 해결 방안을 선택하는 것이 중요해졌다. 예컨대 과거에는 신제품 이름을 정하기 위해 아이디어 회의를 했다면, 이제는 AI에게 수십 가지 아이디어를 받아 이를 평가하고 재구성하는 과정이 협업이 된다. 보고서 초안 역시 AI가 작성하면, 팀원들은 그 초안을 바탕으로 어떻게 문제를 풀어낼지를 함께 탐구한다.

즉, 협업은 더 이상 '책임 분담'의 구조가 아니라 '참여와 실행'

을 통한 문제 해결의 과정이다. 집단적 직관과 통찰을 발휘하고, 탐구와 실험을 반복하며, 최종 해결에 이를 때까지 실행과 피드백을 거듭하는 것. 이것이 AI와 함께 일하는 시대에 협업이 진화하고 있는 모습이다.

일하는 방식과 행동의 정렬

우리의 일하는 방식은 크게 변화하고 있다. 기술의 진화 속도와 인간의 적응 속도의 간극은 점점 더 커지고 있으며, 정보는 더 이상 희소하지 않고 누구나 접근 가능한 자원이 되었다. 전문가의 권위는 약화되고 실행가가 중심이 되며, 정보와 일의 흐름은 순차적·독점적 구조에서 동시적·선별적 구조로 전환되고 있다. 협업 역시 역할과 책임 중심에서 문제 해결과 적극적 참여 중심으로 진화하고 있다.

하지만 이러한 일하는 방식의 변화에도 불구하고 구성원들의 인식과 행동이 기존의 틀에 머문다면 어떤 일이 일어날까? 여전히 "내가 모든 것을 알아야 한다", "결정은 위에서 하고 책임도 위에서 진다", "규정대로만 하면 된다", "자신의 업무만 잘하면 된다" 등의 과거에는 타당했던 이런 인식들이 AI 시대에는 더 이상 유효하지 않다. 일하는 방식은 달라졌는데 생각과 행동이 바뀌지 않으면, AI 기술 도입은 오히려 조직 내 갈등과 혼란을 키우고 저항감을 낳게 된다.

이러한 불일치는 ‘워크슬롭workslop’이라는 현상으로 드러난다. 워크슬롭은 특히 AI 기술 도입 과정에서 두드러지는데, 시스템은 실시간 분석과 자동화를 제공하지만 구성원들은 여전히 기존 방식으로 일하면서 불필요한 보고와 회의를 반복한다. 많은 기업들이 AI 도입 초기 단계에서 기술 자체보다는 조직 내 의사소통 방식과 문화적 저항 때문에 어려움을 겪고 있다. 보고 관행을 고수하거나 권한 구조를 바꾸지 못한 상태에서 AI 시스템을 얹으면, 오히려 중복 업무와 소통 오류가 늘어나 기술의 장점이 제대로 발휘되지 못한다. 즉, 워크슬롭은 단순한 기술 적응의 문제가 아니라, 사고방식과 조직문화의 전환이 동반되지 않을 때 나타나는 구조적 병목 현상이다.

반대로, 일하는 방식의 변화에 맞추어 구성원들의 생각과 행동을 정렬한다면 결과는 달라진다. 이는 단순히 갈등을 줄이는 데 그치지 않고, AI 기술 활용에 긍정적 동기를 불러일으킨다. 예를 들어 구성원들이 여전히 ‘위에서 모든 걸 결정한다’는 사고방식에 머물면 AI가 제공하는 데이터를 활용하지 못하고 보고만 늘어난다. 하지만 ‘내가 직접 문제를 해결할 수 있다’는 생각으로 바뀌면, 같은 AI 데이터를 활용해 팀원들이 스스로 실행을 설계하고 개선점을 찾아낸다. 이런 차이는 단순히 효율의 문제가 아니라, AI를 적극적으로 활용하려는 동기와 조직 전체의 전환 속도를 가르는 핵심 요소가 된다.

구성원들이 새로운 방식으로 사고하고 행동을 전환할 때, AI는 낯선 대상이 아니라 진정으로 성과를 함께 만들어가는 파트너로 받아들여진다. 이러한 변화는 적극적인 기술 활용으로 이어지고, 나아가 조직 전체의 AI 전환AX, AI Transformation을 촉진하는 원동력이 된다.

결국, 구성원들의 인식과 태도가 함께 변해야만, AI로 인한 우리 일의 변화 속에서 불필요한 갈등과 혼란을 줄이고, 협력과 실행을 통해 성과를 창출할 수 있다. 지금 우리에게 필요한 것은 바로 조직문화를 위한 지속적이고 의도적인 노력이다.

일과 성과의
새로운 공식

일의 증강Augmentation

사람들은 오랫동안 기술이 인간의 일을 대체하거나 줄여줄 것이라고 생각해왔다. 그러나 역사를 조금만 들여다보면, 기술은 인간의 일을 없앤 것이 아니라 확장하고 증강Augment해왔다는 사실을 알 수 있다.

한 예로, 과거 목수는 하루 종일 무거운 망치를 들고 수백, 수천 개의 못을 손수 박아야 했다. 한 번이라도 단단한 목재에 대못을 박아본 경험이 있는 사람이라면 누구나 느끼겠지만, 사실상 못을 박는 일은 생각보다 숙련된 기술이자 많은 체력을 필요로 하는 고된 작업이다. 옛날에 보조목수를 현장용어로 '하마목수'라고 부르기도 하였는데, 이는 영어 해머Hammer에서 온 말이기도 하다. 그야말로 보조목수들은 하루 종일 못만 박아야 하는 일도 허다했다.

그러나 전동망치가 등장하면서 상황은 달라졌다. 전동망치는 목수의 못 박는 기술을 도구화하였고, 목수들은 이 일을 훨씬 빠르고 정확하게 할 수 있게 되었다. 목수는 단순 노동에서 벗어나 더 많은 작업을 더 정밀하게 수행할 수 있었다. 전동망치는 목수의 일을 대체한 것이 아니라 목수의 설계 능력, 문제 해결 능력, 고객과의 소통 능력을 발전시키며 더 큰 가치를 창출할 기회를 만들었다. 전동망치는 목수의 일을 단순히 '편리하게' 만든 것이 아니라, 그 일을 '증강'시킨 것이다.

MIT 경제학자 데이비드 아서David Autor는 저서 The Work of the Future에서 "기술은 반복적이고 규칙적인 업무를 대신하지만, 인간은 그 덕분에 더 복잡하고 창의적인 문제 해결 영역으로 이동하며 자신의 일을 증강해왔다"라고 설명한다.

AI도 다르지 않다. 요약, 보고서 작성, 데이터 분석, 코드 생성 등 반복적이고 소모적인 업무는 AI가 대신한다. 그리고 빠른 시간 안에 에이전틱 AI나 피키컬 AI를 통한 우리 일의 더 많은 부분들이 빠르게 도구화되어질 것이다. AI는 단순히 '내 일을 대체하거나 줄여주는' 또는 '내 일을 더 빠르고 편하게 해주는' 도구를 넘어서, 내가 더 넓은 시야로 나의 업무를 바라보는 능력, 전체를 설계하는 능력, 본질적 문제를 해결하는 능력, 소통하는 능력을 발휘하여, 더 크고 의미있는 가치를 창출하는 일들로 나의 일을 이동하며 증강시키고 있는 것이다.

"AI가 내 일을 대신해줄 것"을 기대하는 사람은 AI를 그저 빠른 보고서 작성기 수준으로만 사용할 것이다. 반면, "AI를 통해 내 업무의 어떤 부분을 더 잘할 수 있을까?", "어떤 영역을 더 창의적으로 발전시킬 수 있을까?", "무엇을 더 빠르게 처리해 새로운 기회를 만들 수 있을까?"를 묻는 사람은 자신의 업무를 확장하고 새로운 가치를 창출한다.

이러한 관점에서 AI 시대의 경쟁력은 두 가지를 동시에 충족할 때 생겨난다. 첫째, 내 업무에서 도구화할 수 있는 부분들을 빠르게 AI로 전환해 적용하는 것이다. 둘째, 여기서 제공되는 편리함에 머무르지 않고, 그것을 발판 삼아 어떻게 더 큰 의미와 가치를 창출하며 내 일을 증강시킬 수 있을지를 고민하고 실천하는 것이다.

결국 AI는 우리 일을 줄여주거나 대체하는 것이 아니라, 더 나은 방법을 찾고 더 빠른 시도를 가능하게 하며, 더 높은 수준의 창의성을 발휘할 기회를 주는 증강 도구다. 중요한 것은 'AI가 무엇을 해줄 것인가'를 기다리는 것이 아니라, 'AI를 통해 내가 무엇을 더 잘할 수 있는가'를 찾아내는 것이다.

성과의 재정의

우리가 일반적으로 "성과를 냈다"라고 말할 때 떠올리는 것은 보통 '목표', '과업', 그리고 '과업의 완료'다. 주어진 목표가 있고, 그 목표를 달성하기 위한 과업들이 있으며, 그것을 일정 내에 완료하거나 초과 달성하면 성과라고 인식해왔다. 핵심은 '주어진 일을 끝냈는가'였다.

하지만 AI와 함께 일하는 시대에는 이 개념 자체가 달라지고 있다. 자료 수집, 분석, 보고서 작성과 같은 완료 중심의 업무들은 이미 AI가 더 빠르고 정확하게 수행할 수 있다. 그렇기에 단순히 '과업의 완료'만으로는 성과로 인정받기 어렵다. 더욱이 AI의 결과물 자체는 경쟁력이 될 수 없다. 왜냐하면 나만 AI를 쓰는 것이 아니라 모두가 쓰기 때문이다. 차별화된 성과는 AI가 만들어낼 수 없는 질문, 맥락 해석, 의미 부여에서 나온다.

또한 지금처럼 변화가 빠르고 예측 불가능성이 큰 환경에서 중요한 것은 정답을 도출하는 능력이 아니라 그 변화에 빠르게 적응하는 능력이라고 한다면, 성과는 정답 도출이 아니라 적응에 있는 것은 아닐까?

여기 수학 시험을 보고 있는 중학생 아이가 있다고 상상해보자. 요즘 아이들은 정말 공부를 열심히 한다. 적지 않은 아이들이 100점이나 90점 이상의 고득점을 받는다. 그럼에도 수학 시험에서 고득점을 받는 다는 것은 쉬운일이 아니다. 수학 시험에서 고득점을 받는 아이는 분명히 성과를 낸 것이며, 동시에 본인도 굉장한 성취감과 기쁨을 느낀다.

자 여기서, 새로운 시험의 규칙을 하나 추가해 보자. 그 규칙은 "시험시간에도 평소처럼 ChatGPT를 자유롭게 사용해도 좋다"는 것이다. 아마도 대부분의 아이들이 100점이나 고득점을 받게 될 것이다. 이때 우리가 이것을 아이들이 성과를 냈다고 이야기할 수 있을까? 더 중요하게는 고득점을 받은 아이들이 스스로 성취감이나 기쁨을 느낄 수 있을까? 현재 우리는 ChatGPT를 자유롭게 활용하면서 수학 시험을 보고 있는 아이들과 동일한 상황에서 날마다 일하고 있다고 해도 과언이 아니다.

이제는 아이들의 성과가 AI의 도움을 받아 단순히 답을 맞추는 데서 끝나지 않고, 그 답을 어떻게 해석하고 적용하며, 새로운 학습과 성장으로 연결하느냐에 달려 있는 것과 같이 우리의 성과도 주어진 일을 끝내는가에 있는 아니라, 그 일을 통해 무엇을 증강하고 어떤 새로운 가치를 창출했는가로 재정의되어야 한다. 즉, 성과는 더 이상 과업의 완료가 아니라 '얼마나 내 일을 증강시켰는가'로 정의되어야 한다.

성과의 구조

오랫동안 성과는 '결과'로 정의되어 왔다. 매출, 이익, 프로젝트 완료율과 같은 KPI가 대표적이다. 그러나 결과 중심의 성과 개념은 AI와 함께 일하는 시대에는 한계를 드러낸다. 결과는 본질적으로 과거를 반영하는 지연된 정보이며, 빠르게 변화하는 환경에서는 현재의 적응과 실행을 설명해주지 못하기 때문이다.

이제 성과는 단순한 결과물이 아니라 해석과 실행의 구조로 보아야 한다. AI가 자료를 수집하고 분석하며 일정 수준의 결과물을 제공하는 시대에, 인간의 성과는 무엇을 문제로 정의하고, 어떤 방향을 설정하며, 어떻게 실행 가능한 행동으로 전환하는가에 있다. 이제 성과는 단순한 산출물이 아니라, 해석과 실행의 흐름이며, 실행을 지속 가능하게 만드는 구조이어야 한다. 다시 말해, 성과는 '해석', '실행', '루틴', '공유'의 네 가지 요소의 복합적 작용이다.

먼저, 성과는 문제 정의에서 시작된다. AI는 데이터를 수집하고 요약할 수 있지만, 무엇이 진짜 문제인지 판단하는 것은 인간의 역량이다. AI는 '무엇이 일어났는가'를 보여줄 수 있지만, '무엇이 중요한가', '왜 이것이 문제인가'를 판단하는 것은 인간이다. 문제의 본질을 꿰뚫는 해석이 있어야만 실행이 의미를 가지며, 그 해석이 곧 실행의 방향이 된다. 따라서 해석은 AI의 능력을 효과적으로 활용하고, 조직의 실행을 가치 있는 방향으로 이끄는 핵심이다. 그리고 이 해석이 곧 성과의 출발점이 된다. 잘못된 문제 정의는 효율적인 실행조차 무의미하게 만들고, 조직의 리소스를 낭비하게 한다. 반면, 정확하고 통찰력 있는 해석은 조직 전체의 실행을 정렬시키고, 단기간의 수치뿐 아니라 장기적인 변화와 혁신을 이끌어낼 수 있는 토대가 된다.

문제를 올바르게 정의했더라도, 실행으로 옮기지 못하면 성과로 이어지지 않는다. 실행은 AI가 제시한 인사이트나 옵션을 실제 변화로 연결짓는 인간의 행동이다. AI는 제안은 할 수 있지만, 실행은 하지 못한다. 실행은 판단을 행동으로 전환하는 능력이며,

    1부 — AI, 그 변화의 본질

특히 불확실한 상황에서 시도하고 조정해 나가는 실험적 태도까지 포함한다. 이때 중요한 것은 '정확성'이 아니라 '속도와 반복'이다. 실행은 구체적인 성과로 직결되는 영역이다. 실행하지 않으면 아무리 훌륭한 분석이나 전략이 있어도 성과는 만들어지지 않는다. 또한, 실행을 통해 나오는 피드백은 다시 새로운 학습과 해석의 단초가 되며, 이를 통해 조직은 실행과 학습의 순환을 경험하게 된다.

단발적인 실행은 진정한 성과를 만들지 않는다. 반복되고 내재화된 실행의 흐름, 즉 루틴이 형성되어야 조직의 실행 역량이 성과로 체계화된다. 루틴은 우연한 실행이 아니라, 반복 가능하고 안정적인 실행의 구조를 의미한다. AI가 제공하는 반복적 업무 자동화는 효율성을 가져다줄 수 있지만, 인간이 설계한 의미 있는 실행 흐름은 학습을 내재화하고 실행을 문화로 정착시키는 역할을 한다. 루틴은 조직이 일관된 방식으로 실행하고, 누가 해도 일정한 품질을 유지할 수 있게 하며, 이는 장기적으로 성과의 예측 가능성과 재현 가능성을 높이는 핵심 요소가 된다. 루틴은 우수한 개인의 성과를 조직 전체의 성과로 확장시키는 구조적 연결고리이기도 하다.

공유는 이 모든 실행과 학습의 흐름을 조직 전체로 확산시키는 동력이다. AI는 정보를 저장하고 전달할 수 있지만, 실행의 맥락과 배경, 실패의 이유와 깨달음을 전파하는 데에는 한계가 있다. 인간의 언어, 메타적 사고, 스토리텔링을 통해 실행의 의미와 배움을 공유할 때, 조직은 집단적으로 성장할 수 있다. 공유는 성과를 개인의 기록이 아니라 조직의 자산으로 전환시킨다. 실행과 학습의 흐름이 투명하게 공유되면, 구성원들은 서로의 경험에서 학습하며 반복적인 오류를 줄일 수 있고, 이는 곧 전체 조직의 실행 역량 향상으로 이어진다.

결국 해석, 실행, 루틴, 공유는 AI가 대신할 수 없는 인간 고유의 성과 요소들이다. 또한 이 네 가지는 단지 보완적인 것이 아니라, 앞서 이야기 나눈 일의 증강을 이끄는 실체적 요소들로서, AI와 함께 일하는 시대에, 조직의 실제적인 성과 창출의 핵심으로 작동한다. AI시대의 성과 구조는 결과를 평가하는 데 있지 않고, 실행의 흐름을 설계하고, 그것을 해석하며, 반복하고, 공유하여 조직 전체의 역량으로 전환하는 데 있다.

실행 문해력

AI와 협업 툴이 아무리 고도화되어도, 그것이 성과로 이어지지 않는 조직이 있다. 반면 복잡한 도구 없이도 실행력이 뛰어난 팀이 존재한다. 이 차이를 만드는 것은 기술의 수준이 아니라, 실행을 이해하고 조율하는 집단적 문해력이다. 실행 문해력execution literacy은 단지 일을 할 줄 아는 능력이 아니라, 실행의 흐름을 인식하고 협업의 맥락을 해석하며 일의 목적과 판단 기준을 스스로 설정할 수 있는 조직적 역량이다.

실행 문해력은 기존의 실행 기술이나 단순한 수행 능력 개념과는 다르다. 그것은 '실행을 잘하는 기술'이 아니라 '실행을 읽고 설계할 수 있는 이해력'에 가깝다. 단순히 빠르게 일하는 것이 아니라, 지금 이 일이 왜 필요한지, 전체 과정 속에서 어떤 역할을 하며 어떻게 연결되어야 하는지를 스스로 판단할 수 있는 감각이다. 이러한 감각은 도구나 매뉴얼로 대체될 수 없으며, 실시간으로 변화하는 환경에서도 몰입을 유지할 수 있는 실행 흐름의 기초가 된다.

예를 들어, AI가 자동으로 작성한 기획 초안을 마주했을 때, 실행 문해력이 있는 사람은 그 내용을 단순히 받아들이는 것이 아니라 실제 문제 해결에 적절한지, 실행 목적에 부합하는지를 분석하고 재구성한다. 즉 기술의 숙련도보다 중요한 것은 그 기술이 사용되는 맥락을 해석하고 판단하는 능력, 그리고 기술이 제시한 결과를 어떻게 실행의 목적과 연결지을지를 판단하는 능력이다.

실행 문해력은 개인을 넘어 팀 전체의 실행 흐름에도 영향을 미친다. 팀원들이 자신의 업무가 전체 실행 구조 속에서 어디에 위치하는지 이해하고, 목적과 기준을 공유하며, 피드백을 통해 실행 방식을 조정할 수 있을 때 실행 문해력은 몰입 가능한 실행 문화로 발전한다.

특히 AI와 함께 일하는 환경이 되면서, 실행 문해력의 중요성이 더 부각되고 있다. 과거에는 사람이 직접 정보를 정리하고 순서를 짜야 했지만, 이제는 AI가 초안을 만들고 워크플로우를 자동화한다. 하지만 이 기술들이 실제 일에 유의미하게 작동하려면, 구성원들이 그 실행의 목적을 이해하고, 기술을 어떻게 적용할지 판단할 수 있어야 한다. 아무리 뛰어난 도구라도, 사용자가 그 도구가 생성한 결과의 맥락을 해석하지 못하거나, 다음 실행으로 연결짓지 못한다면 실행은 멈춘다.

실행 문해력이 높은 팀은 실행을 고립된 과업이 아닌 맥락 속 흐름으로 인식하고, 그 과정에서 각자의 역할과 연결 지점을 명확히 파악한다. 이들은 단순히 업무를 처리하는 것이 아니라, 그 업무가 전체 실행 목적과 어떻게 연결되는지를 이해하며 움직인다. 기술의 선택 또한 목적을 기준으로 판단한다. 어떤 도구를 사용할지가 중요한 것이 아니라, 실행을 통해 무엇을 이루고자 하는지를 먼저 정하고, 그에 따라 기술을 선택하거나 적용 방식을 조정한다. 나아가, 실행을 완료한 이후에도 그 경험을 단절시키지 않는다. 무엇을 배우고, 어떤 판단이 유효했는지를 되짚으며, 다음 실행 흐름에 이를 자연스럽게 반영하는 학습 루프를 일상적으로 작동시킨다. 이처럼 실행 문해력이 높은 팀은 실행의 맥락을 이해하고, 목적 중심으로 기술을 활용하며, 실행 경험을 끊김 없이 다음 흐름으로 연결해간다.

AI와 함께 일하는 시대에, 실행은 단순한 '업무 수행'이 아닌 '의미 있는 판단과 조율의 과정'으로 재인식되어야 한다. 이를 위해, 구성원이 스스로 실행의 목적과 맥락을 해석할 수 있도록 돕기 위한 구조적인 접근이 반드시 필요하다. 이제 진정한 성과는 각각의 실행을 의미 있게 정렬하고, 그것을 공유 가능한 언어로 표현하며, 이를 기준으로 실행을 재조율하는 집단의 역량이라고 할 수 있다.

AI는 실행의 일부를 자동화하고 확장시키는 수단일 뿐이다. 그러나 이러한 AI 기술들이 실질적인 성과로 이어지기 위해서는, 그 기술을 사용할 주체가 실행의 목적과 흐름을 이해하고, 판단과 해석을 수행할 수 있어야 한다. 실행 문해력이 낮은 조직에서 기술은 혼란을 낳고 실행을 분절시키지만, 실행 문해력이 높은 조직에서는 기술이 구성원의 몰입을 촉진하고 조직적 실행을 확장한다.

실행하는 동안의 학습

AI와 함께 일하는 시대에는 더 이상 완벽한 계획과 완성된 결과만을 목표로 삼는 방식으로는 충분하지 않다. 학습문화 전문가 에두아르도 브르세뇨Eduardo Briceño는 "성과의 역설the performance paradox"을 통해, 우리가 성과에만 몰두할수록 오히려 학습의 여지가 줄어들고 장기적인 성과 향상도 제한된다고 지적한다.

브르세뇨는 이를 '성과 영역performance zone'과 '학습 영역learning zone'으로 설명한다. 성과 영역은 실수를 줄이고 좋은 결과를 내는 데 집중하는 구간으로, 이미 잘하는 것을 반복하는 상황이 많다. 반면 학습 영역은 새로운 시도, 시행착오, 실험을 통해 능력을 확장하는 공간이다. 조직이 성과 영역에만 머무르면 현재의 수준에 고착되며, 학습 영역으로 의도적으로 진입하지 않으면 새로운 성과와 성장은 일어나지 않는다.

따라서 AI 시대의 실행은 '실행하는 동안의 학습learning while doing'이 되어야 한다. 흔히 말하는 '실행을 통한 학습Learning by doing'과는 다르다. 이것은 일을 하다 보면 우연히 배우게 되는 수동적 개념이지만, 학습형 실행은 실행 자체가 학습 과정이 되도록 의도적으로 설계된 구조다. 실행 속에 실험과 피드백, 회고적 고찰이 포함되고, 이를 통해 학습 목표로 나아가도록 설계된 것이다.

AI 시대의 실행은 단지 일을 처리하는 방식이 아니라, 조직이 지속적으로 학습하고 진화하는 그 자체다. 실행은 단지 결과를 내기 위한 수단이 아니라, 학습을 위한 도구이며, 변화에 적응하는 메커니즘이다. 이 실행의 핵심은 '완성도'가 아니라 '반복 가능성과 개선의 속도'에 있다. 특히 AI 기술이 반복적 실행과 빠른 피드백을 가능하게 만든 지금, 실행은 학습과 분리되지 않고 하나의 순환 구조로 통합되어야 한다. 조직은 구성원들이 의식적으로 학습 영역으로 진입해 시행착오를 반복하고, 이를 조직 전체의 실행 역량으로 환류시킬 수 있는 구조를 설계해야 한다. 이것이 가능해질 때 AI 시대에 진정한 성과를 이끌어 낼수 있다.

AI는 실험의 진입 장벽을 획기적으로 낮추고 있다. 시각화, 문서화, 코드 생성, 분석 등의 작업이 몇 초 안에 가능해지고, 특히 단순한 명령 수행을 넘어, 사용자의 목표와 맥락을 파악하여 연속된 작업을 수행하는 AI 에이전트AI agent의 활용은 업무의 복합적인 과정을 자동화하여, 누구나 빠르게 무언가를 시도해 볼 수 있는 환경이 마련되었다. 그 결과, 반복 실험과 시도, 실행 후 피드백이라는 학습형 실행의 순환이 더욱 빠르고 효율적으로 이루어질 수 있는 조건이 갖춰지고 있다. 이러한 환경은 '계획 후 실행'의 전통적인 순서를 '실행하면서 조정하고 학습'하는 순환적 접근으로 전환시키고 있다.

이제 실행은 더 이상 결과물을 마무리하는 행위가 아니라, 새로운 가능성을 탐색하고 검증하는 실험 그 자체로 인식되어야 한다. "실행하는 동안 학습"은 단순한 반복이 아니라, 매 실행마다 피드백을 받아들이고, 그 피드백을 기반으로 다음 실행의 품질과 방향성을 높이는 '의도된 진화'를 포함한다. 실행은 곧 실험이며, 실험은 곧 학습이다. 이때 중요한 것은 실수나 실패를 줄이는 것이 아니라, 그것을 통해 얼마나 빠르게 배우고 조정할 수 있는가이다. 실패는 오히려 학습을 촉진하는 가장 강력한 단서가 되며, 빠르게 실패하고 빠르게 수정하는 리듬이 조직의 민첩성과 창의성을 이끌어낸다.

한 번의 완성보다 수많은 시도와 조정의 흔적 속에서 나타나는 실행력과 학습의 깊이가 더 큰 성과로 이어진다. 빠르게 만들어보고, 빠르게 학습하는 실행 실험이 반복될 수 있는 구조를 갖춘 조직만이 실패조차도 성과의 일부로 전환할 수 있게 된다. 이는 전통적인 계획-실행-평가의 선형적 모델을 넘어서는, 복잡성과 불확실성을 내재한 상황에서도 적응할 수 있는 실행 시스템으로의 전환을 의미한다. 고정된 계획과 절차에 따라 움직이는 전통적 방식에서 벗어나, 환경 변화와 피드백에 따라 유연하게 실행 방식을 조정한다.

AI 시대의 실행은 더 빠르고, 더 민첩하며, 더 실험적인 방향으로 진화하고 있다. 빠르게 실행하고, 빠르게 배우고, 다시 실행하는 이 반복의 리듬이 성과를 만들어내는 새로운 공식이다.

컨텍스트 중심의 목표

AI와 함께 일하는 시대, 목표설정의 방식도 달라지고 있다. 과거의 목표는 주로 '결과 중심'이었다. 매출액, 사용자 수, KPI 달성률 등 명확한 숫자와 지표로 성과를 규정하고, 그 달성 여부에 따라 성과를 판단했다. 그러나 AI 시대에는 이러한 결과 중심 목표가 실제 실행과 학습을 제약하는 경우가 많다. 빠르게 변화하는 환경에서는 결과보다 더 중요한 것이 '과정의 방향성과 적응력'이다.

AI는 예측과 분석을 통해 실행의 가설을 빠르게 수립하게 해주지만, 그 실행이 의미를 갖기 위해서는 끊임없는 학습과 조율이 필요하다. 따라서 이제 목표는 고정된 지표나 숫자가 아니라, 실행을 이끄는 방향성과 그로부터 생성되는 학습의 흐름을 중심으로 설계되어야 한다. 다시 말해, 결과를 통제하는 것이 아니라 '좋은 실행이 반복될 수 있는 구조'를 설계하는 것이 목표가 되어야 한다.

한 예로, '넷플릭스Netflix'는 정량적 목표보다 실행의 방향성과 학습 흐름을 중심에 두고 '컨텍스트 중심의 목표 설정context over control' 방식을 채택하고 있다. 이는 관리자에 의한 세부 조정보다는 실행 주체들이 맥락을 깊이 이해하고 자율적으로 의사결정할 수 있도록 설계하는 방식이다. 넷플릭스는 이를 위해 조직 내 주요 의사결정자들이 '무엇을 해야 하는가'를 지시하기보다, '왜 이 일이 중요한가', '현재의 맥락이 어떤가'에 대한 충분한 정보를 공유한다. 이 과정을 넷플릭스 내부에서는 "정보의 맥락Context 공유"라고 하며, 문서화와 비동기 커뮤니케이션을 통해 이루어진다.

실제로 넷플릭스는 일의 방향성을 설정할 때, 먼저 비즈니스 상황과 사용자의 경험 흐름을 문서화한 컨텍스트 브리프context brief를 모든 팀원들과 공유한다. 각 팀은 이 브리프를 기반으로 자율적인 목표를 설정하고, 그 목표를 실행 가능한 형태로 실험 설계나 기능 개발로 구체화한다. 이렇게 수립된 실행은 중간 점검이나 리뷰를 통해 계속 맥락에 맞게 조정되고 발전된다. 이 방식은 목표를 정해진 숫자로 고정시키는 것이 아니라, 끊임없이 변화하는 시장과 사용자 환경에 맞추어 학습하고 반응할 수 있는 '목표 기반 실행 학습 구조'를 가능하게 한다. 결과적으로 넷플릭스는 목표를 관리 도구가 아니라, 실행과 학습을 유기적으로 연결하는 '살아있는 대화'로 운영하고 있는 셈이다.

한 발짝 더 나아가서, AI가 실시간 데이터를 분석하여 실행의 흐름을 매순간 시각화하여 제공해 줄 수 있다면, 목표는 더 이상 연간 또는 고정 문서가 아니라, 실행 흐름에 따라 조정 가능한 '살아있는 설계도'가 될 수 있다. 이처럼 목표가 실행과 학습의 루프 속에서 움직이게 되면, 구성원들은 목표를 달성하기 위한 수단이 아니라, 목표 그 자체를 실험하고 조정하는 주체로 변화한다. 목표는 더 이상 상위에서 하달되는 고정된 명령이 아니라, 팀과 개인이 상황에 따라 조정하며 학습을 통해 발전시켜가는 것이 되어야 한다. 이것은 AI 시대에 목표를 설정하는 새로운 방식이며, 성과를 구성하는 핵심 역량 중 하나가 된다.

실행과 학습의 리듬

AI 시대의 실행은 단순히 일을 잘 끝내는 것에서 그치지 않는다. 실행을 통해 얼마나 배우고, 그 학습을 다음 실행에 어떻게 반영하는지가 성과의 핵심이 된다. 실행과 학습은 이제 분리된 영역이 아니라 하나의 리듬 속에서 순환한다. 이 리듬을 조직의 문화와 구조 속에 통합할 때, 성과는 반복되고 학습은 확산된다.

이 리듬의 중심에는 피드백이 있다. 실행 결과에서 얻은 데이터와 인사이트를 즉시 수집해 실행을 조정하고, 그 과정을 학습 자산으로 남겨야 한다. 단순히 결과를 평가하는 차원을 넘어, 실행 후 어떤 가정이 유효했는지, 어떤 실패가 다음 도전에 도움이 되는지를 집단적으로 성찰하는 과정이 필요하다.

결국 실행은 성과를 만들고, 학습은 성장을 완성한다. 빠르게 실행하고, 피드백을 받고, 다시 실행하는 순환이 조직의 진화 구조가 된다. 한다. AI 시대의 업무는 실행의 진입 장벽을 낮추고, 실험과 시도는 더욱 쉬워졌다. 그러나 이 실행이 성과로 이어지기 위해서는 반드시 리뷰와 조정, 학습의 루프가 수반되어야 한다. 실행 이후를 설계하지 않는 조직은 실행의 양은 늘어날지 몰라도, 질은 반복되지 못하고 흩어지기 마련이다.

많은 조직이 실행의 중요성을 이야기하지만, 그 실행이 끝난 뒤 어떤 방식으로 학습되는지는 명확히 하지 못한다. 회고 미팅은 형식적이고, 피드백은 개인 평가로 오해되며, 실패의 공유는 종종 두려움으로 묻혀버린다. 이런 구조에서는 실행은 자산이 되지 못하고, 그저 '일회성 노력'으로 사라진다. 피드백을 실행과 학습으로 리듬으로 연결하기 위해서는 실행 이후의 흐름을 의도적으로 구조화해야 한다. 이는 단순한 회고나 사후 리뷰가 아니라, 실행 후 단계까지를 포함한 전체 흐름을 하나의 실행루프로 설계하는 것을 의미한다.

이러한 실행과 학습의 리듬이 하나의 루프로 정착되려면, 실행의 단위를 작고 민첩하게 설계할 수 있어야 하고, 피드백을 조직적 학습으로 전환할 수 있는 구조가 필요하다. 실행 기록, 실행 회고, 결과 공유의 시스템은 단순한 리포팅을 넘어서 실행 과정의 인식과 해석을 조직 차원에서 활성화시키는 조직문화적 기반이 되어야 한다. 또한 구성원들이 실패를 두려워하지 않고 실행에 나

설 수 있도록 심리적 안전감과 실패에 대한 관용, 그리고 실패가 숨겨지는 것이 아니라 공유되고 환영받는 조직정서가 형성되어야 한다.

결국, AI 시대의 일과 성과는 더 이상 결과의 완료에 머물지 않는다. 실행과 학습을 동시에 설계하고, 그 과정을 통해 새로운 가치를 창출하는 것이 성과의 핵심이다. 이를 가능하게 하는 힘은 기술이 아니라, 실행 문해력, 실행하는 동안의 학습, 컨텍스트 중심의 목표, 그리고 실행과 학습의 리듬을 조직문화로 정착시키는 데 있다.

이제 우리에게 필요한 것은 단순히 AI기술을 도입하고 활용하는 것이 아니라, 이를 뒷받침할 수 있는 조직문화적 기반을 구축하는 일이다. 실행과 학습이 하나의 리듬으로 순환하도록 설계된 조직문화위에서만이 AI는 진정한 증강 도구가 되고, 조직은 지속 가능한 성과와 성장을 만들어갈 수 있다.

　　　　　　　　　　　　

3장

왜 기술이 아니라
조직문화인가?

AI라는 황금망치

옛날 한 마을에 놀라운 망치를 발명한 젊은 대장장이가 있었다. 이 망치는 너무나 정교하고 견고하여, 어떤 못이든 한 번에 정확하게 박을 수 있었고, 나무를 깎거나 돌을 다듬는 일도 능숙하게 해낼 수 있었다. 마을 사람들은 이 망치를 "황금 망치"라 부르며 극찬했다. 대장장이는 자신의 발명품에 깊은 자부심을 느꼈고, 밤낮으로 망치를 들고 다니며 무엇이든 고치거나 만들어낼 수 있다고 생각했다.

어느 날, 마을 이장이 대장장이를 찾아와 말했다. "젊은이, 우리 마을 우물이 오래되어 물이 잘 나오지 않으니 고쳐줄 수 있겠나?" 젊은이는 자신감 있게 대답했다. "걱정 마십시오, 제 황금 망치라면 못 고칠 것이 없습니다!" 그는 황금망치를 들고 우물가로 가서

계속해서 우물 벽을 두드리고, 못도 박아보고, 바닥을 내리쳐 보았지만, 우물은 전혀 나아지지 않았다. 오히려 돌들이 깨져 우물이 더 망가지는 듯했다.

며칠 후, 이장이 다시 찾아왔다. "젊은이, 우물은 어떻게 되어가는가? 물이 더 탁해지고 있는데…." 대장장이는 당황하며 말했다. "이상하네요, 제 망치는 분명히 세상의 모든 문제를 해결할 수 있는 최고의 도구인데, 우물에는 왜 소용이 없는지 모르겠습니다."

이 이야기는 욕구단계설의 심리학자 아브라함 매슬로^{Abraham Maslow}의 저서 '과학의 심리학^{The Psychology of Science}'에 나오는 "손에 망치를 든 사람에게는 모든 것이 못으로 보인다"라는 말과 함께 우리에게 잘 알려진 우화이다. 사람들이 자신이 익숙하거나 가진 도구(기술, 지식, 관점)를 가지고 모든 문제를 해결하려 들 때 발생하는 인지적 편향을 지적하는 은유이다. 어떤 기술이 강력해질수록 우리는 그 기술을 중심으로 세상을 바라보게 되고, 결국 모든 문제를 기술로 해결하려 든다. 문제는, 이때 진짜 문제의 본질은 오히려 보이지 않게 되는 경우가 종종 있다는 것이다.

기술은 분명히 우리의 삶과 업무 환경을 급격히 바꾸고 있고, 특히 AI는 엄청난 잠재력을 갖고 있음에도 불구하고, 그것이 실제 조직의 성과나 일하는 방식에 긍정적인 영향을 미치기 위해서는 전혀 다른 차원의 요인이 작동해야 한다. 단순히 AI만 도입하면 변화가 이루어질 것이라는 생각, 그리고 AI가 곧 혁신이라는 믿음 등의 기술에만 집중하는 사고는 그 순간에는 설득력 있게 들릴 수 있지만, AI는 문제를 해결하는 도구일 뿐이며, 그 도구를 사용하는 사람들의 태도, 신념, 학습력, 관계망, 즉 조직문화가 뒷받침되지 않으면 기술은 오히려 문제를 더 복잡하게 만들 수 있다. 기술에만 집중하는 사고는 '황금망치'처럼 강력하고 화려해 보이지만, 실상은 매우 편협한 사고틀을 만들어낼 위험이 있다. 도구가 강력해질수록 문제를 보는 시야는 오히려 좁아질 수 있다. 기술에만 집중하는 사고는 몇 가지 대표적인 오류를 야기한다.

첫째, 기술이 목적이 되는 착각이다. 조직은 본래 문제를 해결하거나 새로운 가치를 창출하기 위해 존재하지만, 기술에만 집중하는 사고는 AI 도입 그 자체가 목표가 되어버리게 만든다. AI가 없을 때는 문제를 정확히 인식하고 해결을 위한 토론이 이뤄졌던 조직이, AI가 도입되면 오히려 질문이나 토론이 줄어들게 되기도 한다. "이미 AI가 잘 처리하고 있어"라는 말은 의심을 거두게 만들고, 실제로 현장에서 어떤 일이 벌어지고 있는지를 외면하게 만든다.

둘째, 사람보다 기술이 우선시되는 경향이다. 기술에만 집중하는 조직에서는 구성원이 AI에 대하여 질문을 하거나 다른 의견을 제시하면 '시대에 뒤처진 사람'으로 취급되기 쉽다. 혁신은 AI를 무조건 도입하는 데서 나오는 것이 아니라, 그것을 조직 안에서 어떻게 해석하고 적응하느냐에 따라 달라진다. 하지만 기술에만 집중하는 조직에서는 구성원들의 판단력, 경험, 직관이 배제되며, 이것이 결국 AI 자체의 활용도도 떨어뜨린다.

셋째, 조직문화와 기술 사이의 상호작용을 무시하게 만든다. AI의 활용은 조직 내에서 사람들간의 관계, 역할, 의사결정 방식을 바꾸기 마련이다. 하지만 조직문화가 이를 수용할 준비가 되어 있지 않으면, 변화는 표면에만 머문다. 예를 들어, 실시간 정보공유가 가능한 AI협업툴을 사용하고 있는 조직에서, 여전히 모든 의사결정을 상급자가 독점한다면, AI가 제공하는 투명성과 유연함은 오히려 조직 내 불만과 저항을 키우는 기제가 된다.

이처럼 기술에만 집중하는 사고는 조직이 AI라는 '황금망치'에 집착하게 만들고, 그로 인해 진짜 문제의 본질에 다가가지 못하게 되기도 한다. 진정한 변화는 AI의 도입이 아니라, 기술을 둘러싼 사람들의 학습, 대화, 실험, 신뢰, 의미 부여를 통해 발생한다. 같은 AI기술을 도입해도 어떤 조직은 갈등과 혼란을 낳고, 다른 조직은 새로운 기회를 만들어낸다. 이 차이를 만드는 것은 AI의 성능이 아니라, 그 AI가 조직문화 안에서 어떤 방식으로 받아들여지고 사용되는가이다.

AI기술은 점점 더 발전할 것이다. 그러나 그 기술을 일상에 통합하고, 공동의 성과로 연결시키는 것은 사람의 일이고, 조직문화의 과제다. 우리는 더 이상 AI기술이 변화의 주역이라고 믿는 데 머물러서는 안 된다. AI기술을 통해 조직이 어떤 조직문화를 형성하고자 하는가가 핵심이다. 기술은 문제를 해결해줄 수 없다. 기술을 다루는 우리의 태도와 관계, 그것을 둘러싼 조직문화가 문제해결도 하고 성과도 만들어낸다.

AI의 효과를 증폭시키는 클러치

기술은 언제나 가치 중립적이다. 그 자체로는 선도 악도 아니며, 조직의 성공을 보장하지도 않는다. 어떤 기술이든 그것을 어떻게 사용하느냐에 따라 전혀 다른 결과를 만들어낸다. 핵심은 AI기술이 아니라, 그 AI기술이 우리의 조직문화 속에 어떻게 자리 잡느냐이다. 같은 AI기술을 도입하더라도 어떤 조직은 그것을 통해 성과를 극대화하고, 또 다른 조직은 내부 갈등과 혼란을 키우며 AI기술을 무력화시킨다.

오래 전에 프로젝트를 통해 만난 한 자동차 회사의 임원이 조직문화를 자동차의 '클러치'에 비유한 적이 있었다. 요즘 자동차들은 대부분 자동 변속기 차량이라 두 개의 페달(액셀과 브레이크)만 있지만, 불과 20여 년 전만 해도 대부분의 차량에는 '클러치'라는 세 번째 페달이 있었다. 이 클러치는 운전자가 기어를 바꾸기 위해 엔진과 바퀴 사이의 연결을 잠시 끊거나 다시 이어주는 장치다.

클러치를 밟으면 엔진은 회전하지만 바퀴에 힘이 전달되지 않는다. 클러치를 부드럽게 떼야 비로소 엔진의 동력이 바퀴에 전달되어 자동차가 앞으로 나아간다. 타이밍이 맞지 않거나 클러치를 거칠게 떼면 차가 덜컥거리거나 심지어 시동이 꺼지기도 한다. 당시에는 클러치를 부드럽게 밟고 떼고 하는 것이 초보운전자들에게 가장 어려운 일이기도 했다.

AI기술이 우리 조직이 새로운 미래로 나아가기 위한 새로운 '엔진'이라면, 조직문화는 '클러치'와 같다. 엔진이 아무리 강력하더라도 클러치가 제대로 연결되지 않으면 자동차는 앞으로 나아가지 못하고, 오히려 요란한 소음만 낼 뿐이다. 반면 클러치가 매끄럽게 연결되면, 엔진의 힘은 바퀴에 정확히 전달되어 속도와 방향성을 확보할 수 있다. 조직에서 AI이라는 새로운 엔진이 제 성능을 발휘하려면, 그 동력을 조직문화라는 클러치가 제대로 이어주어야 한다.

기술과 조직문화는 항상 서로 영향을 주고받으며, 하나가 변화하면 다른 하나도 반드시 영향을 받는다. 기술과 조직문화는 결코 분리되어 존재할 수 없다. AI가 가능성을 열어주는 도구라면, 조직문화는 그 가능성을 실현하거나 억누르는 환경이다. 이 둘은 언제나 서로를 반영하고 강화하며, 동시에 서로를 변화시킨다.

조직문화는 기술의 효과를 증폭시키도 하고 방해하기도 한다. 다수의 기업들이 AI를 도입하면, 좋은 변화가 시작되기를 기대하지만, 진정한 변화는 AI 자체가 아니라 AI가 작동하는 조직문화적 조건에서 비롯된다. 아무리 고성능 AI기술을 도입했다고 하더라도, 그것이 조직 내에서 어떻게 받아들여지고 실행되는가는 조직문화가 결정한다. 같은 AI를 도입한 두 조직이 전혀 다른 결과를 얻는 이유는 기술력의 차이가 아니라, 그것을 활용하는 조직문화의 차이 때문이다. 심리적 안전감, 실험을 장려하는 분위기, 수평적인 피드백 구조는 AI의 가능성을 증폭시키는 반면, 위계 중심, 실수에 대한 처벌, 권위적 의사결정 구조는 기술의 잠재력을 억제한다.

반대로, 기술은 기존의 조직문화를 드러내고 강화한다. 조직이 어떤 기술을 도입할지를 선택하는 순간, 이미 조직문화는 그 안에서 작동하고 있다. 위계적인 조직은 통제를 강화할 수 있는 기술을 선호하고, 자율을 중시하는 조직은 구성원 간 협업과 정보 공유를 촉진하는 기술을 찾는다. 기술은 그 조직의 문화를 드러내는 동시에, 그 영향을 강화시키기도 한다.

이미 AI는 구성원의 상호작용을 바꾸고, 일의 구조를 재편하며, 의사결정 방식에 균열을 만들고 있다. AI도구들은 사람 간 경계를 허물고, 권한의 흐름을 재구성한다. 이때 조직이 AI를 수용하는 방식은 곧 조직문화의 유연성을 드러내며, 기술을 도입한 이후 어떤 행동이 장려되고 어떤 관행이 버려지는지를 통해 조직문화는 다시 새롭게 만들어지기도 한다.

예를 들어, 한 조직은 실시간 AI협업툴을 도입했지만, '모든 보고는 반드시 위계적으로 올라가야 한다'는 기존의 조직문화가 그대로 남아 있었기 때문에 오히려 커뮤니케이션 오류와 책임 전가가 더 빈번해졌다. 메시지를 자유롭게 주고받을 수 있는 기술이 도입되었지만, 구성원들은 여전히 상급자의 승인 없이는 말을 아꼈고, 오히려 더 폐쇄적인 조직 분위기가 되었다. 반면, 다른 조직은 '모든 정보와 아이디어는 가능한 한 많은 사람들과 공유한다"라는 조직문화를 가지고 있었기에, 같은 실시간 AI협업툴을 도입하면서, 모든 회의를 공개 채널로 전환하고, 실시간으로 리뷰하는 업무방식이 가능해졌다. 덕분에 정보의 흐름이 가시화되었고, 실수나 오해도 빠르게 정정되었으며, 자율적이고 개방적인 조직문화는 더욱 강화되었다.

겉으로는 최신 AI를 갖춘 것처럼 보여도 그 기술이 일의 방식과 사람들의 협업에 제대로 녹아들지 못하면, 변화는 피상적인 데서 멈춘다. 반면, 튼튼한 조직문화적 기반 위에 도입된 기술은 단순한 효율 개선을 넘어, 일하는 방식 전체를 혁신하는 계기가 된다. 기술은 절대 독립적으로 작동하지 않는다. 그것이 조직의 실질적 변화로 이어지기 위해선, 조직문화와 함께 설계되어야 한다. 기술의 가능성을 조직의 현실로 연결해주는 유일한 메커니즘이 바로 조직문화다. 변화는 언제나 조직문화에서 시작해야 한다.

장기 성과와 단기 성과

"조직문화가 전략을 아침식사로 먹는다", "성과는 조직문화의 결과물이다", "좋은 조직문화는 인재를 끌어당기고, 몰입시키며, 결국 탁월한 성과를 창출한다"와 같은 말들에 대부분의 리더들은 공감한다. 하지만 막상 조직문화 변화를 실천하려 하면 "지금은 급한 전략 과제가 많아서", "일단 눈앞의 성과 목표부터 달성해야 해서" 같은 이유로 뒷전으로 밀리곤 한다.

다수의 리더들이 조직문화가 성과에 핵심이라는 사실에 근본

　　　　　　　　　　　1부 — AI, 그 변화의 본질

적으로 동의하고 때로는 조직문화의 중요성을 강하게 주장하면서도, 정작 변화 노력에 주저하는 이유는 무엇일까? 그것은 "조직문화가 장기적으로는 도움이 되겠지만, 당장의 성과에는 별 영향을 주지 않거나 오히려 방해가 될 수도 있다"는 잘못된 불안감 때문이다.

조직문화는 흔히 장기적인 성과에 영향을 미치는 추상적 요소로만 여겨진다. 비전, 철학, 정체성처럼 멀리 있는 개념으로 인식되기 쉽다. 하지만 조직문화는 그렇게 멀리 있는 것이 아니다. 조직문화는 지금 이 순간, 회의실에서, 메일을 쓰는 자리에서, 채팅창에서 실시간으로 작동한다. 특히 지금처럼 AI기술의 도입과 적용이 빠르게 확산되는 상황에서, 조직문화는 단지 미래의 성과를 좌우할 뿐 아니라, 오늘의 당장의 실행력과 단기성과에도 결정적인 영향을 미친다.

겉으로 드러나는 조직의 성과는 기술력, 전략, 인재, 자본 등 다양한 요인들의 결과물처럼만 보인다. 그러나 조금만 더 자세히 들여다보면, 표면 아래에서 작동하는 훨씬 더 근본적인 힘이 있다는 것을 알 수 있다. 우리는 종종 성과를 데이터로 측정하면서 수치와 지표에 집중하지만, 정작 그 수치가 어떻게 만들어졌는지를 설명해주는 내면의 원리에는 주목하지 않는다.

조직문화는 수면 아래의 해류처럼, 보이지 않지만 꾸준히 조직의 방향과 속도, 깊이를 결정짓는다. 조직문화는 사람들이 일상적으로 "무엇을 당연하게 여기는가"에서 시작된다. 어떤 조직은 문제가 발생하면 담당자를 먼저 찾고, 어떤 조직은 문제의 원인을 함께 분석한다. 어떤 조직은 상사의 지시에 절대 복종하는 것이 미덕이고, 또 어떤 조직은 의견을 내는 사람이 환영받는다. 이러한 무의식적인 반응이 모여 일의 속도, 품질, 협업의 수준을 결정짓고, 그것이 바로 성과로 나타난다.

하루 단위의 보고 품질, 주 단위의 프로젝트 일정 준수, 이슈 발생 시 대응 속도, 고객 요청에 대한 반응 시간 등 일상 속에서 반복되는 단기성과들도 대개 기술이나 시스템, 인력 배치의 문제로 해석되지만, 실제로는 사람들이 어떻게 반응하고 협업하고 판단하는가, 즉 조직문화의 작동방식에 따라 결정된다. 성과는 그 자체로 존재하지 않는다. 성과는 '어떻게 일했는가'의 결과이며, 그 '어떻게'를 설계하고 조율하는 것이 조직문화이다.

조직문화는 실행의 민첩성, 책임감의 분배, 피드백의 속도, 협업의 호흡에 영향을 미친다. 이는 곧 단기성과에 직결된다. 조직문화가 단기성과에 직접적인 영향을 미치는 모습은, 최근 AI와 함께 일하는 업무환경으로 변하면서 특히 더 두드러지고 있다. 예를 들어, AI 도구를 활용해 실시간으로 데이터와 보고서를 공유할 수 있는 환경에서는, 정보가 순차적으로 전달되는 대신 동시에 확산된다. 이때 신뢰와 개방을 중시하는 조직문화가 있는 곳에서는 구성원들이 필요한 정보를 스스로 선별해 즉시 행동으로 옮기고 당장의 성과로 연결된다. 반면, 기존의 위계적인 조직문화에서는 실행할 수 있는 충분한 정보를 가지고 있음에도 여전히 승인 절차를 기다리며 실행되지 못한다. 당연히 성과도 지연된다.

결국 조직문화는 단지 '언젠가'를 위한 자산이 아니라, 지금 이 순간 성과를 만드는 실시간 작동 시스템이다. 단기성과는 기술이 아니라 조직의 '일하는 방식'에서 나온다. AI기술이 업무를 빠르게 연결해 주더라도, 그 흐름을 결정짓는 것은 결국 사람이 만들어낸 조직문화적 리듬이다. 신뢰와 개방, 주도성과 학습이 자리 잡은 조직은 AI의 속도에 맞춰 민첩하게 대응하며 단기성과를 만들어내고, 폐쇄적이고 위계적인 문화는 기술을 갖추고도 실행 속도에서 뒤처진다.

따라서 조직문화는 장기적인 비전만을 위한 추상적 개념이 아니라, 지금의 실행력과 단기성과를 결정짓는 가장 현실적 변수이다. AI시대의 경쟁력은 기술을 얼마나 빨리 도입했느냐가 아니라, 기술이 만들어내는 새로운 일의 흐름에 얼마나 빠르게 조직문화가 적응했느냐로 판가름 난다.

직관과 통찰의 조직문화

AI와 함께 일하는 시대에 조직이 마주하는 문제는 점점 더 정형화된 정보로는 설명되지 않는다. 명확한 정답이 없고, 과거의 방식이 더 이상 통하지 않으며, 분석적 사고만으로는 결정을 내릴 수 없는 상황이 점점 늘어난다. 이럴 때 필요한 것은, 보이지 않는 흐름을 감지하고, 아직 오지 않은 미래의 신호를 해석하며, 한 걸음 앞서 나아가는 힘이다. 바로 그것이 직관과 통찰이다.

AI는 방대한 데이터를 분석하고 결과를 제시하지만, 그 데이터는 결국 과거의 반복일 뿐이다. 데이터 속에는 이미 존재하는 패턴과 편향이 숨어 있으며, 이를 감지하고 넘어서기 위해서는 인간의 직관과 통찰이 필요하다. 직관은 불완전한 정보 속에서 중요한 신호를 감지하고, 빠르게 우선순위를 결정하며, 불확실한 상황에서 실행을 선택할 수 있는 힘이다. 반면 통찰은 다양한 데이터와 경험을 연결하여, 표면 아래의 의미를 읽어내고 새로운 가능성을 상상하는 사고의 깊이다. AI가 제공하는 정량적 분석에 인간의 직관과 통찰이 결합될 때, 데이터는 비로소 실행력과 혁신으로 이어진다.

이러한 직관과 통찰은 타고나는 것이 아니다. 다양한 경험과 학습, 반복적인 실행과 실패, 그리고 그 속에서 얻는 피드백을 통해서만 길러질 수 있다. 많은 질문을 던지고, 다양한 관점의 사람들과 대화를 나누며, 실패를 두려워하지 않고 작은 실행을 반복하면서, 점차 '어떤 데이터가 중요하고, 무엇을 봐야 하며, 어디서 기회가 나오는지'를 보는 눈이 길러진다. 또한 데이터만을 보는 것이 아닌, 데이터 너머의 맥락을 읽고, 실행의 기회를 찾아내는 역량이 길러진다.

직관과 통찰은 '머릿속'에서만 생기지 않는다. 현장에 나가 고객의 목소리를 듣고, 동료들과 문제를 토론하며, 작은 시도를 하고 실패해보는 과정 속에서 직관과 통찰은 조금씩 자란다. 현장에서의 체험, 실패의 순간, 동료와의 논쟁, 고객의 반응 속에서 '왜?'를 묻는 과정이 쌓일 때, 직관과 통찰의 역량이 쌓여간다. 결국 직관과 통찰은 경험과 학습, 다양한 대화와 관찰, 그리고 무엇보다도 작은 실행의 반복 속에서 만들어진다. 무엇인가를 직접 해보고, 실패를 피하지 않으며, 그 속에서 얻는 깨달음을 성찰하고 연결지을 때, 비로소 '보는 눈'이 생기고, '생각의 깊이'가 만들어진다.

직관과 통찰은 오랫동안 '탁월한 개인의 영감'이나 '경험 많은 리더의 감각'으로만 여겨져 왔다. 그러나 AI와 함께 일하는 시대에, 직관과 통찰은 더 이상 개인의 능력에 머물러서는 안 된다. 그것은 이제 조직 차원에서 만들어지고 촉진되어야 할 집단적 역량이 되어야 한다. 심리적 안전감이 있는 조직에서는 구성원들이 자유롭게 질문하고 가설을 제시하며, 서로 다른 관점을 탐색할 수 있다. 반대로, 실수를 두려워하고 정답만 요구하는 조직문화에서는 누구도 새로운 해석을 시도하지 않으며, AI가 제시하는 결과에 의존하게 된다. 즉, 직관과 통찰은 개인의 재능이 아니라, 그것을 가능하게 만드는 문화적 환경의 산물이다.

한 예로, 넷플릭스^{Netflix}는 분석과 알고리즘에 기반한 서비스 기업이지만, 동시에 '직관'을 중요한 의사결정 요소로 강조한다. 콘텐츠 편성이나 신작 투자는 철저한 데이터 분석을 기반으로 시작되지만, 궁극적인 결정은 '감'과 '해석'에 따라 이루어진다. '이 이야기에는 시대정신이 담겨 있는가?', '이 캐릭터는 지금 사람들에게 어떤 감정을 건넬 수 있는가?'와 같은 질문은 데이터가 줄 수 없는 직관과 통찰의 영역이다. 넷플릭스는 이를 위해 직원들에게 창의적 판단이 필요한 실험을 장려하고, 실패에 관대한 구조를 설계했다. 데이터를 보되, 데이터에만 묶이지 않도록 만든 것이다.

이처럼 직관과 통찰을 촉진하는 조직문화는 '재능 있는 개인의 감각'에 기대지 않는다. 오히려 조직 전체가 감지하고 해석하고 공유하는 과정, 즉, 직관이 말해지고 통찰이 실험될 수 있는 구조를 만드는 것이 핵심이다. 구성원 모두가 고객을 직접 만나보고, 다양한 맥락에 노출되며, 자신만의 감각을 언어화할 수 있는 조직문화는 통찰의 수평적 확장을 가능하게 만든다.

직관과 통찰이 조직 전체의 자산이 되려면, 그것을 '끌어올리고, 존중하며, 연결하는' 조직문화가 필요하다. 감각이 있어도 말할 수 없다면 사라지고, 말해도 무시된다면 숨겨지고, 연결되지 않으면 흩어진다. 따라서 조직은 직관이 머무를 수 있는 공간, 통찰이 자리를 잡을 수 있는 시간, 그리고 그것이 다음 행동으로 이어질 수 있는 리듬을 설계해야 한다.

배우는 방식을 배우는 조직문화

지금의 일과 직무를 5년 후에도 같은 방식으로 수행할 수 있을까? 아마 대부분의 사람들은 그렇지 않을 거라고 직감할 것이다.

기술이 바뀌고, 도구가 바뀌고, 함께 일하는 동료의 사고방식과 언어가 바뀌는 시대에, 멈춰 있지 않는 유일한 방법은 배우는 것이다.

예전에는 일단 무엇인가를 잘하면 오래 갈 수 있었다. 하지만 지금은 잘하는 것보다 더 중요한 것이 있다. 바로 '배우는 능력'이다. AI와 함께 일하는 시대에는 더 이상 과거의 경험이나 기존의 지식만으로 판단을 내릴 수 없다. 어떤 일이 발생했을 때, 내가 왜 모르는지를 인식하고, 무엇을 물어야 하는지를 생각하고, 누구와 함께 다시 검토할 수 있을지를 떠올릴 수 있어야 한다.

AI와 함께 일하는 시대에 학습은 더 이상 새로운 지식과 기술을 배우는 것에 머무르지 않는다. 더 좋은 질문을 던질 수 있어야 하고, 그 질문이 틀려도 다시 시작할 수 있는 여유와 용기가 있어야 한다. 나의 일과 역할을 지속적으로 새롭게 정의할 수 있어야 하며, 이를 가능하게 하는 유일한 길은 스스로를 학습 상태로 유지하는 것이다.

이제 지속적으로 학습하는 조직문화는 선택이 아니라 생존의 방식이다. 조직이 AI를 얼마나 빠르게 도입했는가보다 중요한 것은, "AI기술을 둘러싼 환경, 사람, 구조, 감정, 의미가 함께 바뀌고 있는가"라는 질문이다. 새로운 AI도구가 도입되면, 일시적인 퍼포먼스 향상은 가능할 수 있다. 하지만 진정한 경쟁력은 그것을 받아들이는 사람들과 조직이 얼마나 빠르게 적응하느냐에 달려 있다. AI와 함께 일한다는 것은 단지 효율성을 높이는 것이 아니라, 끊임없이 우리의 사고방식, 문제 접근법, 협업 방식까지 새롭게 배워나가야 한다는 뜻이다.

배움이 단절된 조직은 기술의 수동적 소비자에 머물 수밖에 없다. AI가 무엇을 할 수 있는지 알아내는 것보다, 그것을 어떻게 함께 학습하고 활용할지를 설계할 수 있는 조직이 진정한 미래 경쟁력을 갖게 된다. 지금 이 시대는 단지 똑똑한 조직이 아니라, 빠르게 배우는 조직, 실수를 드러내고 학습할 수 있는 조직만이 살아남는다. 이는 단순히 교육 프로그램을 많이 운영하거나, 러닝 플랫폼을 잘 구축하는 것을 뜻하지 않는다.

조직이 지속적으로 학습하기 위해서는 단순히 새로운 지식이나 기술을 배우는 데서 멈추지 않고, '우리는 어떻게 배우고 있는가'를 성찰하고 조정할 수 있어야 한다. 이것을 크리스 아지리스는 '싱글루프 학습Single-loop learning'과 '더블루프 학습Double-loop learning' 개념으로 설명한다. 싱글루프 학습은 기존의 목표나 가정을 바꾸지 않은 채, 문제를 해결하는 방식만 조정하는 학습이다. 반면 더블루프 학습은 문제를 해결하는 과정에서 우리의 전제, 가정, 기준 자체를 되돌아보고 바꾸는 방식이다. AI와 일하는 시대의 조직의 학습은 바로 이 더블루프 학습을 지속적으로 수행하는 조직적인 역량과 조직문화에서 비롯된다.

많은 조직이 교육과 훈련을 통해 학습을 장려하지만, 그것이 일회성 이벤트에 머무르거나 구성원의 실제 변화로 이어지지 않는 이유는 싱글루프 학습에 머물기 때문이다. 다시 말해서, '무엇을' 배울 것인지는 있지만, '어떻게' 배우는지를 다루지 않기 때문이다. 더블루프 학습은 '우리는 언제 가장 잘 배우는가?', '우리는 누구와 함께 배울 때 더 많이 배우는가?', '우리는 어떤 피드백 방식에 가장 민감하게 반응하는가?', '우리는 실수 이후 어떤 리듬으로 회복하고 다시 시도하는가?'를 돌아보고 조정하고 개선하는 활동이다.

어떤 조직은 프로젝트가 실패했을 때 '이 방법이 잘못됐다'고만 말하고 끝나지만, 더블루프 학습이 이루어지는 조직은 '우리는 왜 이 방식이 옳다고 믿었는가?', '우리의 가정은 타당했는가?'를 함께 되짚는다. 이는 단지 더 나은 결과를 얻기 위함이 아니라, 학습을 통해 조직 전체의 사고방식을 진화시키기 위함이다.

AI가 일상에 깊이 스며든 시대일수록, 이러한 학습이 더욱 중요한 역할을 한다. AI는 빠르게 정답을 줄 수 있지만, 인간은 그 정답이 유효한지를 판단하고, 더 나은 질문을 던지고, 상황에 맞게 해석해야 한다. AI는 싱글루프 학습을 압도적으로 잘해낸다. 하지만 더블루프 학습, 즉 왜 이 질문을 하는지, 이 방식이 적절한지를 성찰하는 것은 인간의 일이다.

또한 AI는 끊임없이 학습하는 시스템이며, 데이터를 기반으로 빠르게 패턴을 인식하고, 예측을 제공하며, 반복 속에서 스스로를 개선한다. 하지만 이 기술적 능력이 곧바로 조직의 학습이나 성과로 연결되지는 않는다. 오히려 인간과 AI가 함께 배울 수 있는 조직문화적 기반이 마련되지 않으면, AI는 통제나 의존의 대상이 되거나, 학습과 성과를 차단하는 존재로 전락할 수 있다. 기술 그 자체보다, 그것이 '어떻게 학습과 연결되는가'를 중심에 두고 구조를 설계해야 한다. 이제 학습은 인간과 기계가 함께 일하는 시대의 필수적인 조직문화 역량이다.

결국 배우는 방식을 배우는 조직은 자기 인식이 뛰어난 조직이며, 변화의 속도보다 더 빠르게 의미를 새롭게 재정의하고 자신을 그것에 최적화해나가는 조직이다. AI 시대에 진정한 경쟁력은 데이터를 얼마나 빠르게 학습하느냐가 아니라, 변화의 흐름 속에서 우리의 집단가정과 사고방식을 얼마나 자주 재설계할 수 있느냐에 달려 있다. 끊임없이 배우는 조직은 실패를 두려워하지 않으며, 매 순간의 경험을 학습으로 전환한다. 그렇게 배움이 일의 리듬이 되고, 학습이 곧 실행이 되는 조직, 그것이 바로 AI 시대에 진정한 성과를 만드는 조직문화이다.

조직문화의 본질

"그건 원래 그렇게 하는 거예요." 조직에서 흔히 듣는 이 한마디는 단순한 설명 같지만, 사실상 '조직문화'를 보여주는 가장 일상적인 표현이다. '왜 그렇게 하느냐'는 질문에 '그냥, 늘 그래왔으니까'라는 대답이 돌아온다면, 그 조직에는 이미 깊이 뿌리내린 조직문화가 존재한다는 뜻이다.

앞서 우리는 "AI와 함께 일하는 지금, 조직문화가 더욱 중요해지고 있다"는 이야기를 다양한 관점에서 나누었다. 어쩌면 지금은 우리 조직에 살아 숨쉬는 진정한 조직문화를 위한 근본적인 변화를 시작할 수 있는 최고의 기회일지도 모른다. 그러나 그 변화는 '조직문화'라는 개념을 제대로 이해하는 것에서부터 출발해야 한다.

많은 사람들이 '조직문화'라는 동일한 용어를 사용하지만, 실제로는 서로 다른 의미로 말하고 있다. 어떤 사람은 그것을 '소통 방식'이라고 하고, 또 어떤 이는 '가치 체계', '분위기', '철학' 등으로 본다. 심지어 같은 리더조차 상황에 따라 조직문화의 개념을 달리 해석하기도 한다. 이러한 혼란은 조직문화에 대한 개념적 불일치에서 비롯되며, 이 상태에서는 실행 중심의 변화는커녕 공감대를 형성하기도 어렵다. 따라서 일관된 이론적 프레임이 필요하다.

그 출발점으로 가장 널리 인용되는 모델이 바로 에드거 샤인 Edgar H. Schein의 조직문화 3단계 모델이다. 샤인은 조직문화를 단순히 눈에 보이는 현상으로만 이해하는 것이 아니라, 조직 깊숙한 곳에서부터 작동하는 인간의 기본 가정까지 포괄하는 다층적인 구조로 보았다.

그는 조직문화를 세 가지 층위로 나누어 설명한다. 첫 번째 층위는 '인공물과 행동'이다. 이는 구성원의 말과 행동, 조직의 물리적 환경, 상징, 시스템, 규칙 등 외형적으로 관찰 가능한 모든 요소들을 포함한다. 우리가 "저 조직 분위기 좋아 보인다" 혹은 "되게 수직적이야"라고 말할 때 주로 보고 있는 것이 이 층위다.

두 번째 층위는 '표출된 가치'다. 이는 조직이 외부적으로 내세우는 미션, 비전, 핵심가치, 경영철학, 행동규범 등이다. 표출된 가치는 조직이 지향하는 방향성을 제시하며, 내부적으로는 구성원들에게 어떤 행동을 해야 하는지에 대한 기준이 되고, 외부적으로는 조직의 정체성과 브랜드 이미지를 형성한다. 하지만 이 층위는 종종 선언적 수준에 그칠 위험도 있다. 실제 행동과 괴리된 표출된 가치는 조직의 신뢰를 무너뜨릴 수 있다.

세 번째이자 가장 심층적인 층위는 '집단가정(기본 가정)'이다. 이는 조직 구성원들이 너무도 당연하게 여겨 더 이상 의식조차 하지 않는 전제들이다. 예를 들어, "실수는 감춰야 한다", "회의에서는 상사의 말을 먼저 듣는 것이 예의다"와 같은 믿음이 이에 해당한다. 집단가정은 구성원 간의 상호작용, 의사결정 방식, 변화에 대한 태도 등 조직 운영 전반에 가장 강력한 영향을 미친다.

이 세 가지 층위는 수직적으로만 배열된 것이 아니라, 서로 유기적으로 연결되어 있다. 표출된 가치는 집단가정을 반영하거나 때로는 이에 반하기도 한다. 인공물과 행동은 그 조직의 가치와 집단가정이 실현되는 구체적인 형태로 나타난다. 그래서 조직문화는 고정된 것이 아니라, 끊임없이 형성되고 소멸되고 재구성되는 유기체와 같다.

샤인은 조직문화를 "구성원들이 외부 환경에 적응하고 내부 통합을 해결해 가는 과정에서 형성된, 집단이 학습한 기본 가정들의 집합"이라고 정의한다. 중요한 점은, 이러한 집단가정들이 반복된 경험을 통해 검증되며 무의식적인 수준에서 조직에 내면화된다는 것이다.

결국 조직문화란, 매일 반복되는 이메일, 회의, 피드백, 실수에 대한 반응, 정보 공유의 방식, 질문을 주고받는 분위기 속에서 실시간으로 작동하는 일의 기저 시스템이다. 즉, 조직문화는 조직에서 수없이 반복되는 실행과 성과를 실제로 작동하게 하는 '보이지 않는 운영체제'다. 조직문화는 철학이 아니라 행동이며, 선언이 아니라 습관이다. 매일의 대화와 선택, 반응과 피드백 속에서 우리는 우리의 조직문화를 새로 쓰고 있다.

기술의 공진화

기술은 언제나 사람과 함께 작동하며, 그 자체로는 변화를 일으키지 않는다. 기술의 효과를 결정짓는 것은 언제나 그것을 다루는 사람과 조직의 문화적 태도다. 기술이 발전할수록, 그 기술이 조직 안에서 어떻게 받아들여지고 해석되며 실행되는가가 핵심이 된다. 결국 기술과 조직문화는 서로를 변화시키며 함께 진화한다.

구글의 전임 CEO 에릭 슈미트는 이를 '기술의 공진화[Co-evolution of Technology]'라는 개념으로 설명한다. 공진화란 인간과 인공지능[AI]이 상호작용하며 서로를 변화시키고 진화시킨다는 뜻이다. 기술은 인간 사회에 영향을 미치고, 인간은 다시 기술의 방향과 쓰임을 재정의한다. 이 둘은 마치 함께 성장하는 생명체처럼, 상호 자극과 피드백을 주고받으며 발전해간다.

슈미트는 특히 네 가지 측면에서 기술공진화가 이루어진다고 말한다. 첫째, 상호 의존적 진화다. AI는 인간이 설계하고 학습시킨 기술이지만, 동시에 인간의 사고방식과 일하는 방식을 다시 바꾼다. 둘째, AI의 혁명적 변화 가능성이다. AI는 더 이상 도구가 아니라 사회 구조를 재편하는 인프라로 작동하고 있다. 셋째, 인간 중심의 중요성이다. 기술은 중립적이지 않으며, 인간의 가치와 의도가 그 활용의 방향을 결정한다. 넷째, 도전과 기회의 병존이다. 기술은 새로운 가능성을 열지만 동시에 편향과 불평등 같은 문제도 낳는다. 이 때문에 기술 발전만큼이나 문화와 제도, 가치의 진화가 함께 이루어져야 한다.

조직의 관점에서 기술 공진화는 더욱 구체적이다. AI는 사람들의 일하는 방식, 커뮤니케이션 구조, 의사결정 흐름을 빠르게 바꾸고 있다. 동시에, AI가 어떻게 활용되고 발전하는가는 조직문화에 의해 결정된다. 기술이 조직을 바꾸는 동시에, 조직문화가 기술의 방향을 재정의하는 상호작용이 일어나는 것이다.

기술의 공진화 시대에서 진정한 주인공은 기술이 아니라 조직문화다. AI는 예측 불가능성과 함께 다가오지만, 그 불확실성을 기회로 바꾸는 것은 조직문화의 힘이다. 실험을 장려하고, 실패를 학습으로 전환하며, 유연하게 적응하는 조직문화가 있을 때 AI는 살아 움직이게 된다. 반대로 통제와 두려움이 지배하는 조직에서는 AI가 도입되어도 혁신은 일어나지 않는다.

지금 우리는 기술만이 경쟁력이라고 믿던 시대를 지나, 기술을 살아 움직이게 하는 조직문화가 핵심 역량이 되는 시대로 진입하고 있다. AI기술이 폭발적으로 발전하는 지금, 기술만 잘 고르는 역량보다 기술을 조직 안에서 살아 있게 만드는 조직문화의 유연성이 더 중요하다. 공진화 시대의 경쟁력은 기술이 아니라, 기술과 함께 진화하는 조직문화를 설계할 수 있는 능력이다. AI는 스스로 발전하지만, 그 방향은 인간의 가치와 조직문화에 의해 규정된다. 기술의 미래는 기술 그 자체에 있지 않다. AI가 조직의 학습과 실행, 협업의 방식 속에서 어떻게 살아 움직이는가가 핵심이다. 결국 진정한 경쟁력은 AI와 함께 진화하는 조직문화, 그것을 유연하게 설계하고 성장시킬 수 있는 조직문화에 있다.

1부 "AI, 그 변화의 본질"을 마치며

먼저, 1장에서는 우리가 마주한 변화의 본질이 기술 그 자체가 아니라 '일하는 방식의 전환'임을 확인하였다. AI는 지금 인류의 일하는 방식을 근본부터 다시 쓰고 있다. 기술의 진화보다 중요한 것은 그것을 받아들이고 활용하는 인간의 적응이며, 진정한 변화는 바로 이 적응의 리듬 속에서 일어난다.정보는 더 이상 '아는 사람의 것'이 아니라, '실행할 수 있는 사람의 것'이 되었다.

AI 시대의 일은 더 이상 순차적 보고와 승인 구조로 움직이지 않는다. 정보는 동시적이고, 역할은 유동적이며, 협업은 단순한 분담이 아니라 문제 해결을 위한 탐색적 대화가 된다. 이렇게 '정보의 흐름', '협업의 구조', 등의 일하는 방식이 변하고 있음에도, 우리의 사고와 행동이 기존의 방식에 머문다면 AI는 오히려 조직에 갈등과 혼란을 키운다. AI 시대의 핵심이 기술이 아니라 변화된 일하는 방식과 사고 행동의 정렬, 즉 변화의 중심이 인간과 조직 문화에 있음을 확인하였다.

2장에서는 AI와 함께 일하는 시대에 '성과'의 개념 자체가 어떻게 바뀌는지를 이야기했다. AI는 인간의 일을 '대체'하는 것이 아니라, 인간의 일의 범위와 깊이를 '증강Augment'시키는 존재다. AI 시대의 성과는 '무엇을 더 빨리 끝냈는가'가 아니라, 'AI를 통해 내 일을 얼마나 증강했는가'로 정의되어야 한다. AI가 수집한 정보를 해석하고, 그 해석을 실행으로 전환하며, 실행이 루틴으로 반복되고, 그 경험이 다시 조직 전체로 공유될 때 비로소 성과는 구조화된다.

또한 AI 시대의 일은 실행과 학습이 분리되지 않는다. 일하는 동안 배우고, 배우는 동안 다시 실행하는 순환이 반복되어야 한다. 이를 위해서는 '실행 문해력Execution Literacy', 즉 실행의 목적과 맥락을 해석하고 조율할 수 있는 집단적 이해력을 갖추어야 한다. AI 시대의 성과를 '완료와 결과'에서 '실행과 학습의 리듬'으로 재정의하며, 성과를 만드는 새로운 공식은 기술이 아니라 사람의 해석과 실행 루프라는 점을 이야기 나누었다.

3장에서는 앞선 변화의 본질과 성과의 공식을 현실에 뿌리내리게 하는 핵심 기반으로서의 조직문화를 다루었다. AI라는 강력한 엔진이 제 기능을 발휘하기 위해서는, 사람과 사람 사이의 신뢰, 피드백의 리듬, 학습을 두려워하지 않는 태도 등 문화적 메커니즘이 매끄럽게 연결되어야 한다. 조직문화는 단지 장기적인 비전이 아니라, 지금 이 순간의 실행력과 단기성과를 좌우하는 실질적인 작동 시스템이다.

AI 시대의 문제는 단순한 데이터 분석이 아니라, 보이지 않는 흐름을 감지하고 해석하는 인간의 직관과 통찰을 요구한다. 이 직관은 개인의 재능이 아니라, 실험과 학습, 대화와 실패가 허용되는 조직문화 속에서 길러진다. AI의 잠재력을 현실의 성과로 바꾸는 힘은 기술이 아니라, 그 기술을 해석하고 실행으로 전환하게 만드는 조직문화의 힘이다. 기술을 살아 있게 만드는 것은 언제나 사람이며, 사람을 움직이게 하는 것은 문화이다.

이제 2부에서는, 그 변화의 인식 위에 실제로 "우리 조직 안에서 실행 가능한 문화"를 어떻게 설계할 것인가를 이야기하고자 한다. 목적과 원칙에서 출발해, 업무 프로세스·리더십·평가·성장·조직구조·공간·소통·조직개발로 이어지는 2부의 내용은, AI 시대에 맞는 조직문화가 어떻게 구체적인 시스템과 일상의 습관으로 구현될 수 있는지를 보여줄 것이다.

기술의 시대는 이미 왔다. 이제 필요한 것은, 그 기술이 조직 안에서 살아 숨 쉬도록 하는 조직문화를 설계하는 것이다.

2부

AI 시대,
우리만의 조직문화
만들기

4장

목적과 일하는 원칙에서
시작하라

목적과 일하는 원칙

아주 먼 옛날, 거친 파도와 예측 불가능한 안개로 악명 높은 바닷가에 노련한 등대지기가 살고 있었다. 그는 수십 년간 한결같이 등대를 지켜왔고, 그 덕분에 수많은 배들이 안전하게 항해할 수 있었다. 유난히 변화무쌍한 폭풍이 몰아친 어느 밤, 바다는 매 순간 모습을 바꾸었고, 짙은 안개로 익숙했던 바닷길도 보이지 않았다.

그때, 젊은 등대지기들은 당황하며 등대의 불빛을 이리저리 바꿔보려 했다. "지금은 파도가 저쪽에서 치니 등대의 각도를 바꾸어야 합니다", "안개가 심하니 불빛을 더 강하게 해야 합니다." 이때 노련한 등대지기가 말했다. "바다는 늘 변하는 것이란다. 바람의 방향도, 파도의 높이도, 안개의 짙기도 매 순간 달라지지. 하지만 등대는 언제나 변하지 않는 방향을 알려주어야 해, 그리고 일정한 밝기와 방향으로 꾸준히 불을 밝혀야 해. 그래야 배들이 스스로 자신의 위치와 방향을 찾고 항구로 안전하게 들어올 수 있어."

노련한 등대지기의 이야기는 변화가 일상인 시대일수록, 변하지 않는 기준이 얼마나 중요한지를 상징적으로 보여준다. 조직도 마찬가지다. 기술, 시장, 고객의 요구가 시시각각 변하는 가운데, 구성원들은 매 순간 새로운 결정을 내려야 한다. 이럴 때 조직을 하나로 연결해주는 것은 단기 지시나 절차가 아니라, 모두가 공유하는 그리고 변하지 않는 '방향'과 '기준'이다. 즉, 목적과 원칙이다.

AI는 일의 형태와 흐름을 근본적으로 바꾸고 있다. 반복적인 업무는 자동화되고, 데이터 기반 의사결정이 일상화되며, 인간의 개입 없이도 다양한 선택지가 제안되는 시대다. 문제해결보다는 '정확한 질문'을 묻는 역량이 더 중요해지고, 누구나 쉽게 고급 도구를 다룰 수 있는 상황에서는 도구의 활용 능력보다는 "왜 이 일을 하는가", "이 방식이 우리에게 맞는가"라는 판단 능력이 조직의 경쟁력을 좌우하게 된다.

더욱이 AI는 종종 사람보다 빠르고 정확한 실행을 가능케 하지만, 그 실행의 방향이 잘못될 경우 더 큰 오류를 빠르게 확산시킬 위험도 내포하고 있다. 이처럼 도구의 힘이 커질수록, 도구를 운용하는 철학과 기준, 즉 '목적'과 '원칙'은 더욱 중요해질 수밖에 없다. 목적은 기술의 쓰임을 정의하고, 원칙은 기술과 인간 사이의

    2부 — AI 시대, 우리만의 조직문화 만들기

경계를 설정하며, 공동의 판단과 선택의 기준을 제공한다.

이러한 맥락에서 AI 시대의 조직이 반드시 해야 할 질문은 명확하다. "우리는 왜 이 일을 하는가?", 그리고 "어떤 기준으로 일할 것인가?"이다. 바로 이 두 질문에 답하는 것이 '목적'과 '일하는 원칙'이다. 기술과 도구는 수단에 불과하며, 그 위에 작동할 방향성과 기준이 없다면 조직은 무의미한 실행과 방향 없는 반복 속에 갇히게 된다. 따라서 목적과 일하는 원칙은 AI 시대 조직문화의 본질이자 출발점이다.

조직에서 '목적'은 단순한 비전 슬로건이나 구호가 아니다. 그것은 구성원들이 왜 이 일을 하는지, 왜 이 회사에 있는지를 설명해주는 가장 본질적인 존재 이유다. 변화의 방향이 어디로 향하든, 이 목적은 조직의 북극성처럼 작동한다. 기술이 아무리 진보하더라도, 그것을 활용하는 인간의 판단과 선택에는 늘 '왜 이 일을 하는가'라는 질문이 함께한다. 그 질문에 답하지 못하는 조직은 방향을 잃기 쉽다.

구성원들이 그 기술을 '왜' 활용해야 하는지에 대한 공감 없이 AI가 도입되고, 실행된다면, 오히려 내부 피로와 혼란만 키우게된다. 목적 없는 기술 채택은 조직을 성장시키기보다 탈진하게 만들지만, 반대로 뚜렷한 목적을 공유한 조직은 새로운 기술을 도구로 받아들이고, 본질적인 가치를 강화하는 방식으로 그것을 융합시킨다.

'일하는 원칙' 역시 단순한 규칙이나 규정과는 다르다. 원칙은 구성원들의 행동 기준이며, 혼란 속에서도 어떤 결정을 내릴 것인가를 알려준다. 규칙이 위반 여부를 판단하는 데 초점이 맞춰져 있다면, 원칙은 어떤 상황에서 어떤 선택이 더 나은지를 생각하게 만든다. 특히 빠른 변화와 예측 불가능성이 일상이 된 시대에는, 모든 상황을 매뉴얼로 규정할 수 없다. 결국 조직이 기대하는 행동 양식은 규칙이 아니라 '원칙'으로 공유되어야 한다.

일의 복잡성이 높아질수록, 사람들은 통제나 감시가 아니라 신뢰와 기준으로 움직여야 한다. 그리고 그 기준은 명확한 목적과 일하는 원칙이 제시할 수 있다. 목적이 방향을 잡아주고, 원칙이 일상의 판단과 선택을, 다시 말하면 사고와 행동을 이끌어주는 이 구조가 조직문화의 기초를 이룬다.

목적이 없을 때 실행은 분산되고, 학습은 무기력해진다. 구성원들은 각자의 기준에 따라 움직이게 되고, 조직의 자원이 하나의 방향으로 수렴하지 못한다. 목적은 단지 명분이 아니라 실행을 수렴시키는 자석과 같다. 우리가 왜 이 일을 하는지를 명확히 공유할 때, 같은 일을 하더라도 그 의미와 동기가 달라지고, 결과의 질도 바뀐다.

일하는 원칙이 없을 때는, 구성원들은 매번 상사나 규정의 눈치를 보거나, 그때그때 주어진 과업에 따라 일의 방식을 달리하게 된다. 이는 곧 의사결정의 일관성을 잃게 만들고, 실행의 리듬을 흐트러뜨린다. 특히 AI와 같이 변화의 속도가 빠르고 다양한 선택지를 제공하는 환경에서는, 원칙이 없으면 기술에 끌려다니게 된다. 반면 명확한 원칙이 있다면, AI가 제안하는 다양한 실행 옵션 중 무엇이 우리의 방식에 부합하는지를 스스로 판단하고 선택할 수 있다. 원칙은 바로 이러한 자율적 선택의 기준이자, 실행의 품질을 지켜주는 조직문화적 가이드라인이다.

목적과 원칙이 없는 실행은 방향성과 일관성을 잃고, 구성원들의 내적 동기와 학습 가능성 또한 약화된다. 반대로, 목적과 원칙이 살아 있는 조직은 어떤 기술을 도입하더라도 그것을 우리답게 해석하고 실행에 녹여낼 수 있는 힘을 가진다.

AI 시대에는 더 이상 정답이 정해진 업무만 존재하지 않는다. 구성원 각자가 상황을 해석하고, 수많은 선택지 중에서 방향과 방식을 결정해야 한다. 이때 조직의 목적은 구성원들이 어떤 방향으로 사고해야 하는지를 안내하고, 원칙은 그 판단과 실행이 조직적 기대와 정렬되도록 돕는다. 목적은 조직이 '왜 존재하는가'를 설명하고, 원칙은 '어떻게 일할 것인가'에 대한 합의를 제공한다. 이 두 가지가 명확할 때, 구성원들은 변화 속에서도 자신 있게 행동하고, 자율성을 발휘하며, 더 나은 성과를 창출하고, 의미 있는 성장을 만들어낼 수 있다.

AI와 함께 일하는 시대, 경쟁력있는 조직문화를 만드는 것은 먼저 우리의 목적은 무엇이며, 어떤 원칙으로 일할 것인가를 다시 묻는 것에서 시작해야 한다.

우리는 목적과 원칙이 왜 필요한지, 특히 변화의 흐름이 더욱 거세지고 예측 불가능한 시대일수록 그것이 왜 조직의 생존과 성장을 좌우하는지를 살펴보았다. 이제 그 '목적'을 어떻게 구체화하고, 그것이 선언에 머무르지 않고 일상 속에 살아 움직이도록 만들 것인가를 이야기해보자.

조직의 목적을 구체화하는 방법으로 일반적으로 '미션Mission'과 '비전Vision'이라는 개념이 사용되어 왔다. 미션은 조직의 존재 이유와 현재의 역할을, 비전은 장기적으로 지향하는 미래의 모습을 설명한다. 이 두 개념은 수십 년간 전략 기획과 경영관리에서 핵심 축으로 활용되어 왔으며, 지금도 여전히 유효한 틀이다.

하지만 AI 기술이 급속히 확산되고, 구성원 개개인의 자율성과 판단 역량이 중요해진 오늘날의 업무 환경에서는 기존의 미션-비전 구도가 가진 한계도 점점 분명해지고 있다. 무엇보다 미션과 비전은 종종 '경영진이 수립한 선언문'으로 인식되기 쉽고, 그것이 일하는 방식이나 실행 판단에까지 구체적으로 영향을 미치지 못하는 경우가 많다. 그 결과, 목적은 조직의 상층부에서만 존재하고, 구성원의 일상에는 잘 스며들지 않는 구조적 단절이 생긴다.

이러한 단절을 넘어, 목적이 실제 실행과 연결되고, 구성원 모두의 판단과 협업을 이끄는 살아 있는 기준이 되기 위해 제안되는 개념이 바로 목적비전 MTPMassive Transformative Purpose이다.

MTP는 조직이 단기 성과나 기존 사업의 확장에 머무르지 않고, 세상에 만들어내고자 하는 '근본적 변화'의 방향을 담은 목적 개념이다. MTP는 "조직 구성원이 자신의 일상과 연결된 방식으로 '왜 이 일을 하는가'를 스스로 해석할 수 있게 해주는 살아 있는 방향성"이다. 기존의 미션과 비전이 다소 선언적이고 정태적인 방식으로 조직의 목적을 표현했다면, MTP는 변화와 실행의 흐름 속에서 끊임없이 재해석되고 구체화되어야 하는 실천적 개념이다.

특히 MTP의 그 이름 자체에서 세 가지 특징을 포함하고 있다. 먼저 Massive(거대한)는 개인이나 팀 차원을 넘어서, 산업 혹은 사회 수준에서 의미 있는 변화를 만들고자 하는 야망을 담아야 한다는 것을 의미한다. 이것은 구성원에게 자부심과 동기에 연결된다.

그리고, Transformative(변혁적인)는 단순한 성과 지표가 아니라, '지금과는 다른' 상태를 상상하고 설계하는 창의적 목적이어야 한다는 것을 의미한다. 개인과 조직의 변화와 혁신의 촉진점이 된다. 마지막으로, Purpose(목적 중심)는 당장의 수익이나 경쟁우위를 넘어서, 왜 존재해야 하는지에 대한 본질적인 질문에 답하는 것이어야 한다는 의미이다.

특히 기존의 비전이 말하는 미래상이나 미션이 가리키는 목적성은 미래의 시점을 이야기한다. 하지만 MTP의 목적은 미래만이 아니라 현재에 시점을 두고 있다. 미래에 어느 시점에 이루고자 하는 열망을 담고있지만, 동시에 현재 내가 그리고 우리가 하는 행동의 의미로서 느껴질 수 있도록 한다.

MTP의 개념을 보다 구체적으로 이해하기 위해, 구글의 사례를 떠올려볼 수 있다. 1998년 구글이 내세운 미션 스테이트먼트 "전 세계의 정보를 조직화한다To organize the world's information"는 표면적으로는 전통적인 미션처럼 보일 수 있지만, 실상은 MTP적 요소를 강하게 내포하고 있다. 이 문장은 단지 미래에 이루고자 하는 열망을 담고 있을 뿐 아니라, 오늘도 현장에서 일하는 구성원들에게 자신의 일의 의미를 제공한다.

예컨대 구글에서 알고리즘을 수정하고, 검색의 정확도를 높이기 위해 늦게까지 일하는 한 구성원이 있다고 하자. 그는 단지 자신의 코드를 고치는 것이 아니라, 오늘도 '전 세계의 정보를 조직화'하는 일을 하고 있다고 인식할 수 있다. 이처럼 MTP는 구성원이 자신의 현재 일과 조직의 큰 방향을 연결지을 수 있도록 돕는다. 단지 미래를 위한 약속이 아니라, 오늘의 행동에 의미를 부여하는 것이다.

MTP는 전체 스테이트먼트의 앞과 뒤를 구성하는 2개의 파트로 구성되어 표현될 수 있다. 앞쪽 파트는 '대단한 성취' 파트이고, 뒤쪽 파트는 '거대한 변화'파트이다. '대단한 성취' 파트는 우리 조직이 함께 이루고자 하는 대단한 성취가 무엇인지를 정의한다. 이것은 오늘 우리가 하는 일이 너무나 멋지고 대단한 일이라는 자부심이 되고, 현재 구성원들이 자신의 일에 호기심과 창의성을 발휘하는데 동기를 제공한다. 반면에 '거대한 변화' 파트는 우리가 이루고자 하는 성취가 궁극적으로 세상에 어떤 거대한 변화를 일으

 2부 — AI 시대, 우리만의 조직문화 만들기

키는지를 정의한다. 이것은 우리가 진정으로 가치있는 일을 하고 있다는 자부심이되고, 현재 구성원들이 자신의 일에 열정과 헌신을 촉진하는 동기를 제공한다. 구글의 예로 돌아가면, "전 세계의 정보를 조직화한다To organize the world's information"는 '대단한 성취' 파트이고, 연결되는 "누구나 쉽게 접근하고 활용하는 세상을 만든다and make it universally accessible and useful"는 '거대한 변화' 파트가 된다.

이처럼 MTP는 단일한 구호나 명분이 아니라, '왜 존재하는가'에 대한 철학Purpose과 '어떻게 일하는가'에 대한 실행Method'를 함께 담고 있는 실행 철학이다. '거대한 변화' 파트는 구성원의 내면에 동기를 부여하고 정체성을 강화하며, '대단한 성취'파트는 그 정체성이 일상 속에서 어떻게 작동할지를 직관적으로 가이드한다. 두 파트가 유기적으로 연결될 때 MTP는 비로소 조직문화가 되고, 구성원의 행동이 된다.

특히 AI와 디지털 전환 환경에서 MTP는 조직문화의 가장 중요한 출발점이 된다. AI는 효율성과 속도를 보장하지만, 방향은 제시하지 않는다. 조직은 AI를 사용하는 기술적 능력보다 어디를 향해 나아갈 것인가에 대한 철학과 기준을 먼저 확립해야 한다. 그 시작이 바로 MTP다.

AI와 함께 일하는 환경에서는, 주어진 업무를 그대로 처리하는 것보다, 각자의 판단과 선택이 더 중요해진다. 수많은 데이터, 수많은 도구, 수많은 옵션 가운데 어떤 길을 선택할 것인가는 단지 능력의 문제가 아니다. 이때 MTP는 구성원들에게 다양한 선택지 중,

무엇이 우리 조직의 방향에 맞는지를 판단하는 기준을 되고, 자신이 하는 일이 더 큰 목적과 연결되어 있다는 감각을 제공함으로서 구성원 몰입의 기반이 되며, 부서나 역할이 달라도, 모두가 같은 목적을 향해 움직이게 함으로서 연결된 결과를 이끌도록 한다.

MTP는 따라서 단순한 슬로건이 아니라, 기술과 실행, 일상과 판단, 성장과 문화의 모든 흐름을 하나의 방향으로 연결하는 실행 철학이다. MTP는 단순한 비전 문구나 동기부여 수단이 아니다. 그것은 조직이 세상에 끼치고자 하는 변화의 방향을 담고 있는 행동 지향적 목적 선언이다. 그리고 그것은 '큰 말'을 하는 것이 아니라, '큰 방향'을 명확히 하고, 구성원들이 각자의 일 속에서 그 방향을 스스로 해석하고 연결하도록 돕는 기준이다.

많은 조직이 "우리는 왜 존재하는가?"를 묻지만, 그 답이 실행과 연결되지 않는 경우가 많다. 반면 MTP는 그 목적이 구체적 실행 흐름과 정렬될 수 있도록 한다. "우리는 왜 이 일을 하는가?"라는 질문이 모든 과업의 출발점이 될 때, 조직은 기술이나 환경에 따라 흔들리지 않는 '실행의 중심축'을 가지게 된다.

원칙 중심의 일 문화

MTP가 조직의 존재 이유와 큰 방향을 제시하는 목적이라면, 일하는 원칙은 그 목적이 어떻게 '실행'되는지를 결정짓는 일상

　　　　　2부 — AI 시대, 우리만의 조직문화 만들기

속 판단과 행동의 기준이다. 빠르게 변화하는 환경 속에서, 조직이 일관된 실행력을 유지하려면 구성원 각자가 스스로 판단하고 행동할 수 있어야 한다. 이때 반드시 필요한 것이 바로 '일하는 원칙'이다.

AI와 같이 변화가 빠르고 예측이 어려운 시대에는, '지금 무엇을 하느냐'보다 '왜 그렇게 판단했는가', '어떤 기준으로 실행했는가'가 훨씬 중요한 지점이 된다. 일하는 원칙은 그 방향 속에서 각자의 실행이 정렬될 수 있도록 하는 판단의 축이다.

원칙이 없으면 실행은 불안정해지고, 결과는 일관되지 않으며, 협업은 분열된다. 어떤 사람은 과거의 성공 방식대로 판단하고, 또 다른 사람은 본인의 직관이나 선호에 따라 움직이며, 누군가는 AI가 추천하는 대안을 그대로 따르기도 한다. 그 결과, 같은 조직 안에서도 서로 다른 기준으로 판단하고, 다른 속도로 실행하며, 서로 다른 성공을 추구하게 된다. 그 순간부터 조직은 하나가 아닌 '여러 개의 섬'이 된다.

원칙이란 '어떤 상황에서도 작동하는 공통된 기준'이다. 원칙은 사전에 규정된 규칙과는 다르다. 규칙은 위반 여부를 판단하는 데 초점이 있지만, 원칙은 '무엇이 옳은가'보다 '무엇이 더 나은가'를 기준으로 삼는다. 그만큼 유연하고, 상황 맥락에 따라 해석될 수 있어야 하며, 구성원은 스스로 질문하고 적용할 수 있을 만큼 현실적이어야 한다. 규칙은 '지켜야 할 것'을 말하지만, 원칙은 '무엇을 기준으로 판단하고 선택하고, 생각하고 행동할 것인가'를 묻는다. 전자는 통제의 언어이고, 후자는 자율과 책임의 언어다.

하지만, 여전히 많은 조직이 여전히 매뉴얼과 규정을 통해 실행을 통제하려 한다. 그러나 변화의 속도가 빠르고 예측이 어려운 환경에서 '정해진 절차'는 오히려 실행의 속도를 늦추고, 구성원의 판단을 제한하는 요인이 되기도 한다. 특히 AI와 함께 일하는 업무환경에서는 상황이 수시로 바뀌며, 동일한 문제라도 새로운 방식으로 접근할 필요가 있다. 이럴 때 실행의 기준이 되는 것은 정교한 매뉴얼이나 규정이 아니라 유연하고 지속 가능한 일하는 원칙이다.

일하는 원칙 중심의 조직문화는 속도, 자율성, 일관성을 동시에 확보한다. 모든 구성원이 동일한 원칙 위에 있을 때, 굳이 복잡한 보고체계를 거치지 않더라도 판단과 실행이 가능해진다. 이는 단순한 편의성의 문제가 아니라, 몰입과 성과의 구조적 기반이 된다. 다시 말하면 명확한 일하는 원칙을 공유하는 조직에서는 매번 상사의 판단을 기다리지 않아도 되기에 의사결정 속도가 빨라진다. 그리고 다양한 방식을 시도하고 있음에도 일관된 기준이 유지되어 실행의 품질이 높아진다. 무엇보다 중요한 것은, 구성원이 스스로 결정하고, 책임질 수 있게 됨으로써 자율과 신뢰의 조직문화가 가능해진다는 것이다. .

일하는 원칙은 행동 강령이 아니라, 판단의 축이며 일상에서 반복적으로 작동하는 실행 기준이다. 그것은 행동으로 내려오는 명령이 아니라, 스스로에게 던지는 질문이어야 한다. "지금 이 상황

     2부 — AI 시대, 우리만의 조직문화 만들기

에서 우리는 어떤 기준으로 선택하고 판단하는가?"라는 질문에
대해 구성원들이 일관된 방식으로 사고하고 행동할 수 있다면, 그
조직은 높은 자율성과 신뢰를 기반으로 움직이는 집단이 된다.

특히 AI 시대에는 기술이 조직의 도구적 역량을 빠르게 확장시
켜주지만, 정작 그 위에서 무엇을 기준 삼아 판단하고 실행할 것
인가는 여전히 사람의 몫으로 남는다. AI는 실행하지만, 왜 해야
하는지를 묻지 않는다. AI는 데이터를 기반으로 수많은 실행 옵션
을 제시한다. 그 안에서, 어떤 선택이 조직의 가치와 부합하는지,
어떤 방향이 우리답고 지속가능한지에 대한 판단의 기준이 바로
일하는 원칙이다. 기술이 실행의 수단이라면, 일하는 원칙은 실행
의 기준이자 방향이다. 결국 조직의 실행 품질은 기술이 아니라,
인간이 공유하는 원칙 위에서 결정된다.

일하는 원칙 정립

일하는 원칙은 누군가가 책상 위에서 만들어 선언한다고 해서
조직문화로 자리잡지 않는다. 일하는 원칙은 조직의 실행 현장에
서부터 출발해야 하며, 그것이 실제 구성원들의 실제 언어로 정리
되어야 한다.

일하는 원칙은 조직의 실제 실행 현장에서 반복되는 경험과 집
단적 학습 속에서 자연스럽게 발굴되고 정제되어야 한다. 다시 말

해, 원칙은 선언되는 것이 아니라, 조직 안에서 만들어지게 해야 한다. 일하는 원칙은 다음과 같은 흐름을 통해 형성된다.

먼저, 구성원들은 실제 과업을 수행하는 과정에서 무엇이 효과적이었고, 어떤 방식이 협업을 방해했는지를 몸으로 체감하게 된다. 이 실행의 순간들이 바로 일하는 원칙의 씨앗이 된다. 그리고, 이러한 실행 이후 팀 회고와 피드백을 통해 구성원들은 "무엇이 잘 되었는가?", "무엇을 다음에는 바꾸어야 하는가?"라는 질문을 던진다. 이때 반복적으로 언급되는 실행의 방식들이 자연스럽게 조직의 패턴으로 떠오른다. 그런 다음, 이 반복되는 실행 패턴을 짧고 명확한 언어로 정제해낸다. "가장 가까운 실행자가 결정한다", "실패는 빠르게 드러낸다", "의도보다 효과 중심으로 피드백한다"와 같은 문장들이 도출된다. 이처럼 간결하고 실행 중심적인 언어는 실제 행동을 유도할 수 있다.

그리고 마지막 단계에서 이 원칙을 실제 다양한 과업과 협업의 맥락 속에서 적용하고, 그 결과를 다시 회고하여 원칙을 보완하거나 재정의하는 과정이 반복된다. 원칙은 한 번 정해진 후 고정되는 것이 아니라, 살아 있는 기준으로서 변화하는 환경과 함께 진화해야 한다. 이러한 흐름을 통해 도출된 원칙은 더 이상 외부에서 주어진 것이 아닌, 구성원 스스로의 실행 경험을 바탕으로 태어난 '현장의 언어'가 된다. 그것은 조직 안에서 자생적으로 형성된 실행 지혜들이다.

일하는 원칙을 더 구체적이고 체계적으로 정립하려면, 구성원

    2부 — AI 시대, 우리만의 조직문화 만들기

내부에 이미 자리 잡은 '집단 가정'을 먼저 탐색하는 것이 중요하다. 조직 내에서는 많은 행동과 판단이 무의식적으로 반복된다. 그 속에는 그 조직만의 실행 철학이 담겨 있으며, 이를 명확하게 언어화하는 과정이 일하는 원칙 정립이라고 할 수 있다.

이러한 집단가정을 보다 구체적으로 탐색하기 위하여, 에드가 샤인의 이론을 중심으로 정리한 8가지 주제를 질문의 프레임으로 사용해 볼 수 있다. 이 질문들은 실행 중심 원칙을 도출해내기 위한 조직 내 구성원들간의 대화의 기반이 된다.

- **일**: 우리 조직에서 '일을 잘한다'는 것은 어떤 의미인가? 우리가 효과적이라고 생각하는 일하는 방식은 무엇이며, 왜 그렇게 생각하는가? 지금 우리가 무심코 따르고 있는 일의 방식 중, 지속하고 싶은 것은 무엇인가?
- **관계**: 우리는 서로를 어떤 존재로 보고 있는가? 리더와 구성원, 동료 간의 관계는 어떤 전제를 기반으로 작동하고 있는가? 신뢰와 협업을 만드는 방식은 무엇이라고 믿고 있는가?
- **성과**: 우리가 말하는 '성과'란 구체적으로 어떤 결과인가? 조직 안에서 성과는 어떤 기준으로 인정되고 있으며, 그 기준은 암묵적으로 어떻게 공유되고 있는가?
- **인정**: 어떤 사람이 우리 조직에서 '잘한다'는 평가를 받는가? 영향력과 권위는 어떻게 형성되며, 우리는 누구를 함께 일하고 싶은 사람으로 인식하는가?
- **의사결정**: 우리는 중요한 결정을 어떻게 내리고 있는가? 의견 충돌이나

방향 전환이 있을 때, 어떤 기준에 따라 판단하는가? 이러한 결정 과정에 암묵적으로 작동하는 규범은 무엇인가?

- **공유**: 정보나 의견은 어떤 방식으로 공유되고 있는가? 공유가 자연스럽게 이루어지는 경우와 그렇지 못한 경우의 차이는 무엇인가? 우리는 왜 그것을 자연스럽다고 느끼는가?

- **방향성**: 외부 변화에 대해 우리는 어떤 방식으로 대응해왔는가? 그 과정에서 중요하게 작동했던 내부 기준이나 태도는 무엇이었는가? 지금 우리가 따르고 있는 방향 설정의 기준은 어디서 비롯되었는가?

- **정체성**: 나는 이 조직에서 어떤 존재라고 느끼는가? 우리는 어떤 사람을 '우리답다'고 말하는가? 우리만의 유머, 긴장, 거리감, 공감 등 감정적 표현 속에 숨어 있는 조직의 자화상은 무엇인가?

이 8가지 질문을 바탕으로 구성원들이 함께 이야기하고, 자신이 당연하게 여겼던 생각들을 의식화하는 과정을 거친다면, 일하는 원칙은 외부의 정답이 아니라 우리 스스로 만들어가는 살아 있는 기준이 될 수 있다. 특히 "우리 구성원들이 당연하게 받아들이는 생각은 무엇인가?", "그중에서 반드시 지켜내고 싶은 생각은 무엇인가?"라는 질문은, 우리가 어떤 문화를 지속하고 싶은지에 대한 명확한 기준을 마련해준다.

결국 일하는 원칙이란 외부에서 벤치마킹할 수 있는 문장이 아니라, 조직 내부에 축적된 실행 경험과 무의식적인 사고 구조를 의식화하고 언어화한 결과다. 이 과정은 단지 질문을 나누는 대화

    2부 — AI 시대, 우리만의 조직문화 만들기

를 넘어, 우리 조직이 무엇을 소중히 여기고 앞으로 어떤 문화를 만들어갈 것인지에 대한 본질적인 성찰의 시간이다.

일하는 원칙은 실행 현장에서 도출되었을 때 가장 강력한 설득력을 갖는다. 그러나 그것이 실제로 구성원 모두의 판단 기준이 되기 위해서는 구체적이고 직관적인 문구로 정리되어야 한다. 단순히 슬로건처럼 멋진 말을 만드는 것이 아니라, 실제 실행에서 작동하는 언어로 표현되어야 한다. 다음은 도출된 일하는 원칙을 문구로 정리할 때 고려해야 할 10가지 기준이다.

첫째, 행동 그 자체가 아닌, 행동의 근거가 되는 집단가정이나 믿음을 표현하고 있는가? 원칙은 단순히 '무엇을 하라'가 아니라, '왜 그렇게 해야 하는가'에 대한 신념, 또는 '왜 그렇게 하는가'에 대한 집단가정을 담고 있어야 한다.

둘째, 우리 구성원들이 실제로 사용하는 말, 일상적인 언어로 되어 있는가? 멋진 슬로건이나 경구가 아니라 조직 안에서 자연스럽게 쓰이는 말이어야 공감도 크고 실천력도 높아진다. 만일 각 원칙의 첫 글자를 따서 PRIDE니, CHANGE니 하는 근사한 단어가 만들어졌다면, 제대로 만들어진 원칙인지 한 번쯤 의심해보자!

셋째, 누구나 즉시 이해할 수 있을 만큼 직관적인 문장인가? 해석의 여지가 적고, 읽자마자 그 의미가 명확히 전달되어야 한다.

넷째, 이상적인 상태나 강제적인 이념화를 유도하고 있지는 않은가? '~하라', '하자' 등의 표현이 아니라 '~한다'라는 형태로 표현하는 것이 구성원들이 스스로 수용하는데 도움이 된다. 일하는 원칙은 이상적인 행동을 강요하거나 가르치는 것이 아니며, 특히 어떤 새로운 가치나 믿음을 이념화하는 것이 되서는 안 된다.

다섯째, '재미'나 '위트' 속에 부정적인 전제나 냉소가 숨어 있지 않은가? 부정적인 암시는 실행의 에너지를 떨어뜨릴수 있다. 일하는 원칙은 바람직하지 않은 행동을 하지 말라는 것이 아니라 우리가 잘하고 있는 행동들을 객관화하는 것이다.

여섯째, 조직과 사람에 대한 긍정적인 전제를 담고 있는가? 우리 "구성원은 스스로 잘할 수 있다", "우리는 책임을 다하고 있다"와 같은 긍정적 믿음을 내포해야 한다. 리더가 구성원을 또는 구성원이 리더를 신뢰하지 못하여, 그것을 통제하기 위한 문구는 일하는 원칙이 아니다.

일곱째, 동일한 집단가정을 바탕으로 하되, 다양한 상황에서 다른 방식으로 실행이 가능한가? 동일한 원칙이라도 주어진 상황, 관계, 개인의 특성 등에 따라 유연하게 해석되고 다양한 행동을 실행될 수 있는 여지를 담아야 한다.

여덟째, 리더나 조직이 아닌, 구성원 개개인이 자신에게 '나를 위한 것'으로 느껴지는가? 일하는 원칙은 통제 수단이 아니라, 스스로 선택하고 따를 수 있는 기준이 되어야 한다. 이를 위하여, 구성원 개인이 스스로의 선택과 결정, 사고와 행동을 위한 언어라도 느낄 수 있어야 한다.

아홉째, 조직의 리더십, 제도, 의사결정 등과 정렬되어 실제 적용

　　　　　2부 — AI 시대, 우리만의 조직문화 만들기

가능한가? 일하는 원칙은 리더와 구성원 개인의 실행이기도 하지만 조직의 실행을 위한 기준이기도 하다. 조직적인 의사결정방식뿐만 아니라 조직의 구조와 시스템의 언어로 연결될 수 있어야 한다.

열째, 추상적인 개념이 아니라, 시각적 이미지나 구체적 행동으로 연결 가능한가? 일하는 원칙을 들었을 때 구체적인 장면이 떠오를 수 있어야 실천이 쉽다. 개념적인 언어로만 남으면 '좋은 말이지만 나와는 관계없다'는 인식을 만들어낸다.

이러한 조건을 모두 만족시키는 문구는 단순한 명제가 아니라, 조직의 철학과 실행이 만나는 접점이다. 일하는 원칙은 곧 조직문화의 핵심언어이다. 따라서 일하는 원칙의 문장 하나하나는 가볍지 않다. 잘 정리된 일하는 원칙은 매일의 판단을 도와주는 나침반이 되며, 구성원의 사고와 행동을 일관성 있게 이끄는 기준이 된다.

마지막으로, 일하는 원칙은 '살아 있는' 원칙이어야 한다. 정해놓고 고정된 것이 아니라, 계속해서 학습되고 재정의되어야 한다. 변화하는 환경과 기술에 맞게, 구성원들의 경험과 피드백을 통해 원칙 역시 진화해야 한다. 결국 일하는 원칙을 정립한다는 것은 단지 몇 개의 문장을 만들어내는 작업이 아니라, 조직이 어떤 사고방식과 행동양식을 조직문화의 기반으로 삼을 것인지에 대한 깊은 자기결정이다.

목적과 일하는 원칙의 일상화

아무리 훌륭한 목적과 일하는 원칙이 있어도, 그것이 구성원의 일상 속에서 실제로 사용되지 않는다면 조직문화로 기능하지 못한다. 조직의 목적과 일하는 원칙은 반복을 통해 몸에 밴 습관과 감각으로, 구성원 모두가 자연스럽게 사용하는 언어 속에, 그리고 반복되는 실행 장면 안에 스며든다. 회의와 피드백, 협업, 의사결정, 온보딩 등 업무의 흐름 전반에 걸쳐 목적과 원칙이 자연스럽게 언급되고 해석되며 적용되는 조직이야말로 목적과 원칙이 살아 있는 조직이다.

이를 위해서는 조직 내에서 목적과 원칙이 '일상화'되어야 한다. 단순한 전달이나 문구 게시를 넘어, 말해지고 쓰이고 되묻고 실행되는 문화로 정착해야 한다. 이것은 '언어화, 루틴화, 해석 구조화'라는 세 가지 핵심 요소로 이야기할 수 있다. 먼저, 목적과 원칙은 일상적으로 말해지는 언어가 되어야 한다. 회의 시작 전 "오늘 우리는 왜 이 회의를 하는가?", 피드백 시 "어떤 원칙에 따라 판단했는가?"라는 질문이 자연스럽게 등장해야 한다.

그리고, 이 언어는 조직의 루틴 속에 녹아들어야 한다. 피드백, 리뷰, 주간 공유, 신규 온보딩, 실험 설계 등 반복되는 업무 흐름 속에서 목적과 원칙을 되새기고 연결하는 습관이 자리잡아야 한다. 이를 위해 구성원은 일상 속에서 '지금 우리가 하는 일이 조직의 목적과 일하는 원칙에 부합하는가?'라는 질문을 반복적으로 던

　　　　2부 — AI 시대, 우리만의 조직문화 만들기

져야 한다. 회의, 피드백, 프로젝트 시작, 갈등 상황 등 모든 판단의 순간이 바로 점검의 기회다. 이러한 질문이 자동화된 습관처럼 자리 잡을 때, 조직은 목적과 원칙에 기반한 정렬된 실행을 유지할 수 있다.

마지막으로, 구성원이 이 언어를 스스로 해석하고 자기 일과 연결할 수 있어야 한다. 외우는 문장이 아니라, 각자의 상황에서 "이 원칙은 어떤 의미인가?"를 묻고 해석하는 구조가 필요하다.

이러한 일상화의 세 요소가 작동할 때, 목적과 원칙은 조직 내 살아 있는 문화로 정착된다. 반복은 기억을 만들고, 기억은 감각을 낳으며, 감각은 결국 조직의 판단 기준과 실행 방식이 된다. 단지 멋져 보이는 말이나 외부 컨설팅에서 제시한 그럴듯한 문구가 아니라, 실제로 판단과 행동을 도와주는 실용적인 언어가 되어야 한다. 구성원이 업무 중 "이럴 때 우리는 어떻게 판단해야 하지?", "이 기준에 따르면 어떤 선택이 더 적절한가?"를 자연스럽게 떠올릴 수 있어야 비로소 그 원칙은 실천의 조직문화로 자리 잡는다.

특히 리더의 역할은 결정적이다. 리더가 어떤 언어로 소통하고, 어떤 기준으로 피드백을 주며, 어떤 방식으로 의사결정을 내리는지는 구성원에게 조직의 원칙을 실감나게 전달하는 수단이 된다. 리더의 말과 행동이 일관되게 목적과 원칙에 기반할 때, 구성원들은 그것이 조직의 진짜 기준이라는 확신을 갖게 된다. 리더가 일관되지 않으면 조직의 원칙은 선언에 머물고, 반대로 리더의 언어와 피드백이 원칙과 맞닿아 있을 때 그것은 비로소 조직문화가 된다.

또한 조직 전체의 커뮤니케이션 구조도 원칙의 일상화에 큰 영향을 미친다. 내부 커뮤니케이션 도구, 보고 양식, 회의 구조, 성과 발표 자료 등 조직의 언어가 집약되는 접점에 원칙의 흔적이 담겨야 한다. 예컨대 성과를 공유할 때 단순히 결과를 나열하는 것이 아니라 '이 성과는 어떤 원칙을 기반으로 실행되었는가', '무엇을 배웠고, 어떤 기준으로 다음 방향을 설정했는가'를 함께 나누는 구조를 갖는다면, 구성원들은 원칙을 단지 기억하는 것이 아니라 체화하게 된다.

목적과 원칙의 일상화는 결국 실행의 언어를 다시 쓰는 과정이다. 크고 복잡한 시스템보다 중요한 것은 작고 반복되는 언어와 행동을 체화하는 감각이다. 이런 감각이 축적될수록 조직은 외부의 변화에도 흔들리지 않고, 내부의 기준에 따라 자율적이고 유연하게 움직이는 힘을 갖게 된다. 조직문화는 선언이 아니라, 반복되는 실행에서 비롯되는 언어적 훈련이며, 궁극적으로는 구성원의 질문 습관 속에 자리 잡는다. 그때 비로소 조직의 목적과 일하는 원칙은 생명력을 얻고, 조직문화는 진짜로 변화한다.

목적과 원칙이 조직문화의 출발점

조직문화는 구호나 선언이 아니라, 구성원 각자가 일상 속에서 반복적으로 사용하는 언어와 판단의 습관으로 형성된다. 그렇기

　　　　2부 — AI 시대, 우리만의 조직문화 만들기

에 조직문화의 구축은 어느 날 갑자기 주어지는 것이 아니라, 매일의 실행, 피드백, 협업, 의사결정의 순간들 속에서 서서히 만들어진다. 이 출발점에서 가장 핵심적인 두 축이 바로 '조직의 목적MTP'과 '일하는 원칙'이다.

조직의 목적은 단순한 방향 제시를 넘어 구성원이 '왜 이 일을 하는가'에 대한 존재 이유를 끊임없이 환기시킨다. 조직의 목적MTP은 외부를 향한 비전이자 내부를 향한 자기 정체성이다. 특히 불확실성과 변화가 일상인 시대일수록, 조직은 어떤 방향으로 가야 할지 판단하기 어려워진다. 이때 구성원들에게 일관된 방향성과 의미를 제공하는 것이 바로 조직의 목적이다. 이는 단지 리더나 전략부서만의 언어가 아닌, 구성원 모두가 해석할 수 있고 자신만의 언어로 말할 수 있고 자신의 실행으로 연결할 수 있어야 한다.

그러나 방향만으로는 실행이 이뤄지지 않는다. 그 방향을 따라 실제로 어떻게 일할지를 결정짓는 것이 바로 '일하는 원칙'이다. 일하는 원칙은 조직의 목적MTP 실현을 위해 어떻게 판단되고 실행되는지를 보여주는 행동의 구조다. 즉, 조직의 목적MTP이 '왜'에 대한 답이라면, 일하는 원칙은 '어떻게'에 대한 조직의 선택이다.

많은 조직이 조직문화의 중요성을 말하지만, 구체적인 실행과 연결되지 않는 조직문화는 슬로건에 머물기 쉽다. 반면, 조직의 목적MTP과 일하는 원칙이 일의 흐름 속에서 반복적으로 언급되고 적용된다면, 그것은 조직문화로 자리 잡는다.

특히 AI 기술이 빠르게 확산되고, 다양한 자동화 도구가 업무 전반에 유입되며, 실행 속도와 데이터의 복잡성이 폭발적으로 증가하는 시대에는 내부의 기준이 흐려지기 쉽다. 변화의 속도와 강도는 갈수록 강해지지만, 그것을 해석하고 실행으로 연결할 조직문화적 축이 없다면, 조직은 빠르게 기술에 끌려다니게 된다. 이럴 때 더욱 명확한 조직의 목적^{MTP}과 일하는 원칙은 AI 시대 조직문화의 중심을 잡아주는 방향과 기준이 된다. 기술의 발전 속도에 비해 조직문화가 따라가지 못하면, 조직은 일의 기준을 잃고, 구성원들은 방향과 실행에서 지속적인 혼란을 겪게 된다. 결국 조직문화는 '우리가 어떤 존재이며, 어떻게 일하는가'에 대한 반복적이고 집단적인 해석의 결과다. 그리고 그 해석의 첫 문장은 언제나 조직의 목적과 일하는 원칙에서 시작된다.

AI와 함께 일하는 시대에 진정한 경쟁력 있는 우리만의 조직문화를 만들어가기 위한 출발점으로서 조직의 목적^{MTP}과 일하는 원칙이 준비되었다면, 이제 이를 기반으로 조직 전체의 문화 시스템을 정렬하고 구축해나갈 차례다. 조직문화는 단지 좋은 분위기나 소통의 문제가 아니라, 목적과 원칙을 중심으로 일하는 방식 전반에 걸쳐 구조화된 시스템의 정렬을 의미한다.

이러한 시스템은 단순히 하나의 요소가 아니라 유기적으로 맞물려 작동하는 조직문화의 에코 시스템이다. 여기에는 업무 프로세스, 리더십, 평가와 보상 제도, 성장체계, 조직구조, 전략, 공간과 기술 환경, 그리고 조직문화 활동과 커뮤니케이션이 포함된다. 각 요소는 조직의 목적과 일하는 원칙에 따라 정렬되어야 하며, 그

     2부 — AI 시대, 우리만의 조직문화 만들기

정렬의 정도에 따라 조직문화는 실제 실행에서 힘을 가지거나 공허한 선언에 머물게 된다.

업무 프로세스는 구성원의 일상과 직접 연결되는 만큼, 원칙을 실행하는 가장 빈번한 접점이 된다. 리더십은 목적과 원칙을 말과 행동으로 구현하는 역할을 하며, 평가와 보상은 그 원칙이 실제로 어떤 행동과 결과를 기대하는지를 명확히 보여준다. 성장체계는 구성원이 어떤 역량과 관점을 키워야 하는지를 안내하고, 조직구조는 자율성과 협업의 균형을 설계하는 틀이다. 공간과 기술은 일하는 경험을 만들어내는 물리적·디지털 환경이다. 마지막으로 조직문화 활동과 커뮤니케이션은 구성원들이 목적과 원칙을 해석하고 소통하며 확산시키는 통로다.

이제 다음 장부터는 이 각각의 요소들을 차례로 살펴보며, 어떻게 하면 우리 조직의 목적과 일하는 원칙을 중심에 두고 각 시스템들을 정렬하고 통합된 조직문화로 발전시킬 수 있을지를 이야기해보고자 한다.

5장

업무 프로세스를
다시 설계하라

업무 프로세스가 핵심

조직문화가 구성원의 생각과 행동에 어떤 방식으로 영향을 미치는지를 이해하려면, 매일 반복되는 일의 흐름 속에서 무엇이 결정적인 역할을 하는지를 살펴봐야 한다. 조직문화 진단 과정에서 자주 활용되는 인터뷰나 FGI, 주관식 설문 등을 통해 "구성원들의 몰입에 가장 큰 영향을 주는 요소는 무엇인가?" 혹은 "좋은 조직문화를 위해 가장 먼저 바뀌어야 할 것은 무엇인가?"라는 질문을 던지면, 대개는 '평가 보상'이나 '리더십'이라는 답이 돌아온다. 그러나 실제로 데이터를 바탕으로 상관관계를 분석해 보면, 구성원의 몰입도나 조직 만족도에 가장 깊은 영향을 주는 요소로 '업무 프로세스'가 가장 강하게 나타나는 경우가 많다. 이는 우리가 조직문화를 논할 때 종종 간과하지만, 실질적으로는 가장 직접적이고 구조적인 영향을 미치는 것이 바로 업무 프로세스임을 보여준다.

우리가 매일 반복적으로 사용하는 회의 흐름, 보고 방식, 협업 순서, 피드백 루틴, 의사결정 절차 등은 그 조직이 '어떻게 일하는가'를 결정짓는 가장 직접적인 시스템이다. 조직문화는 종종 '분위기', '가치', '소통' 같은 말로 표현되지만, 그것이 실질적으로 구현되고 경험되는 공간은 바로 업무 프로세스다.

아무리 좋은 가치나 원칙을 선언해도, 그것이 실제 일의 흐름 속에 반영되어 있지 않다면 구성원은 그 조직의 메세지에 신뢰를 가지기 어렵다. 회의에서 구성원이 의견을 내는 방식, 의사결정이 이루어지는 과정, 실패를 다루는 태도, 새로운 프로젝트를 시작하는 초기 설계방식 등은 모두 무의식적으로 조직문화적 신호를 담고 있다. 조직문화는 말이 아니라 흐름으로 경험된다. 다시 말해, 조직문화는 '어떻게 일하는가'에 대한 반복되는 감각과 경험에서 비롯되며, 그 감각은 바로 업무 프로세스에서 만들어진다. 구성원은 프로세스를 통해 조직이 어떤 판단을 선호하는지, 어떤 행동을 장려하거나 억제하는지를 체화하게 된다. 따라서 프로세스는 단순한 절차가 아닌 조직문화적 감각을 내면화하는 훈련의 구조이며, 결국 일의 흐름이 곧 조직문화의 흐름이 되는 것이다.

특히, AI 시대가 도래하면서 이 업무 프로세스는 더욱 중요한 조직문화적 장이 되었다. 많은 일들이 자동화되고, 실행 속도가 빨라졌으며, 인간의 개입 없이도 다양한 판단과 실행이 가능해졌다.

이로 인해 우리는 '무엇을 해야 하는가'보다 '무엇을 선택하고 판단해야 하는가'라는 질문에 더 자주 직면한다. 업무의 기술적 부담은 줄어들고 있지만, 판단의 기준은 오히려 더욱 중요해졌다.

이때 프로세스는 단순한 일의 순서가 아니라, 방향과 판단의 기준을 내재화한 조직문화적 설계가 되어야 한다. AI가 제안하는 옵션 중 무엇을 선택할지, 어떤 기준으로 업무를 우선순위화할지, 협업은 어떤 기준으로 이루어져야 하는지를 안내하는 것은 결국 프로세스에 녹아 있는 조직의 목적과 일하는 원칙이다.

좋은 업무 프로세스는 구성원이 스스로 올바른 결정을 내릴 수 있도록 돕는다. 일의 흐름 자체에 조직의 목적과 원칙이 녹아 있으면, 굳이 모든 행동을 규정하지 않아도 구성원은 상황에 맞는 실행을 만들어낸다. 반면, 원칙 없는 프로세스는 혼란과 분열을 만든다. 같은 상황에서 부서마다, 사람마다 전혀 다른 판단과 행동이 이어지고, 조직은 실행의 일관성을 잃게 된다.

결국 중요한 것은, 우리가 정의한 목적과 일하는 원칙이 업무 프로세스에 어떻게 구현되고 있느냐이다. 실행의 흐름 속에 기준이 일관되게 녹아 있을 때, 구성원은 조직의 방향성을 신뢰하고 자율적으로 몰입할 수 있다. 업무 프로세스는 그 조직의 진짜 의도를 보여주는 리듬이자 기준이다. 업무 프로세스의 설계가 없는 조직문화혁신은 공허한 구호로 남고 만다. 반대로 프로세스 안에 조직문화가 살아 있다면, 그 조직은 말하지 않아도 행동으로 조직문화를 보여주는 조직이 된다.

원칙과 프로세스의 정합성

업무 프로세스가 조직문화의 핵심이라는 관점에서 한 걸음 더 들어가면, 그 핵심은 바로 '일하는 원칙'과 '실제 일의 흐름'이 얼마나 정합성을 가지고 맞물려 작동하느냐에 달려 있다. 일의 흐름은 단순한 절차나 시스템이 아니라, 그 조직이 중요하게 여기는 판단 기준과 태도를 반복적으로 드러내는 장이다. 따라서 업무 프로세스는 일하는 원칙이 어떻게 구현되고 실현되는지를 그대로 보여준다.

많은 조직이 '우리는 자율과 책임을 중시한다', '실패를 배움의 자산으로 삼는다', '의사결정은 실행에 가장 가까운 사람이 한다'와 같은 일하는 원칙을 가지고 있다. 그러나 실제 업무 흐름을 들여다보면 이러한 원칙이 제대로 구현되지 않는 경우가 많다. 보고 절차는 지나치게 상명하달 중심이고, 실패는 조직 내에서 쉽게 드러낼 수 없는 분위기이며, 중요한 의사결정은 여전히 리더 중심으로 이뤄진다. 이처럼 원칙과 흐름 사이에 정합성이 없을 때, 구성원은 조직이 말하는 것과 실제로 기대하는 것이 다르다는 혼란을 느끼게 되고, 그 결과 신뢰와 몰입은 떨어지며 실행의 질 또한 낮아지게 된다.

반면, 프로세스 설계에 일하는 원칙이 명확히 반영되어 있다면 구성원은 매일의 업무 흐름 속에서 자연스럽게 그 기준을 익히고, 학습하고, 체화하게 된다. 예를 들어, 회의 프로세스에서 모두가 발언할 수 있는 구조가 자연스럽게 내재되어 있고, 피드백 시스템이 단지 성과 평가가 아니라 학습을 위한 정기적 리듬으로 운영된다면, 구성원은 조직이 말하는 '열린 소통'과 '지속적인 성장'이 실제 일에서 어떻게 작동하는지를 몸으로 경험하게 된다.

프로세스는 결국 실행의 흐름이다. 그리고 그 흐름이 기준 없이 흘러가게 되면, 조직은 통제되지 않은 방식으로 조직문화를 형성하게 된다. 그렇다면 선택은 명확하다. 우리가 중요하다고 여기는 원칙이 실제 업무의 구조와 리듬 속에 새겨지도록 의도적으로 설계할 것인가, 아니면 기존의 관행이 알아서 조직문화를 만들어가도록 둘 것인가?

한 예로, 글로벌 노코드 플랫폼 기업 자피어Zapier는 '행동을 기본값으로 삼는다Default to Action', '투명성은 기본이다Default to Transparency', '피드백을 통해 성장한다Grow Through Feedback', '할 수 있는 것은 모두 자동화한다Don't Be a Robot, Build the Robot', '자아보다 공감을 우선한다Empathy Over Ego'의 다섯 가지 일하는 원칙을 가지고 있다. 그리고 각각의 원칙들이 실제 업무 흐름이 될 수 있도록 업무 프로세스를 설계하고 운영하고 있다.

먼저, '행동을 기본값으로 삼는다' 원칙을 위해, 자피어는 누구나 쉽게 실험을 제안하고 실행할 수 있는 프로세스를 갖추었다. 프로젝트 제안 템플릿과 사전 승인 절차를 최소화한 실행 루틴을 도입했다. 누구든지 노션Notion 또는 전사 공유 플랫폼에 실험 아이디어를 문서화하고, 슬랙Slack 채널에 공유하면, 즉시 실행 여부에

     2부 — AI 시대, 우리만의 조직문화 만들기

대한 피드백을 받을 수 있다. 이때 중요한 것은 실행의 완성도가 아니라, 실험의 '의도'와 '학습 가능성'이다. 따라서 구성원은 실험을 통해 실패하더라도 학습 결과를 문서화하는 것만으로도 충분한 인정을 받는다. 또한 업무 자동화 도구Zap를 활용해 반복 작업을 줄이고, 실험 실행이 부담 없이 이뤄질 수 있도록 워크플로우를 간소화했다.

'투명성은 기본이다' 원칙을 실현하기 위해, 자피어는 모든 문서, 회의록, 의사결정 자료를 전사에 공개하는 기본 구조를 갖추었다. 의사결정은 사유와 함께 문서화되어 누구나 검색 가능하며, 노션과 슬랙을 통해 실시간으로 자동 공유된다. 업무 프로세스 상에서도 비공개보다 공개를 우선하는 원칙이 기본값으로 설정되어 있으며, 모든 회의는 정리되어 공유되고, 프로젝트 진행상황은 별도 요청 없이 열람 가능하다. 이 투명성은 구성원이 전체 맥락 속에서 자신의 판단을 조정할 수 있도록 돕는 핵심 기반이 된다.

'피드백을 통해 성장한다' 원칙은 피드백을 평가가 아닌 학습과 개선의 자산으로 보려는 조직문화적 태도를 기반으로 한다. 자피어는 1:1 정기 미팅과 팀 회고를 공식화된 프로세스로 운영하고 있으며, 피드백은 슬랙의 전용 채널이나 문서로 기록된다. 특히 회고에는 '이번 프로젝트에서 우리가 배운 점은 무엇인가?', '무엇을 다음에 바꿀 것인가?' 같은 질문 프레임이 포함되어 있어, 단기 실행 결과보다 학습 과정에 집중하도록 유도한다.

'할 수 있는 것은 모두 자동화한다'라는 원칙은 자피어의 업무 방식 전반에 체계적으로 반영되어 있다. 구성원은 새로운 업무를 설계하거나 반복되는 태스크를 발견할 때, 먼저 자동화 가능성을 평가해야 한다. 슬랙 플랫폼을 통해 각 업무 흐름을 자동화하고, 비효율을 줄이도록 하는 자동화 제안 절차도 포함되어 있다. 이로 인해 구성원은 반복 작업이 줄고, 전략적이고 창의적인 업무에 더 많은 시간을 투자할 수 있다.

'자아보다 공감을 우선한다' 원칙은 회의, 프로젝트 킥오프, 피드백 등의 구조에 깊이 반영되어 있다. 자피어의 회의는 항상 '체크인 라운드'로 시작하여 감정 상태나 관점을 듣는 절차를 포함하며, 회의 중에도 이견이나 긴장 지점이 감지되면 '이해 기반 질문'을 던질 수 있도록 훈련되어 있다. 프로젝트 킥오프 문서에는 단순한 목표뿐 아니라 참여자 각각의 기대와 우려, 협업 시 유의점 등을 명시하는 항목이 포함되어 있으며, 구성원 간 갈등이나 오해의 여지를 사전에 줄이기 위한 프로세스로 작동한다.

또한 자피어의 이 다섯 가지 원칙은 명확히 문서화 되어 있을 뿐만 아니라, 모든 업무 프로세스에 실질적으로 녹아 있다.

이제 조직문화는 선언이 아니라 구체적인 업무 프로세스화되어야 한다. 특히 AI와 같은 고도화된 협업 도구가 일의 흐름을 빠르게 바꾸는 시대에는, 프로세스 안에 내장된 판단 기준이 없으면 기술이 조직문화를 잠식하게 된다. 업무 프로세스 설계는 조직의 목적과 일하는 원칙을 반복 가능한 흐름으로, 그리고 실천 가능한 구조로 전환하는 전략적 행위다.

이처럼 업무 프로세스는 단지 일을 효율적으로 처리하는 절차가 아니라, 우리가 어떤 조직이 되고자 하는지를 보여주는 조직문화적 서사다. 일하는 원칙이 프로세스의 흐름 속에 일관되게 녹아 있을 때, 조직은 기술 중심의 효율성만이 아니라 인간 중심의 실행 지혜를 함께 갖추게 된다.

조직문화기반의 프로세스 재설계

조직문화는 구성원들이 매일 반복하는 '일의 리듬' 속에서 형성된다. 회의, 보고, 피드백, 회고, 승인 절차, 협업 방식처럼 일상의 업무에서 자주 마주치는 모든 루틴은 단지 일을 효율적으로 처리해나가는 과정만이 아니라, 그 조직안에 존재하는 다양한 믿음과 행동패턴들이 구성원 간에 서로 전이되고 확산되는 통로이다. 조직이 어떤 문화를 지향하든 간에, 그것은 결국 반복되는 프로세스 안에서 현실화되고 유지된다.

문제는 많은 조직들이 이 반복되는 프로세스를 관성적으로 유지하고 있다는 점이다. 과거에 효율적이었던 방식이 지금도 그대로 적용되거나, 누구도 왜 그런 방식으로 하고 있는지 설명하지 못하는 구조들이 일의 흐름을 지배한다. AI 시대에 들어서면서 기술은 기존 업무 흐름을 급격히 바꾸고 있는데, 정작 그 흐름 안에 있는 조직문화적 요소는 변하지 않고 있는 경우가 많다.

그동안의 프로세스 재설계는 주로 PI^{Process Innovation} 관점에서 '기능적 효율성'에 근거하여 이루어져 왔다. 이 방식은 업무 흐름을 정형화하고 불필요한 단계를 제거함으로써 비용 절감, 처리 속도 향상, 역할 간 중복 최소화를 목표로 한다. 특히 제조업이나 대규모 운영 환경에서는 표준화와 자동화가 주된 설계원칙으로 작동하며, 프로세스를 '빠르고 정확하게' 만드는 데 집중해 왔다.

반면, 조직문화 기반의 프로세스 재설계는 동일한 흐름을 '무엇이 더 빠르고 간결한가'가 아니라 '이 방식이 우리 조직의 가치와 정체성에 부합하는가'라는 질문으로 접근한다. 이는 효율성만이 아닌 구성원의 심리적 안전감, 일하는 원칙과의 일관성, 협업 시의 신뢰 형성 등 조직문화적 요소들을 프로세스 설계의 핵심 기준으로 삼는다. 단순한 절차 개선이 아니라 구성원 간의 경험, 감정, 인식까지 고려한 '정서적 설계'에 가깝다.

예를 들어 PI 관점의 회의 프로세스 개선은 회의 시간 단축, 회의 수 감소, 의사결정권 집중을 통해 속도를 높이는 방식이라면, 조직문화 기반의 회의 프로세스 설계는 누가 발언할 수 있는가, 다양한 관점이 존중받는 구조인가, 회의에서의 표현이 심리적으로 안전한가, 그리고 더 중요하게는 조직의 목적과 일하는 원칙과 정합한가 등의 질문으로부터 시작된다.

이처럼 두 관점은 프로세스를 바라보는 렌즈 자체가 다르다. PI는 기능적 최적화를 통해 성과를 만들고자 하지만, 조직문화 기반 재설계는 구성원의 실행 경험을 변화시켜 지속 가능한 성과를 추

　　　　2부 — AI 시대, 우리만의 조직문화 만들기

구한다. AI 시대의 조직은 단지 더 빨라야 하는 것이 아니라, 더 일관되고 의미 있는 방식으로 일해야 한다. 기술은 점점 더 많은 판단과 실행을 자동화할 수 있게 만들지만, 바로 그렇기 때문에 인간의 판단이 개입되는 지점, 즉 '왜 이렇게 일하는가'에 대한 기준이 차별화된 성과 창출에 더 결정적인 역할을 하게 된다. 다시 말하면, AI가 기능적 효율성을 대신해주는 시대에는 구성원의 정체성, 의사결정 기준, 신뢰와 협업의 감각을 반영하는 조직문화 기반의 프로세스가 진짜 경쟁력이다.

조직문화 기반의 프로세스 재설계는 크게 3가지 관점에서 접근할 수 있다. 첫 번째는 '반복적이고 상징적인 업무 루틴들(회의, 보고, 피드백, 회고, 승인 절차 등)'의 프로세스를 재설계하는 것이다. 이들 루틴은 일상에서 가장 자주 반복되는 흐름이자, 구성원들이 조직문화적 기준을 경험하고 내면화하는 통로다. 이때 중요한 것은 단순히 시간을 단축하거나 절차를 간소화하는 것이 아니라, 해당 루틴을 통해 어떤 정서적 감각과 문화적 메시지가 전달되는지를 재정비하는 것이다. 회의는 누가 발언권을 가지는지, 피드백은 어떻게 주고받는지, 보고는 어떤 방식으로 해석되는지가 모두 조직문화를 구성하는 요소가 된다.

두 번째는 팀이나 개인이 자신의 핵심 업무 프로세스를 스스로 재설계하는 관점이다. AI 기반의 도구들이 일의 많은 부분을 자동화하고 표준화시키는 시대에는, 오히려 구성원이 자신의 판단 기준과 실행 방식을 명확히 정의할 수 있어야 한다. 이 접근은 자율성과 책임을 전제로 하며, 개인이나 팀 단위에서 어떤 문제를 중심에 놓고, 어떤 원칙으로 판단하며, 어떤 흐름으로 실행할 것인지에 대한 내재적 프로세스를 설계하도록 돕는다. 이는 일하는 철학을 자기화하는 과정이기도 하다.

마지막으로는 전사 차원의 가장 중요한 핵심 프로세스를 재설계하는 접근이다. 이는 조직의 전략과 정체성이 가장 밀접하게 드러나는 지점이기도 하다. 예를 들어 신제품 개발, 고객 대응, 핵심 의사결정 등과 같은 전사적 흐름은 단지 성과를 내기 위한 경로가 아니라, 조직이 외부에 어떻게 자신을 드러내고 내부적으로 어떤 철학을 공유하는지를 보여준다. 이러한 핵심 프로세스를 조직문화적 기준으로 재설계한다는 것은, 조직의 가치가 상징적 선언이 아니라 실제 실행의 구조 속에 녹아 있음을 의미한다.

이 세가지 접근은 그 규모와 참여범위는 다르지만, 근본적으로는 같은 과정을 거쳐서 프로세스를 재설계할 수 있다. 핵심은 '실행하는 사람들'이 참여하여, 해당 흐름 속에 담긴 문화적 의미를 함께 해석하고 재구성하는 데 있다. 구체적인 실행 단계는 다음과 같다.

첫째, 해당 프로세스와 직접적인 영향을 주고받는 구성원들이 함께 참여할 수 있는 구조를 설계한다. 여기에 관리자뿐 아니라 실제 실행 담당자, 협업 부서, 경우에 따라 외부 이해관계자까지 포함된다. 프로세스는 조직문화의 흐름이기 때문에 다양한 관점이 모아질 때 더 효과적이다.

     2부 — AI 시대, 우리만의 조직문화 만들기

둘째, 조직의 목적과 일하는 원칙을 재해석하며, 현재 프로세스가 그 원칙과 어떤 점에서 정합하거나 충돌하는지를 탐색한다. 이를 위해 '현재 실행되는 흐름의 맥락', '숨겨진 판단 기준', '구성원이 실제 경험하는 감각'을 함께 분석한다. '사용자 여정 맵', 시나리오 재구성 기법 등을 활용할 수 있다.

셋째, 조직문화적으로 정합한 새로운 흐름을 실험 설계의 방식으로 구체화한다. 선언이 아닌 시뮬레이션 가능한 '새로운 실행 구조'를 만들어 작은 단위로 시도해본다. 이때 중요한 것은 개선된 절차의 완성도가 아니라, '어떤 경험을 새롭게 만들고 싶은가'에 대한 명확한 감각이다.

넷째, 이 흐름을 반복 가능한 구조로 정착시킨다. 회의 템플릿, 피드백 루틴, 보고서 양식, 협업 도구 내 역할 분배 등 구체적인 실행 장치들을 구성하고, 이를 조직문화적 감각이 유지되도록 꾸준히 점검하고 조정한다. 조직문화는 실행 속에서 유지되며, 프로세스는 그 실행의 흐름을 가능하게 하는 뼈대다.

이러한 실행은 일회성 설계가 아니라 지속적인 재정비와 학습의 과정이며, 문화의 생명력을 담보하는 구조적 실천이다. 이 세 가지 관점은 AI 시대에 조직문화 구축에서 반드시 병행되어야 할 전략적 접근이다.

이제는 프로세스를 '얼마나 빠르게 또는 효율적으로 작동하느냐'가 아니라, '얼마나 조직의 목적과 일하는 원칙을 담고 있느냐'라는 관점에서 다시 설계해야 할 때다. 조직문화 기반의 프로세스 재설계는, 기술과 도구가 중심이 되는 AI 시대에 인간적 판단과 조직적 감각을 지켜내는 핵심 장치다. 조직이 무엇을 중요하게 여기는지를 실행의 리듬 속에 심어야, 그 조직은 지속가능한 경쟁력을 갖게 된다.

AI자동화 도구와 프로세스 설계

AI 시대의 업무 환경은 인간과 기술의 역할 분담을 재정의하고 있다. 단순 반복 작업은 대부분 자동화되고, 많은 판단과 실행이 알고리즘에 의해 수행되는 시대에는 프로세스의 설계 기준도 완전히 달라져야 한다. 기존의 업무 프로세스가 사람이 직접 수행하는 모든 단계를 기준으로 설계되었다면, 이제는 '사람이 집중해야 할 영역'과 '기계가 맡아야 할 영역'을 구분하고, 그 경계에서 인간의 판단이 흐름을 주도할 수 있도록 설계해야 한다.

자동화된 도구는 정보를 수집하고 분류하고 전달하는 데 매우 뛰어나다. 하지만 그 정보가 언제, 누구에게, 어떤 방식으로 연결되는가에 따라 실행의 흐름과 의미는 완전히 달라진다. 예를 들어, 자동화된 보고 시스템이 정해진 시간에 데이터를 정리해주는 구조는 효율적일 수 있지만, 그 데이터가 실제로 팀의 우선순위를 재조정하거나 실행을 가속화하는 데 활용되지 않는다면 아무런 가치를 가지지 못한다.

따라서 자동화 도구는 단순히 기술적 수단이 아니라 일의 흐름을 구성하는 '매개체'로 설계되어야 한다. 어떤 정보가 어떻게 구조화되어 전달되는가, 누가 그 정보를 보고 어떤 행동을 취하는가, 구성원 간의 상호작용이 자동화 흐름과 어떻게 연결되는가 등의 요소는 모두 프로세스 설계의 핵심 기준이 되어야 한다.

특히, 자동화는 '빠름'을 가능하게 하지만, 그것이 '좋은 판단'을 담보하지는 않는다. AI 기반 도구가 제안하는 결정 보조 기능은 구성원의 실행 기준이 명확하지 않으면 오히려 판단의 질을 떨어뜨릴 수 있다. 기술이 흐름을 만들고 그 흐름이 실행을 빠르게 만들지만, 흐름의 '방향'과 '의미'는 여전히 인간이 설정해야 한다. 따라서 자동화된 흐름 속에서 인간이 개입해야 하는 시점, 개입의 목적, 판단의 기준을 명확히 구조화하는 것이 프로세스 설계에서 핵심이 된다. 이때에 조직의 목적과 일하는 원칙이 고민의 시작점이 되어야 한다.

기술과 인간의 역할이 조화를 이루고, 조직의 목적과 원칙이 실행 흐름에 자연스럽게 녹아들기 위해서는, 기술 중심이 아닌 사람 중심의 프로세스 디자인 원칙이 필요하다. AI와 자동화 도구가 일의 많은 부분을 대신하게 된 지금, 우리는 '기술을 어떻게 활용할 것인가'를 넘어서 '기술과 어떻게 함께 일할 것인가'를 물어야 한다.

이를 위해 첫 번째로 중요한 것은 '의도 중심 설계 원칙Design for Intent' 이다. 프로세스는 단순한 절차가 아니라, 실행을 통해 무엇을 의도하고 있는지를 드러내는 구조여야 한다. 기술이 어떤 흐름을 자동화하든, 그 기술이 어떤 목적을 위해 사용되는지 구성원 모두가 명확히 이해할 수 있어야 한다. 목적의 명시성은 기술의 도입과 실행의 방향을 정렬시키는 출발점이 된다.

다음은 '인간의 개입 시점 명확화 원칙Human-in-the-Loop'이다. 자동화된 흐름 속에도 반드시 인간의 해석과 판단이 개입되어야 하는 지점이 존재한다. 언제, 어떤 순간에 사람이 개입해야 하는지를 명확히 구조화함으로써, 오류를 방지하고 책임의 사각지대를 줄일 수 있다. 이는 인간의 역할을 존중하고 보장하는 윤리적 설계와도 이어진다.

그 다음은 '설명가능성과 피드백 루프 원칙Explainability & Feedback'이다. AI의 판단과 흐름은 조직 안에서 투명하게 공유되어야 한다. 왜 이런 결정이 내려졌는지, 어떤 기준으로 판단되었는지를 설명할 수 있어야 하며, 그에 대한 피드백이 반영되는 루프를 갖춰야 한다. 이는 단지 정보의 공유를 넘어서, 구성원 모두가 학습하고 성장할 수 있는 기반이 된다.

그리고, '지속적인 점검과 조율 가능성Adaptability 원칙'이 있다. 프로세스는 고정된 구조가 아니라 지속적으로 조정되고 학습되어야 하는 유기체처럼 다루어져야 한다. 기술은 계속 진화하고 환경은 변화하기 때문에, 변화에 적응할 수 있는 프로세스야말로 진정으로 살아 있는 시스템이다. 변화에 반응하고, 그것을 통해 개선할 수 있는 능력을 갖춘 조직만이 AI 시대에 유연하고 지속 가능한 실행 문화를 가질 수 있다.

마지막으로 그리고 그동안 반복적으로 강조하였던 '조직문화의 정합성 원칙^{Cultural Alignment}'이다. 프로세스는 기술적 정합성만으로는 충분하지 않다. 조직이 중요하게 여기는 가치와 일하는 방식, 협업의 태도와 리더십 기준이 자동화된 흐름 속에도 일관되게 녹아 있어야 한다. 자율성을 중시하는 조직이 과도하게 통제적인 절차를 도입하면 조직문화적 부조화를 낳고 실행력을 오히려 약화시킬 수 있다. 조직문화의 감각을 구조 속에 심는 것이 무엇보다 중요하다.

이처럼 AI 시대의 프로세스 디자인은 단순히 기술을 효율적으로 운영하기 위한 도구적 설계를 넘어서, 인간과 기술이 공존할 수 있도록 새로운 실행 문화를 만들어가는 설계로 이어져야 한다. 기술은 흐름을 만들지만, 그 흐름에 의미를 부여하고 방향을 설정하는 것은 결국 인간의 역할이다. 따라서 프로세스를 기술의 언어로만 구성할 것이 아니라, 인간의 철학과 실행의 리듬이 반영된 조직문화의 언어로 재구성해야 한다. 그래야만 기술은 조직성장의 진정한 동력으로 기능하며, 단기적 효율성을 넘어 장기적 실행력과 정체성을 뒷받침하는 기반이 될 수 있다.

프로세스를 움직이는 감각: 리듬과 연결

어떤 조직이든 프로세스를 만들고 다듬는 일에 많은 노력을 기울이지만, 정작 중요한 것은 그 프로세스가 실제로 '어떻게' 작동하느냐이다. 같은 회의 절차, 같은 보고 루틴이라도 어떤 조직은 빠르고 유연하게 판단하고 실행하는 흐름을 만들고, 어떤 조직은 계속해서 정체되고 반복적인 확인만 거듭한다. 이는 프로세스의 형식보다도 그 안에서 구성원들이 갖는 '감각'의 차이에서 비롯된다.

조직의 실행력은 단지 절차의 유무가 아니라, 판단의 타이밍과 실행의 박자가 얼마나 리듬 있게 반복되느냐에 달려 있다. 이때 리듬이란 물리적인 주기만을 의미하는 것이 아니다. '언제 무엇을 근거로 판단할지', '어떤 신호에 반응해 실행으로 전환할지', '실패나 오류가 발생했을 때 어떻게 회복할지'에 대한 조직문화적 감각이 내재된 흐름을 의미한다.

특히 AI 시대에는 많은 판단이 자동화되고, 실행은 클릭 몇 번으로 전환된다. 그렇기 때문에 사람은 더욱 섬세한 리듬 감각을 필요로 하게 된다. 즉, 자동화의 속도에 휩쓸리지 않고 중요한 결정을 제때, 정확히 내려야 하며, 실험과 실행을 끊김 없이 이어갈 수 있어야 한다. 기술은 흐름을 만들어주지만, 그 흐름을 어떻게 사용할지는 인간의 리듬에 달려 있다.

또한 이러한 실행 리듬은 단절되지 않고 연결되어야 한다. 단절된 판단은 실행으로 이어지지 않고, 연결되지 않은 실행은 반복되지 않는다. 실행 리듬의 핵심은 구성원이 '무엇을 언제 판단하고, 그 판단이 어디로 이어지는가'를 몸으로 알고 있는 상태다. 이때 연결은 단지 시스템 간의 연결이 아니라, 사람과 사람, 맥락과 맥락, 판단과 실행, 감정과 동기 사이의 유기적 연결을 말한다.

회의와 보고, 피드백과 회고, 승인과 실행 사이의 간격이 멀수록 구성원은 리듬을 놓치게 되고, 조직은 몰입을 잃게 된다. 반면, 이 흐름이 연결되어 있으면 매 순간은 다음 실행을 위한 발판이 된다. 예를 들어 회의에서의 논의가 명확한 액션으로 연결되고, 그 결과에 대한 피드백이 다음 우선순위를 조정하는 흐름으로 이어질 때, 구성원은 리듬 안에서 판단하고 실행하는 힘을 얻게 된다.

또한 실행 리듬은 기술적 시스템만으로 만들어지지 않는다. 기술은 정보를 전달하지만, 그 정보에 반응하고 연결하는 것은 사람이다. 따라서 리듬은 정보의 흐름뿐 아니라 감정과 심리, 동기와 의미의 흐름과 연결되어야 한다. 심리적으로 안전한 팀, 피드백이 정서적으로도 받아들여지는 조직, 의미와 목적이 행동으로 연결되는 구조가 있을 때, 비로소 실행 리듬은 안정적으로 유지된다.

결국 실행 리듬을 만든다는 것은 실행 그 자체를 반복 가능하고 유기적으로 연결된 구조로 재구성하는 일이다. 이는 단절 없이 이어지는 판단과 실행, 감정과 동기, 정보와 피드백의 흐름을 조직 안에 설계하는 작업이다. 이러한 구조 안에서 구성원은 실행의 맥락을 빠르게 이해하고, 자신의 판단을 신속하게 실행으로 전환할 수 있는 감각을 회복하게 된다. 동시에 기술과 협업이 고립되지 않고 맥락 속에서 자연스럽게 맞물려 작동하도록 하여, 조직 전체가 하나의 리듬 속에서 유연하고 안정적으로 움직이게 된다.

이러한 실행의 리듬과 연결을 설계하기 위하여, 가장 우선되는 것은 실행이 끊기지 않도록 만드는 판단 기준의 내재화이다. 이것은 일의 흐름 중단을 줄이기 위한 핵심 장치다. 구성원이 주어진 상황에서 무엇을 근거로 판단할 수 있는지를 명확히 인지하고 있어야, 불필요한 상향 승인이나 검토 요청 없이 실행을 이어갈 수 있다. 이를 위해 조직은 중요한 의사결정 기준을 구체적인 사례와 함께 문서화하거나, 판단 프레임워크를 일상 대화와 템플릿에 내장시킬 수 있다.

또한, 부서 간 협업을 방해하지 않도록 흐름의 연결성을 설계하는 것도 중요하다. 조직은 종종 각 부서 내에서는 효율적인데, 부서 간 연결 지점에서 리듬이 끊기는 경우가 많다. 이를 방지하려면 인수인계 절차, 공유 문서 포맷, 책임 전환 기준 등을 명확히 정의하고, 협업 흐름에 따라 자동화 도구와 커뮤니케이션 채널을 정렬해야 한다.

몰입을 유지하는 회의-보고-피드백 루틴의 정렬은 실행 리듬의 안정성을 높인다. 이 세 가지는 각각의 목적과 주기가 다르지만, 서로 유기적으로 연결될 때 일의 몰입도가 극대화된다. 예를 들어, 회의에서 생긴 결정이 즉각 보고로 연결되고, 그에 대한 피드백이 다음 회의의 준비로 이어지는 구조를 만들면, 구성원은 흐름을 끊지 않고 집중을 유지할 수 있다.

그리고 무엇보다도, '결정'을 실행의 시작점으로 전환하는 시스템은 실질적인 실행 리듬을 작동하게 하는 핵심이다. 회의나 승인 절차에서 결정된 내용이 곧바로 작업 단위로 전환되고, 일정이나 책임자가 자동으로 할당되는 구조를 설계하면, 실행으로 이어지지 않는 결정의 낭비를 줄일 수 있다.

지속적인 실행을 위한 주기와 템포의 설계는 실행 리듬의 기본이다. 일주일 단위의 스프린트, 매일 아침의 짧은 스탠드업 미팅, 월간 리뷰와 회고 같은 정기적인 실행 루틴은 구성원이 자연스럽게 흐름을 유지하도록 돕는다. 이때 중요한 것은 리듬의 '규칙성'과 '가시성'이다.

결국, 프로세스를 살아 움직이게 하는 것은 실행 리듬과 연결이다. 조직의 실행력은 단순한 절차나 매뉴얼에서 나오지 않는다. 그것은 판단과 실행이 단절되지 않고 흐르도록 만드는 리듬, 그리고 그 리듬이 사람과 사람, 일과 목적, 감정과 동기를 유기적으로 엮는 연결에서 비롯된다. AI와 자동화 도구가 일의 흐름을 빠르게 만들 수는 있어도, 그 흐름이 조직문화로 정착되기 위해서는 실행 리듬과 연결의 감각이 구성원에게 내면화되어야 한다.

조직문화 기반 프로세스 설계 도구들

AI와 함께 일하는 시대의 프로세스 설계는 단순히 절차를 다듬고 도구를 도입하는 것을 넘어서, 조직 고유의 실행 문화를 어떻게 구조화할 것인가에 대한 질문에서 출발해야 한다. 특히 자동화 도구와 협업 플랫폼이 업무 전반에 깊숙이 들어온 지금, 중요한 것은 어떤 툴을 쓰는가보다 그 툴을 어떤 조직문화적 감각과 실행 원칙 아래에서 작동시키느냐는 점이다.

이러한 맥락에서, 이미 검증된 실행 방법론과 협업 프레임워크들은 유용한 참고점이 된다. 이들을 그대로 차용하는 것이 목적이 아니라, 각각의 조직이 자신의 조직문화와 전략, 리듬에 맞춰 재구성할 수 있는 아이디어와 실천의 힌트를 얻기 위함이다. 실행 리듬을 구성하고 실행 흐름의 정렬을 가능하게 하는 다양한 방식들을 살펴보면, 프로세스를 조직문화적 구조로 전환할 수 있는 가능성이 열리게 된다. 아래에 소개하는 도구들은 그러한 전환의 출발점이 될 수 있다.

디자인 스프린트는 Google Ventures에서 개발된 문제 해결 프레임워크로, 보통 5일 내외의 짧은 시간 동안 집중적으로 문제를 정의하고, 솔루션을 구체화하며, 시제품을 제작하고 사용자 피드백까지 수렴하는 일련의 과정을 담는다. 이 방식은 실행 이전에 명확한 목표 설정과 빠른 실험을 통해 학습 루프를 형성할 수 있게 해준다. 무엇보다 중요한 점은, 실행 중심의 문화가 하루 단위로 작동하면서도 핵심 문제를 팀이 함께 다루는 방식으로 설계된다는 점이다. 따라서 디자인 스프린트는 빠르게 가설을 검증하고, 실험하는 조직문화를 구축하는 데 효과적이다.

디자인 스프린트의 실행은 일반적으로 5일간의 구조화된 흐름으로 구성된다. 첫째 날은 문제를 정의하는 단계로, 사용자의 니즈, 비즈니스 맥락, 이해관계자의 인사이트 등을 수집하고 명확한 도전 과제를 설정한다. 둘째 날에는 다양한 아이디어를 확산시키고 스케치하면서 가능한 해결 방안들을 탐색한다. 셋째 날은 여러 대안 중에서 가장 유망한 솔루션을 선택하고, 이를 바탕으로 구현 가능한 시나리오를 설계한다. 넷째 날에는 이 시나리오를 기반으로 간단한 프로토타입을 제작한다. 마지막 다섯째 날에는 실제 사용자에게 이 프로토타입을 테스트하고 피드백을 수집하며, 초기 가설에 대한 유효성을 검증한다.

이러한 구조적 흐름은 실행 이전의 학습을 촉진하며, 실패의 리스크를 최소화한 상태에서 아이디어의 실행력을 빠르게 점검할 수 있게 해준다. 특히 조직이 처음 시도하는 변화나 새로운 전략, 제품 기획에 있어, 디자인 스프린트는 복잡한 전략 회의 대신 실험을 통해 빠르게 방향을 잡는 유용한 실행 방식이 된다.

애자일 스쿼트 방식은 Spotify나 ING 같은 글로벌 조직에서 널리 적용된 자율 팀 기반 프로세스 모델이다. 각 스쿼드는 소규모의 크로스펑셔널cross-functional 팀으로 구성되며, 문제 정의부터 실행까지 독립적으로 수행할 수 있는 권한과 책임을 가진다. 일반적으로 하나의 스쿼드는 6~8명 정도로 구성되며, 기획자, 디자이너, 개발자, 마케터 등 다양한 역할이 포함된다.

애자일 스쿼드는 명확한 목적Mission, 일하는 방식Way of working, 그리고 각자의 책임Roles을 기반으로 실행되며, 상호 간의 조율을 통해 유연한 리듬을 만들어낸다. 스쿼드는 일반적으로 스프린트 단위로 실행된다. 스프린트는 통상 1~2주간의 반복 주기로 구성되며, 이 짧은 주기를 통해 지속적으로 실행과 피드백을 반복하고 학습하는 구조를 만든다. 스프린트의 시작은 '스프린트 플래닝'으로 시작되며, 팀은 이 회의에서 이번 주기 안에 달성할 목표와 작업 항목을 정의한다. 이때 업무의 우선순위, 소요 예상 시간, 실행의 난이도 등을 함께 고려하여 구체적인 실행 계획을 수립한다. 이후 스프린트 기간 동안에는 매일 아침 짧은 '데일리 스탠드업'을 진행한다. 이 회의는 각 팀원이 현재 진행 중인 작업, 오늘 수행할 작업, 그리고 발생한 장애 요소를 간결하게 공유하며, 팀 전체가 서로의 상태를 실시간으로 파악하고 협력의 리듬을 조정할 수 있도록 돕는다.

스프린트가 종료되면 '스프린트 리뷰'와 '스프린트 회고'가 이어진다. 리뷰에서는 이번 스프린트 동안 완수한 작업 결과물을 공유하고 이해관계자나 사용자 피드백을 수렴한다. 회고는 팀 내부의 협업 방식과 실행 프로세스를 되돌아보며, 무엇이 잘 작동했고 무엇을 개선해야 할지를 함께 성찰하는 시간이다. 이 과정을 통해 팀은 실행의 품질을 높이고 다음 스프린트에 적용할 실행 방식을 스스로 조정하게 된다.

스쿼드 방식은 실행 과정에서 발생하는 결정과정에 있어 구성원의 자율적 판단을 장려하고, 정해진 프로세스보다는 '무엇을 위해 일하는가'에 집중하게 만들어 실행의 방향성과 몰입도를 동시에 높여준다. 이 방식은 빠른 실행과 피드백, 그리고 문화적 자율성이 중요한 조직에서 실행력을 높이는 데 매우 효과적이며, AI와 같은 변화 속도가 빠른 환경에서도 유연한 대응을 가능하게 한다.

OKR 기반 실행 루프는 조직의 목적Objectives과 핵심 결과Key Results를 중심으로 실행 흐름을 구성한다. 단순히 목표만 설정하는 것이 아니라, 매주 정기적인 체크인과 분기별 리뷰를 통해 목표와 실행이 얼마나 정렬되어 있는지를 점검하고 조율한다. 이 방식의 핵심은 '목표 설정이 실행 리듬을 만든다'는 점이며, 특히 AI 기반 업무 측정 도구와 결합할 때 목표-실행-피드백의 루프가 더욱 강화된다.

OKR 실행루프의 주기는 보통 분기 단위로 설정된다. 분기 초에는 전사적 목적과 팀별, 개인별 목표가 수립된다. 이때 핵심은 상향식bottom-up과 하향식top-down 조율이 동시에 이루어져야 한다는 점이다. 구성원 각자가 자신의 업무 맥락에서 기여할 수 있는 목표를 제안하고, 이를 조직의 전략 방향성과 정렬시킨다.

실행 단계에서는 '주간 체크인Weekly Check-in'이 핵심이 된다. 각 팀 또는 개인은 주 단위로 자신이 설정한 Key Results의 진척도를 수치로 업데이트하고, 주요 과제와 장애 요인을 공유한다. 이 과정은 단순 보고가 아니라, 실시간 조율과 실행력 강화를 위한 대화의 장이다. 최근에는 AI 기반 업무 측정 도구들이 이 데이터를 자동 수집 및 시각화하여, 목표 대비 실행 현황을 직관적으로 파악할 수 있게 해준다.

그리고, 분기 말에는 'OKR 리뷰Review'와 '회고Retrospective'를 통해 성과를 평가하고 학습을 도출한다. 이때 중요한 것은 단지 달성률을 평가하는 것이 아니라, 실행 과정에서 무엇을 배웠는지, 다음 주기에서 무엇을 변화시킬 것인지에 대한 집단적 성찰이다.

이러한 실행 루프는 실행의 리듬을 만들고, 각 구성원이 자율성과 책임을 갖고 목표에 몰입할 수 있게 한다. 또한 OKR은 수치화 가능한 실행 구조이면서도 동시에 조직문화적 도구로서 기능하며, 실행의 구조화와 의미 부여를 동시에 이끈다. 특히 AI 기반 업무 도구와 결합될 때 이 루프는 더욱 강화되며, 실행과 피드백의 밀도를 높여준다.

마지막으로, Notion, Slack, ClickUp, Asana 등의 협업도구를 적극적으로 활용하면, 프로세스상의 판단-실행-피드백의 흐름을 시각화하고 자동화할수 있다. 이 도구들의 핵심은 협업과정에서 발생하는 수많은 판단과 작업을 하나의 공간 안에서 정렬해주는 데 있다. 특히 이 도구들을 통해 책임의 명확화, 작업의 이력 추적, 피드백의 실시간 공유가 가능해지며, 실행 문화가 데이터 기반으로 구체화된다. 단, 어떤 도구를 쓰느냐보다도 그 도구를 어떤 조직문화적 맥락 속에서, 어떤 원칙에 따라 활용하느냐가 큰 차이를 만든다.

이러한 방법론들은 단순한 실행 방식이 아니라, 조직문화적 감각을 프로세스에 녹여내는 구조적 설계 도구들이다. 각각은 실행의 리듬을 형성하고, 협업의 연결 구조를 설계하며, 구성원이 목적과 책임감 속에서 몰입할 수 있는 환경을 제공한다. 실행은 단지 업무 수행이 아니라, 조직문화가 구체화되는 살아있는 과정이기 때문이다. 각 조직은 이러한 방법론의 형식이 아니라 그 본질과 철학을 이해하고, 자사의 전략, 사람, 리듬에 맞춰 창의적으로 조율할 때 비로소 지속 가능한 우리만의 경쟁력 있는 조직문화를 만들어갈 수 있다.

6장

실행을 설계하고 흐름을 만드는 리더십으로 전환하라

리더십의 근본적인 전환(실행촉진자)

"리더는 책임을 지는거야! 그러니까, 결정도 내가 직접 해야 해!" 많은 리더들이 여전히 이렇게 말하며 스스로 판단과 결정의 중심에 서기를 원한다. 통제와 판단은 오랫동안 리더십의 핵심으로 간주되어 왔다. 산업화 시대, 표준화된 절차와 예측 가능한 업무 환경에서는 '결정하는 리더'가 효율적인 운영의 중심축이었고, 이를 통해 조직은 생산성과 품질을 동시에 확보할 수 있었다.

그러나 오늘날의 업무 환경은 본질적으로 다르다. 기술은 실시간으로 진화하고, 업무는 세분화되며, 실행은 더욱 분산되어 있다. 특히 AI와 디지털 협업 도구의 확산은 실행 주체와 방식의 다양성을 폭발적으로 증가시키고 있다. 단일한 판단과 지시로 조직을 움직이는 시대는 끝났다. 이처럼 다변화된 실행 환경 속에서, 여전히 통제와 판단 중심의 리더십을 고수하는 것이 유효한 전략인지 되묻지 않을 수 없다.

오늘날 리더십은 더 이상 '지시하고 통제하는 사람'의 능력으로 정의되지 않는다. 이제 리더는 실행이 가능한 환경을 조성하고, 흐름을 설계하는 사람, 즉 실행 촉진자Execution Facilitator로 전환되어야 한다. 실행이 조직 성과의 중심이 되는 AI 시대에는, 구성원의 자율성과 판단력이 곧 경쟁력이다. 이 흐름을 방해하는 리더는 실행의 병목이 되며, 역량 있는 리더로 인식되지 못한다.

특히 AI 기반의 실행 중심 조직에서는 통제가 실행의 속도를 늦추고 판단의 주체를 분산시키는 문제가 더욱 명확하게 드러난다. 예를 들어, 팀원들은 AI가 제시한 실행 옵션을 실시간으로 검토하고 빠르게 대응할 수 있음에도 불구하고, 리더의 승인 없이는 실행할 수 없는 구조에서는 그 민첩성이 무력화된다. 이는 AI가 가진 속도와 실험의 장점을 무력화시키고, 구성원을 판단의 주체가 아닌 단순 전달자 혹은 승인 대기자로 전락시킨다. 결과적으로 리더가 판단의 중심에 서려 할수록, 실행은 병목 현상을 겪고, 조직 전체의 실행 역량은 저하된다.

더 나아가, 변화한 일 환경에서는 전통적 리더십 모델의 부적합성이 날로 두드러지고 있다. 이제 조직은 위계 기반의 기계적 구조가 아니라, 빠른 피드백 루프fast feedback loop, 실행 중심 구조action-centric structure, 자율형 팀autonomous teams이 유기적으로 작동하는 실행 생태계로 진화하고 있다. 이런 환경에서는 구성원 각자가 판단하고 실행하며, 그 결과를 공유하고 학습하는 흐름이 핵심이다. 이 흐름을 통제하거나 중단시키는 순간, 조직은 경쟁력을 잃는다.

AI와 유동적인 팀워크 환경에서는 '결정자'보다 '실행 조력자'의 역할이 훨씬 중요해지고 있다. 이는 단순한 역할 변화가 아니라, 리더십의 철학과 존재 방식을 재정의하는 전환이다. 이제 중요한 것은 '무엇이 맞는가'를 판단하는 능력이 아니라, '어떻게 실행할 수 있도록 도울 것인가'를 고민하고 설계하는 리더다. 정답을 알고 있는 사람이 아니라, 실행의 리듬을 끊지 않고 지속할 수 있도록 구조와 루틴을 설계하는 사람이 진정한 리더로 자리 잡고 있다.

즉, 빠른 실행과 자율적 판단이 요구되는 환경에서, 느린 판단과 위계 중심의 승인 구조는 '실패 방지'가 아니라 '실행 방해'로 작용한다. 과거에는 절차를 잘 지키는 리더가 유능하다고 여겨졌지만, 이제는 흐름을 설계하고 방해 요소를 제거하는 리더가 더 유능한 리더로 인정받는다. 변화한 업무 환경은 리더십의 근본적 전환을 요구하고 있으며, 이를 간과하는 조직은 실행의 속도에서 경쟁자에게 밀릴 수밖에 없다.

AI는 정보를 제공하고 실행을 촉진할 수는 있지만, '왜 이 방향을 택하는가', '이 판단이 조직의 원칙과 부합하는가'를 대신 설명해주지는 않는다. 이 질문을 던지고, 구성원이 그 기준을 스스로 이해하고 판단하며 실행하도록 돕는 것이 리더의 새로운 과업이다. 통제형 리더십 하에서는 AI가 제시한 실행도 정렬되지 않은

        2부 — AI 시대, 우리만의 조직문화 만들기

방향으로 흘러갈 위험이 높다. 반면 실행형 리더십은 AI의 역량을 정렬된 방향성과 조직의 원칙 위에서 활용할 수 있도록 구성원을 안내한다.

'실행형 리더십'은 단순히 더 빠르게 움직이게 만드는 것이 아니다. 그것은 구성원이 조직의 목적과 일하는 원칙에 기반해 자율적으로 판단하고 움직일 수 있도록 실행의 기반을 설계하는 리더십이다. 통제형 리더십은 판단의 중심에 리더를 위치시키지만, 실행 촉진자로서의 리더십은 구성원 각자를 실행의 주체로 세운다. 이 전환이 바로 조직문화의 근본적 변화로 이어지는 출발점이다.

실행의 시대, 리더십은 실행을 설계하는 힘이다. 그리고 그 힘은 통제가 아니라, 정렬과 흐름, 자율과 신뢰에서 비롯된다.

정렬과 흐름의 촉진자

리더는 더 이상 앞에서 방향을 제시하고 판단을 내려주는 '선도자'가 아니다. 사실, 리더가 직접 실행에 나서는 것이 아니라, 팀이 실행할 수 있도록 구조를 만들고 흐름을 유지하도록 돕는 데서 진짜 성과가 나온다는 원리는 예전부터 존재해왔다. 하지만 지금은 그 중요성이 훨씬 더 커졌다. AI의 도입, 디지털 협업 도구의 확산, 구성원의 전문성 분화 등으로 인해 리더 1인이 모든 상황을 판단하고 결정하는 방식은 현실적으로도 불가능해졌고, 전략적으로도 비효율적이다. 변화의 속도는 빨라졌고, 실행은 더욱 실시간으로 이루어지며, 조직은 반복적으로 실험하고 조정하는 능력을 요구받고 있다.

이런 환경에서는 구성원이 자율적으로 실행하고, 실행 속에서 학습하며, 다음 실행으로 이어질 수 있도록 '실행의 루프'를 끊지 않는 리더의 역할이 그 어느 때보다 중요하다. 따라서 오늘날 리더십은 더 이상 '무엇을 실행할 것인가'를 지시하는 일이 아니라, '어떻게 하면 실행이 지속되도록 정렬과 흐름을 설계할 것인가'에 초점을 맞춰야 한다. 이제는 구성원들이 스스로 방향을 잡고 실행할 수 있도록 정렬과 흐름을 설계하는 '촉진자facilitator'가 되어야 한다. 이 촉진자의 핵심 역량은 전략을 세우는 것이 아니라, 실행이 일어나는 물리적 정서적 환경을 만드는 일에 있다.

여기서 말하는 정렬alignment이란 단지 목표를 공유하는 것을 의미하지 않는다. 그것은 목적, 일하는 원칙, 실행 과제 사이의 인과적 연결을 팀 전체가 해석 가능한 형태로 이해하고 공유하는 것을 뜻한다. 많은 조직이 OKR이나 KPI를 통해 목표를 수치로 제시하지만, 구성원들이 "왜 이것이 중요한가", "어떤 기준에 따라 판단하고 실행해야 하는가"에 대한 공감과 해석을 공유하지 못하면 실행은 일관성을 잃는다. 리더는 이 해석의 간극을 메우고, 실행의 의미를 연결하는 촉진자가 되어야 한다.

이를 위해, 리더는 조직의 목적과 일하는 원칙이 구체적 실행 과제와 어떻게 연결되는지를 설명할 수 있어야 한다. 단순히 '이

　　　　　　　　　　　2부 — AI 시대, 우리만의 조직문화 만들기

목표는 중요하다'는 선언이 아니라, 이 목표가 우리의 근본적인 목적과 어떤 방식으로 연결되어 있는지를 반복적으로 이야기해야 한다.

또한, 리더는 정렬을 위한 '컨텍스트 셰어링'의 루틴을 만들어야 한다. 예를 들어, 새로운 프로젝트가 시작될 때 리더는 단지 업무 분장을 하지 않고, 이 프로젝트가 어떤 전략적 맥락 위에서 등장했는지, 조직의 핵심 원칙 중 어떤 것과 연관되는지를 서두에 충분히 설명해야 한다. 동시에, 구성원들이 스스로 맥락을 해석하고 질문할 수 있도록 여지를 열어두어야 한다. 정렬은 일방적인 설명으로 완성되지 않으며, 리더가 던지는 질문("이 과제가 우리의 목적과 어떤 관련이 있을까?", "이 판단은 어떤 원칙에 기반한 것인가?")을 통해 구성원 스스로 사고하게 만들어야 한다.

정렬을 촉진하기 위하여, 리더는 회의나 리뷰 시 실행 결과를 단지 '성과'로 평가하지 않고, 그 실행이 조직의 목적과 원칙에 얼마나 부합했는지를 되짚는 시간을 의도적으로 포함시켜야 한다. 이렇게 함으로써 정렬은 일회성 메시지가 아니라 반복되는 조직의 학습 구조로 정착된다.

한편, 흐름flow은 실행이 끊기지 않고 유기적으로 연결되는 것이다. 정렬이 전략적 의도와 실행의 연결이라면, 흐름은 실행과 실행 사이의 연결이다. 예를 들어, 한 팀원이 실험을 마치고 리뷰를 하기까지의 시간, 피드백을 받고 반영하기까지의 주기, 실행 결과를 다른 팀원과 공유하고 함께 학습하는 방식 등은 모두 실행의 흐름에 영향을 준다. 리더는 이 흐름이 병목 없이 흘러가도록 루틴과 리듬을 설계해야한다.

이를 위해, 리더는 실행 주기의 반복성을 구조화해야 한다. 예를 들어, 매주 또는 격주 단위로 실행 리뷰 회의를 고정된 리듬으로 운영함으로써 팀이 주기적으로 되돌아보고 개선할 수 있는 리듬을 만들 수 있다. 또한 리더는 피드백의 속도와 방식에 주목해야 한다. 실행 직후 즉각적인 피드백을 제공하고, 그 피드백이 위계적 질책이 아닌 다음 실행으로 이어지는 제안의 형태로 전달되도록 하는 것이 중요하다.

그리고, 스스로 자신의 행동이 실행 흐름을 지연하거나 방해하는 요인이 되고 있는지, 다시 말하면 불필요한 승인절차를 가져가고 있는지, 중복된 커뮤니케이션을 하고 있는 건 아닌지, 필요 이상의 고민으로 실행의 지연을 일으키고 있는지 등을 스스로 점검하고 이를 제거하기 위한 노력도 필요하다.

더 나아가, 리더는 실행의 루프가 멈추지 않도록 팀 내 리듬을 적극적으로 조율해야 한다. 예를 들어, 실행이 지연되거나 회고가 반복되지 않는 경우, 리더는 문제를 대신 해결하기보다는 '무엇이 흐름을 막고 있는가'를 팀과 함께 되짚고 실험적인 조정을 시도해야 한다. 또한, 리더 스스로가 즉흥적 지시나 중단성 개입을 줄이고, 실행 주기의 리듬을 존중하는 자세를 보여야 한다.

특히, 실행 루프가 느려지거나 중단될 조짐이 보일 때에는 리더가 '촉진 질문facilitative questions'을 던짐으로써 흐름을 다시 움직이게

     2부 — AI 시대, 우리만의 조직문화 만들기

해야 한다. 예를 들어 "이 실행에서 지금 무엇이 가장 막히고 있나요?", "다음 주기에서 실험해볼 수 있는 작고 빠른 실행은 무엇일까요?" 등의 질문들이 도움이 된다.

특히 AI와 함께 일하는 환경에서는 실행 루프가 매우 짧고 빠르며, 복잡한 상호작용이 일상화된다. 이러한 환경에서 흐름을 방해하는 요소는 곧 실행을 방해하는 것이고, 이는 곧 조직의 학습과 성장 가능성을 갉아먹는다. 반대로 리더가 피드백의 리듬, 실행 회고의 주기, 협업 간소화 도구 등을 통해 흐름을 자연스럽게 만들면, 조직은 점점 더 자율적이고 반복 가능한 실행의 역량을 갖게 된다.

'정렬'과 '흐름'은 결국 실행을 가능하게 하는 두 축이다. 하나는 방향의 일치, 다른 하나는 실행의 지속이다. 정렬 없이 실행하면 '속도는 있으나 방향을 잃고', 흐름 없이 실행하면 '의지는 있으나 멈추는' 조직이 된다. 리더는 이 두 축이 흔들리지 않도록 해석을 돕고 루틴을 설계하는 촉진자가 되어야 한다.

스스로 판단할 수 있는 환경설계

AI 협업 환경에서 리더십은 신뢰를 바탕으로 구성원의 자율적 판단과 실행을 가능하게 하는 환경을 설계하는 방향으로 전환되고 있다. 과거에는 '리더가 정답을 알고 판단을 내려주는 사람'이었다면, 지금은 '구성원이 스스로 판단할 수 있도록 신뢰와 정보를 제공하는 사람'이 되어야 한다.

리더가 모든 정보와 정답을 소유할 수 있는 시대가 이미 끝났기 때문이다. AI는 방대한 정보를 처리하고 예측할 수 있는 도구를 제공하지만, 그 결과를 인간의 맥락에 맞게 해석하고 실행에 옮기는 판단은 여전히 구성원의 역할이다. 이때 리더가 판단을 독점하거나 실행을 통제하면, 구성원은 AI와의 협업 속에서도 실행 주체로 성장할 기회를 잃고, 조직은 실행의 속도와 유연성을 확보할 수 없다.

리더십의 핵심은 이제 '결정권을 행사하는 것'에서 '판단할 수 있는 환경을 조성하는 것'으로 이동했다. 구성원이 자율적으로 판단하고 실행할 수 있으려면, 그 기반에는 신뢰가 필요하다. 신뢰는 단지 인간관계의 문제가 아니라, 구성원이 자신이 내리는 판단이 존중받고, 실패하더라도 지지받을 수 있다는 확신을 갖게 하는 정서적 환경이다.

또한, 기존의 권한 위임은 종종 리더가 책임을 내려놓고 구성원에게 전적으로 맡기는 것으로 오해되곤 했다. 그러나 AI와 함께 하는 일하는 시대의 리더십에서 권한 위임Empowerment은 '모든 걸 맡긴다'는 방임이 아니라, 구성원이 스스로 판단할 수 있도록 기준과 맥락을 명확히 공유하는 설계의 문제다. 자율은 책임과 연결되어 있으며, 그 책임이 조직의 목적과 원칙 안에서 해석될 수 있어야 진짜 실행이 가능해진다. 따라서 리더는 구성원이 자율성을 갖고 판단할 수 있도록 해석 가능한 기준, 맥락, 기대를 끊임없이 설명하고 공유해야 하고, 동시에 각자의 판단이 실행으로 막힘없이 연결될 수 있는 물리적 환경을 만들어야 한다.

이러한 정서적, 물리적 환경을 실질적으로 뒷받침하려면, 리더는 단순한 분위기를 좋게 하거나, 태도 변화에 그치지 않고, 다음과 같은 구체적인 실천을 통해 구성원이 스스로 판단하고 실행할 수 있도록 촉진해야 한다.

첫째, 리더는 '정답을 제공하는 사람'이 아니라, '해석할 수 있는 기준을 제시하는 사람'이어야 한다. 회의나 업무 브리핑에서 단편적 지시보다 "이 기준에 따라 판단해보자", "우리의 핵심 원칙 중 어떤 것이 적용될까?", "AI가 제안한 방향 중 어떤 것이 우리의 목적과 맞는가?"와 같은 맥락적 질문을 던져야 한다. 이를 통해 구성원은 매 상황마다 주어진 정보를 단순 수용하는 것이 아니라 스스로의 기준에 따라 사고하고 판단하는 역량을 키울 수 있다.

둘째, 구성원이 스스로 판단할 수 있도록, 실행 판단의 기준이 되는 원칙을 반복적으로 설명하고 팀 내에서 공유되도록 해야 한다. AI의 추천을 수용하거나 거부하는 판단 기준이 각 개인의 느낌이나 직관에만 의존하지 않도록, 리더는 판단 기준의 언어와 프레임을 명확히 공유해야 한다. 이를 위해 리더는 실제 사례를 바탕으로 "이 실행은 어떤 원칙에 따라 선택되었는가?", "우리의 일하는 방식과 어떻게 연결되는가?"를 함께 분석하는 리뷰 시간을 정례화할 수 있다. 이러한 반복은 구성원이 각자의 직관이 아닌 팀의 합의된 기준에 따라 판단할 수 있도록 돕는다.

셋째, 리더는 '실행을 허락하는 사람'이 아니라 '실행의 맥락을 정리해주는 사람'이 되어야 한다. 예컨대 프로젝트 킥오프나 전략 수립 단계에서 리더는 배경, 목적, 기대효과, 리스크 등을 명확히 정리해주고, 구성원이 그 맥락 안에서 스스로 실험하고 판단할 수 있도록 열린 공간을 제공해야 한다. 또한 "이건 실험이다", "실패는 데이터다", "우리는 지금 학습하고 있다"라는 태도를 지속적으로 보여야 구성원도 실행에 용기를 낼 수 있다.

넷째, 리더는 자신의 개입이 구성원의 실행을 위축시키는 요인이 되지 않도록 경계해야 한다. 실행 전 반드시 리더의 승인을 받아야 한다거나, 실행 후 평가가 위계적으로 이루어지는 구조는 구성원의 판단을 억제하고 실행을 지연시킨다. 반대로, 리더가 구성원의 판단을 신뢰하고, 실패하더라도 그 과정을 함께 리뷰할 수 있는 구조를 설계하면, 실행은 점점 더 자율적이고 일상적인 것이 된다. 이를 위해 리더는 불필요한 승인 절차를 줄이고, 실행의 속도를 리더가 아닌 팀이 주도할 수 있도록 신뢰 기반의 실행 프로세스를 설계해야 한다. 또한 실행 결과에 대해 리더가 먼저 질문하고 학습의 관점에서 회고하는 문화를 만들면, 구성원은 리더를 심판자 대신 코치로 인식하게 된다.

다섯째, 신뢰는 선언이 아니라 루틴이다. 리더는 구성원에게 책임을 전가하거나 단지 자율성을 부여하는 것이 아니라, 자율적으로 판단하고 실행할 수 있는 환경을 만들기 위해 반복적으로 '공감하고, 질

  2부 — AI 시대, 우리만의 조직문화 만들기

문하고, 기다려주는' 루틴을 실천해야 한다. 리더는 회의나 일상 대화 속에서 반복적으로 "그 판단을 어떻게 하게 되었나?", "다음엔 어떻게 달리해볼 수 있을까?"라는 질문을 던지고, 구성원의 의견을 경청하며 기다리는 태도를 실천해야 한다. 또한 일정 주기로 각자의 실행 경험을 나누고 그 속에서 느낀 점을 서로 피드백하는 시간을 마련함으로써, 신뢰와 자율이 루틴으로 작동되도록 해야 한다.

AI 협업 환경에서의 리더십은 구성원들이 스스로 판단하고 실행할 수 있도록 하는 정서적, 물리적 환경, 즉 신뢰를 통한 자율이라는 보이지 않는 조건을 조성해가는 데 있다. 리더는 직접 실행을 통해 성과를 내기보다, 구성원이 자율적으로 실행할 수 있는 조건을 마련함으로써 조직의 실행력을 끌어올리는 존재가 되어야 한다. 판단과 실행이 리더 개인에게 집중되는 환경에서는 실행의 속도도, 학습도 제한된다. 리더는 구성원이 맥락 안에서 스스로 판단하고 행동할 수 있도록 신뢰를 설계하고, 실행 흐름이 끊기지 않도록 환경 조율해야 한다.

실행루프를 설계하는 리더

리더십의 역할이 판단자가 아니라 실행을 촉진하는 사람으로 전환된다는 것은, 곧 실행이 지속적으로 일어날 수 있도록 '구조를 설계하는 존재'가 되어야 함을 뜻한다. 여기서 핵심은 실행의 일회성이 아니라, 피드백과 학습을 내재한 실행 루프를 만드는 것이다. 실행은 단발적 시도가 아니라, 학습과 개선이 반복되는 리듬이다. 리더는 이 리듬이 끊기지 않도록 실행 루프를 설계하고 조율해야 한다.

과거에는 실행과 피드백이 평가의 구조 안에 갇혀 있었다. 즉, 실행 후 평가를 받고, 평가 결과에 따라 다음 과제가 정해지는 방식이었다. 그러나 AI와 함께 일하는 시대의 실행은 평가가 아닌 학습을 중심에 둔 루프가 되어야 한다. '빠르게 실행하고, 피드백을 받고, 다시 실행하는' 반복 구조는 속도와 개선을 동시에 만들어낸다. 리더는 이 루프가 조직 내에서 자연스럽게 작동하도록 환경을 만들어야 한다.

실행 루프를 조직 내에 정착시키기 위한 리더의 실천은 단편적인 제도나 도구의 도입만으로는 부족하다. 이는 일상의 리듬과 리더의 행동 방식에 깊숙이 녹아들어야 한다.

우선, 리더는 '피드백을 주는 사람'이 아니라 '피드백 구조를 설계하는 사람'이 되어야 한다. 실행 이후 자동적으로 회고와 피드백이 이어지도록 설계해야 한다. 예를 들어, 스프린트가 종료될 때마다 팀이 자연스럽게 참여할 수 있는 회고의 흐름을 만들고, 그 회고는 단순한 결과 보고가 아니라 "어떤 실험이 있었는가?", "예상과 다른 결과는 무엇이었나?", "다음엔 어떻게 다르게 해볼 수 있을까?"와 같은 질문을 통해 구성원이 실행을 성찰적으로 되짚

　　　　2부 — AI 시대, 우리만의 조직문화 만들기

어보도록 유도해야 한다. 이는 리더가 평가자가 아니라 학습을 유도하는 대화 설계자임을 의미한다.

또한, 실행 피드백의 방식도 전환되어야 한다. 리더는 실행 결과 자체보다는, 해당 실행이 어떤 맥락과 판단 기준에 따라 이루어졌는지를 함께 탐색하는 태도를 가져야 한다. 실행이 실패로 끝났더라도, 그것이 원칙 기반의 합리적인 판단이었다면 오히려 팀의 실행 기준을 확인하는 계기로 삼아야 한다. 이러한 피드백은 단지 성과를 평가하는 것이 아니라, 실행의 질을 향상시키는 코칭적 피드백으로 기능해야 한다.

피드백을 개인의 책임으로 귀속시키지 않고, 실행의 흐름에 통합하는 구조 역시 중요하다. 리더는 리뷰를 특정인의 문제를 지적하는 자리가 아니라, 팀 전체가 실행 리듬을 점검하고 다음 주기를 설계하는 학습의 시간으로 만들어야 한다. 이를 위해 정기적이고 반복적인 '실행 회고 루틴'을 마련하고, 그 루틴이 자연스럽게 업무 리듬 안에 녹아들 수 있도록 일정을 고정화하고 팀이 기대할 수 있는 포맷을 갖추어야 한다.

이러한 루프가 작동하기 위해서는 리더가 시간을 지키는 자세가 필수적이다. 피드백 회의나 회고 시간이 다른 일정에 밀려 반복적으로 생략된다면, 실행은 반복이 아니라 단절이 되고 만다. 리더는 피드백 루프를 위한 시간을 캘린더의 우선순위에 올리고, 다른 어떤 일정보다 이 시간을 보호하는 조직문화적 시그널을 조직에 제공해야 한다.

무엇보다 중요한 것은 리더 자신도 이 루프 안에 존재해야 한다는 점이다. 구성원만 실행하고 피드백 받는 구조가 아니라, 리더 또한 스스로의 행동을 점검하고, 그 실행 방식이 팀에 어떤 영향을 미쳤는지를 성찰해야 한다. 예컨대 "내 피드백이 팀의 실행 흐름에 도움이 되었는가?", "내 개입이 자율성을 방해하진 않았는가?"를 되돌아보고 이를 팀과 공유하는 과정을 통해, 리더는 단지 관리자가 아니라 실행 공동체의 일원임을 보여줄 수 있다.

이처럼 실행 루프는 자연발생적으로 만들어지지 않는다. 그것은 리더가 직접 구조를 만들고 시간을 지키며, 자신도 그 안에 참여함으로써 비로소 조직 안에 정착된다. 리더는 '실행하라'고 말하는 사람이 아니라, 실행이 멈추지 않도록 흐름을 설계하고 스스로 참여하는 사람이 되어야 한다. 그렇게 작동하는 실행 루프 안에서 조직은 진정한 실험과 학습을 반복하며 성장해나갈 수 있다.

실행의 성공은 단지 실행의 양에 달린 것이 아니라, 팀원 간 피드백 루프와 학습 루프의 질에 의해 결정된다. AI가 데이터를 분석하고 실행 결과를 제시할 수는 있지만, 그것을 어떻게 해석하고 조직의 목적과 원칙에 맞게 학습할 수 있도록 돕는 것은 인간 리더의 고유한 역할이다. AI는 실행의 속도를 높일 수 있지만, 실행의 방향성과 해석의 깊이는 여전히 리더의 설계와 피드백 역량에 달려 있다.

리더는 단지 '실행하라'고 요구하는 사람이 아니라, 실행이 멈추지 않는 구조를 일상 안에 설계하고 지키는 사람이다. 실행이

　　　　　2부 — AI 시대, 우리만의 조직문화 만들기

계속될 수 있도록 하는 것은 루프를 설계하고, 학습이 멈추지 않도록 실행의 리듬을 만드는 리더의 일관된 노력이다. 이 루프 안에서 조직은 반복적으로 실험하고 학습하며, 점진적으로 더 나은 실행력을 갖춘 조직으로 발전할 수 있다.

실행을 촉진하는 리더의 언어

리더가 실행을 직접 지시하지 않더라도, 구성원이 자율적으로 실행할 수 있도록 유도하는 데 결정적인 역할을 하는 것이 바로 '리더의 언어'와 '컨텍스트 셰어링'이다. AI와 함께 일하는 시대의 리더십은 더 이상 "이렇게 하라"는 명령어 중심의 리더십이 아니다. 구성원이 스스로 판단하고 행동할 수 있도록 맥락을 제공하고, 그 판단을 유도하는 언어를 설계하는 리더십이다.

AI 시대에는 무엇을 하느냐보다는 그것을 '왜 하는가'가 더 중요하다. 이를 위해 리더가 가장 먼저 해야 할 일은 명확한 방향성을 구성원 각자의 맥락에서 해석 가능하게 설명해야 하는 것이다. 이를 컨텍스트 쉐어링이Context Sharing라고 한다. 컨텍스트 쉐어링은 리더가 의사결정의 맥락, 전략적 우선순위, 조직의 목적, 실패와 학습의 배경 등 실행을 둘러싼 넓은 그림을 구성원과 명확하게 공유하는 행위다.

구성원은 업무의 지시나 목표 수치만으로는 실행의 의미를 온전히 이해하기 어렵다. 하지만, "우리가 이 프로젝트를 왜 시작했는가?", "이 판단은 어떤 원칙에 기반한 것인가?", "이 실행이 장기적으로 조직에 어떤 파장을 줄 수 있는가?"에 대한 맥락이 공유되면, 구성원은 자율적이면서도 일관된 판단을 할 수 있다.

이때 리더는 단순히 정보 전달자가 아니라, 맥락을 해석하고 연결해주는 내러티브 설계자가 되어야 한다. 예를 들어 단기적 수치 성과보다 장기적 학습을 우선시하는 시점이라면, 리더는 "지금은 실험의 시기이고, 우리는 실패를 통해 학습곡선을 세우고자 한다"는 메시지를 명확히 전달해야 한다. 이를 통해 구성원은 당장의 실패나 지연을 리더의 평가가 아닌 전략적 과정의 일부로 인식하게 된다.

또한 리더의 일상적인 언어는 실행을 자극하거나 위축시키는 가장 민감한 수단이다. 리더가 어떤 언어를 선택하느냐에 따라 팀의 실행력은 달라질 수 있다. 통제형 언어는 구성원을 수동적으로 만들고, 책임을 회피하게 하며, 창의적 시도를 저해한다. 예컨대 "이건 왜 이렇게 했어?", "그건 안 된다고 했잖아", "이 방식대로 해"와 같은 표현은 구성원이 실수하거나 다른 방식으로 접근하는 것을 꺼리게 만든다. 반면 실행형 언어는 시도와 학습, 개선을 전제로 한 언어이며, 구성원의 판단을 존중하고 다음 실행을 유도한다. 예를 들어 "이번 실행에서 가장 어려웠던 점은 뭐였나요?", "지금 시점에서 다시 한다면 어떻게 접근해볼 수 있을까요?"와 같은 질문은 구성원이 자신의 판단을 되돌아보고 확장하는 계기를 만

     2부 — AI 시대, 우리만의 조직문화 만들기

들어 준다.

리더는 질문을 통해 실행을 촉진할 수 있다. 질문은 단순히 답을 얻기 위한 수단이 아니라, 사고를 확장시키고 자율적 실행을 자극하는 도구다. 질문은 사고의 방향을 지정하지 않으면서 구성원이 스스로 판단하고 실행하도록 사고의 틀을 제공하는 방식이라고 할 수 있다. "이 판단이 우리의 목적과 어떤 관련이 있나요?", "이 실행을 통해 우리는 무엇을 배웠다고 말할 수 있을까요?", "이 결과에서 어떤 것을 학습했나요?", "다음 실행에서는 무엇을 바꿔보고 싶나요?"와 같은 질문은 구성원에게 방향을 제시하고, 강요하지 않으면서도 자율적 사고의 공간을 제공한다. 동시에 질문은 일방적인 피드백보다 훨씬 더 깊이 있는 실행 회고와 다음 실행을 유도하는 힘을 갖는다. 이는 통제형 언어와는 달리, 판단과 실행의 주체를 구성원에게 돌려주는 리더십 행동이다.

리더가 사용하는 언어는 곧 실행의 안전지대를 만든다. 한 예로, '허용'의 언어와 '도전'의 언어를 사용할 수 있다. 먼저 '허용'의 언어는 실수를 수용하고 그 안에서 배움을 도출할 수 있는 안전한 분위기를 조성한다. 예를 들어 "이건 좋은 시도였어요", "이런 실험을 해봤다는 것 자체가 의미 있어요" 같은 언어는 구성원이 실패를 두려워하지 않고 다음 실행으로 나아갈 수 있게 만든다. 이는 '방임'의 언어와는 명확히 구분된다. 방임은 "알아서 해", "네가 책임져야지"처럼 책임을 넘기고 관심을 끊는 태도라면, 허용의 언어는 실수를 포용하되 리더가 함께 배움을 정리해주는 참여적 태도를 기반으로 한다.

그리고, '도전'의 언어는 구성원이 자신감을 가지고 새롭게 시도할 수 있도록 동기를 부여한다. 예를 들어, "지금까지 해본 적 없지만 해보면 좋을 것 같아요", "이런 시도는 우리에게 새로운 가능성을 열어줄 수 있어요" 같은 표현은 구성원의 에너지를 확장시키는 효과가 있다. 도전의 언어는 미래를 향한 상상력을 자극하며, 시도 그 자체를 의미 있게 만든다.

중요한 것은 리더의 언어가 판단을 유예하거나 통제하지 않으면서도, 실행을 자극하고 다음 실행으로 연결될 수 있도록 의도적으로 설계되어야 한다는 점이다. 즉, 언어는 단지 소통의 수단이 아니라 실행을 이끄는 구조의 일부로 기능해야 한다.

앞서 강조한 컨텍스트 쉐어링도 일회성 메시지가 아니라 지속적으로 반복되는 루틴이 되어야 한다. 매주 반복되는 팀 회의에서, 새로운 프로젝트가 시작될 때마다, 회고를 진행할 때마다 리더는 "우리가 왜 이 방향을 선택했는가", "이 실행이 어떤 원칙을 바탕으로 추진되고 있는가"를 끊임없이 해석하고 언어화해야 한다. 이렇게 구성원이 일관된 맥락 안에서 스스로 판단할 수 있는 환경을 만들 때, AI와 함께 일하는 환경에서 효과적인 실행이 가능해진다.

AI시대에 리더는 '지시하지 않고도 실행이 일어나는 환경'을 설계하는 사람이다. 그리고 그 핵심에는 바로 언어와 맥락, 즉 실행을 유도하는 해석의 틀과 질문의 구조가 존재한다. 실행은 단지 업무를 시작하는 것이 아니라, 스스로의 판단을 통해 행동에 이르게 되는 내적 설득의 과정이며, 이때 리더의 언어와 맥락은 강력한 유도 장치가 된다. AI가 데이터를 제공하고 분석을 제시할 수는 있지만, 그 결과를 어떻게 받아들이고 실행의 의미로 연결할지는 구성원들의 선택이다. 이때 해석의 틀을 제공하고, 학습을 유도하며, 실행을 촉진하는 역할은 인간 리더만이 수행할 수 있다. 결국 리더의 말 한마디, 질문 하나, 컨텍스트 설명 한 줄이 팀의 실행 품질을 좌우한다. 언어는 실행의 리듬과 조직문화를 설계하는 리더십의 가장 강력한 도구이다.

몰입 환경을 설계하는 리더

AI 업무 환경에서는 조직의 실행력은 단지 계획이나 전략의 정교함에서 비롯되는 것이 아니라, 구성원이 그 일에 '얼마나 몰입할 수 있는가'에서 결정된다. AI는 정보를 빠르게 제공하고 반복적인 업무를 자동화하지만, 의미를 부여하고 판단을 내리는 과정은 여전히 인간의 몰입에서 비롯된다. AI의 결과를 그대로 수용하는 것이 아니라, "왜 이 선택이 타당한가?", "이 실행이 우리 팀의 목적과 어떻게 연결되는가?"를 숙고할 수 있는 몰입의 깊이가 없으면 실행은 방향을 잃고 무의미한 반복으로 흘러갈 수 있다.

또한 AI는 빠른 속도를 가능케 하지만, 몰입은 속도를 견디는 힘을 만든다. 몰입하지 않은 상태에서의 속도는 쉽게 탈진으로 이어지고, 협업의 단절을 야기할 수 있다. 반대로 몰입된 구성원은 빠른 변화 속에서도 일의 맥락을 유지하며 자신만의 판단을 이어갈 수 있다. 이처럼 AI 환경에서는 몰입이 '속도'와 '자율성'을 잇는 핵심 연결고리가 된다.

AI와 함께 일하는 시대의 리더는 관리자 역할을 넘어, 몰입을 설계하는 리더십 역량을 갖추어야 한다. 몰입은 에너지의 집중이자 자율적 동기의 작동 상태다. 몰입이 일어나는 조직에서는 판단이 빠르고 실행이 지체되지 않으며, 피드백 루프가 짧고 팀 간 연결이 자연스럽다. 리더는 바로 이러한 몰입의 환경을 설계하고 조율하는 존재가 되어야 한다.

몰입은 자연스럽게 주어지는 상태가 아니다. 몰입은 특히 자율성, 명확한 목적, 신뢰, 피드백이라는 네 가지 조건이 충족될 때 강화된다. 먼저, 자율성은 구성원이 스스로 선택하고 판단할 수 있다는 감각에서 비롯된다. 리더는 업무 방식이나 문제 해결 접근법에 대해 구성원에게 선택권을 부여하고, "이 방식은 당신의 판단에 맡길게요", "다른 시도도 가능하니 원하는 방향으로 해보세요"와 같은 언어를 사용함으로써 몰입의 기반을 마련할 수 있다. 자율성은 책임과 연결될 때 더욱 강력해지므로, 리더는 실행의 결과뿐 아니라 판단의 근거에 대해서도 함께 논의하며 구성원의 성장을 지원해야 한다.

리더가 명확한 목적을 공유한다는 것은 선언과 전달이 아니라

   2부 — AI 시대, 우리만의 조직문화 만들기

구성원이 왜 이 일을 해야 하는지를 스스로 납득할 수 있도록, 다시 말하면 일의 의미와 목적을 구성원이 스스로 연결지을 수 있도록 도와주는 것이다. 리더는 단순한 목표 제시나 업무 목록을 전달하는 것이 아니라, 과업의 맥락과 조직의 큰 방향성 안에서 현재 일이 어떤 의미를 가지는지 자주 설명해야 한다. 예를 들어, "이번 과업은 우리가 다음 단계로 도약하기 위한 핵심 실험입니다"와 같이 내러티브를 부여하고, 구성원이 자신의 일과 조직의 미래를 연결지을 수 있도록 질문하고 피드백해야 한다. "왜 이 일이 중요한가?", "이 과업이 우리 조직의 장기적 방향성과 어떻게 연결되는가?"라는 질문을 일상적으로 공유해야 한다. 구성원이 자기 업무의 '맥락'을 이해할 때, 몰입은 자연스럽게 시작된다.

구성원이 실행 중 실패하거나 예측과 다른 결과를 맞이하더라도, 리더가 그것을 '책임 추궁'의 기회로 삼지 않고 '학습의 기회'로 전환하는 태도를 취할 때, 구성원은 더 깊은 몰입 상태로 진입할 수 있다. "실험이 잘 안 된 것 같지만, 어떤 배움을 얻었는지 이야기해볼까요?"와 같은 언어는 신뢰를 바탕으로 한 몰입을 유도하는 실천이다. 심리적 안전감은 '발언의 자유'만이 아니라 '실행의 자유'를 보장해주는 것이어야 한다. 또한 실행 중 리더가 자주 확인하거나 통제하려 하지 않고, 일정 주기의 루틴 속에서 성찰과 점검을 이어가는 방식도 신뢰를 만들어가는 좋은 접근이 된다.

리더는 피드백을 통제와 감시의 수단으로 활용하는 대신, 실행의 의미와 맥락을 되짚는 시간으로 활용해야 한다. "이번 시도의 의도를 다시 돌아보면 어떤 것이 가장 중요했을까요?", "다음에는 어떤 변화를 시도해보고 싶나요?"와 같은 질문은 몰입을 흐름 속에서 유지하고 확장하게 만든다.

이처럼, 자율성, 명확한 목적, 신뢰, 피드백은 각각 독립적이지만 상호작용하며, 리더가 몰입을 설계하는 핵심 기둥이 된다. 리더는 이 네 축이 실행 환경 안에서 일상적으로 작동하도록 세심하게 정서적 신호를 조정하고, 정보흐름을 설계하고, 물리적 정서적 환경을 제공하고, 몰입을 유도한 시스템의 리듬을 만들어야 한다.

정서적 신호는 몰입을 유도하는 리더의 핵심적인 역량이다. 리더가 주는 비언어적 메시지, 예컨대 "실패해도 괜찮다"는 태도, "지금은 실험의 시간"이라는 메시지, 또는 "당신이 하고 있는 일이 중요하다"는 인정은 몰입을 지지하는 강력한 정서 자극이 된다. 반대로, 사소한 조롱, 무시, 결과 중심의 질책은 몰입을 빠르게 무너뜨린다. 리더는 몰입을 설계하는 동시에, 몰입을 파괴하지 않는 태도를 일관되게 실천해야 한다.

리더는 정보 흐름을 설계할수 있어야 한다. 구성원이 일의 목적과 우선순위를 이해하고, 현재 실행이 어디까지 왔는지를 실시간으로 인지할 수 있는 정보 흐름이 확보되어야 한다. 이를 위해 리더는 대시보드, 실행 상황 공유 회의 등 시각적이고 투명한 정보 흐름 도구를 조직에 내재화해야 한다. 정보는 단지 공유하는 것을 넘어서, 실행자들이 흐름을 따라가며 스스로 판단할 수 있도록 조직되어야 한다.

    2부 — AI 시대, 우리만의 조직문화 만들기

그리고 리더는 자신의 가용자원을 효과적으로 활용하여 구성원들이 몰입할 수 있는 물리적·심리적 공간을 제공하기 위해 노력해야 한다. 구성원들은 집중 가능한 시간과 장소, 방해받지 않는 업무 공간 등의 물리적 공간이 보장되어야 하며, 동시에 안전하게 말하고 실험할 수 있는 심리적 공간이 마련되어야 한다. 리더는 "이 시간은 방해 없이 집중해도 좋습니다", "이 공간에서는 누구든 질문하고 실험할 수 있습니다"와 같은 명시적 신호를 반복적으로 제공해야 한다.

마지막으로, 리더는 몰입을 유도하는 시스템의 리듬을 만들어가야 한다. 몰입은 즉흥적으로 일어나는 상태가 아니라, 예측 가능하고 반복되는 리듬 속에서 강화된다. 실행 루틴이 정기적으로 유지되고, 피드백과 회고가 예측 가능하게 반복되며, 구성원이 자신이 기여하고 있다는 감각을 느낄 수 있을 때 몰입의 밀도는 높아진다. 리더는 실행과 회고, 피드백, 실험의 루틴을 주기적으로 설계하고 유지함으로써, 구성원이 몰입의 흐름을 놓치지 않도록 도와야 한다. 회고의 리듬이 깨지면 몰입도 함께 약화되며, 일정한 실행 사이클은 구성원이 자기 몰입 상태를 재확인하는 기준이 된다. 특히 몰입은 혼자 일하는 시간이 아니라, 연결된 상태에서 더 깊게 강화된다.

몰입은 탁월한 성과의 전제 조건이다. 리더는 몰입하라고 말하는 사람이 아니라, 몰입이 가능하도록 구성원들에게 자율성을 부여하고, 명확한 목적을 공유하고, 신뢰와 피드백을 제공하는 사람이며, 이를 위해 정서적 신호를 조정하고, 정보흐름을 설계하고, 물리적 정서적 환경을 제공하고, 몰입을 유도한 시스템의 리듬을 만드는 사람이다. 결국 몰입은 리더의 태도에 의존하는 것이 아니라, 리더가 설계한 환경 안에서 구성원 스스로 만들어내는 실행의 에너지다. 리더가 어떤 구조를 만들고, 어떤 신호를 주며, 어떤 리듬을 설계하느냐에 따라 구성원의 몰입은 크게 달라진다.

　　　　2부 — AI 시대, 우리만의 조직문화 만들기

7장

평가와 보상:
실행과 학습에 보상하라

실행 중심의 평가/보상

AI 시대의 조직은 더 이상 '결과'만으로 평가하고 보상할 수 없다. 기술의 발달로 과거보다 훨씬 빠르게 수많은 실행이 가능해졌고, 반복 업무는 자동화되었으며, 데이터 기반의 선택지가 늘어났다. 그러나 바로 그렇기 때문에 '무엇을 했는가'보다 '어떻게 실행했는가', '무엇을 기준으로 판단했는가'가 조직의 정체성과 성과의 차이를 만들어내는 핵심 요소가 되었다.

전통적인 평가와 보상 시스템은 결과 중심, 숫자 중심, 단기 성과에 치우쳐 있었다. 이러한 체계에서는 목표를 얼마나 달성했는가, 얼마나 많은 성과를 냈는가만이 주된 판단 기준이었다. 그러나 AI와 함께 일하는 시대에는 그 결과가 언제든지 빠르게 재현될 수 있고, 외부 도구나 알고리즘을 통해 쉽게 달성될 수 있는 경우도

많아졌다. 이제 중요한 것은 '무엇을 이루었는가'가 아니라, '어떤 문제를 정의했고, 어떤 실행을 설계했으며, 그것이 어떤 기준에 따라 이루어졌는가'이다.

따라서 평가와 보상의 중심축은 실행의 결과에서 실행의 질과 과정으로 이동해야 한다. AI 시대의 핵심 경쟁력은 실행의 전 과정(문제의 정의, 실행 설계, 협업의 구조화, 개선 노력)에 깃들어 있다. 더불어, 조직의 실행은 단순히 업무 수행의 연속이 아니라, 구성원이 조직의 목적과 원칙에 따라 어떤 선택을 했는가, 그리고 그 선택이 어떻게 해석되고 실현되었는가라는 일련의 판단과 태도의 결과다.

이를 위해서는 평가의 언어부터 바뀌어야 한다. 우리는 오랫동안 "목표를 달성했는가?", "결과를 만들어냈는가?"라는 질문을 평가의 중심에 두어왔다. 그러나 이제는 "어떻게 실행했는가?", "왜 그렇게 판단했는가?", "무엇을 학습하고 다음에 어떻게 개선하려 했는가?"라는 질문이 평가의 중심이 되어야 한다. 평가의 질문이 바뀌면 구성원의 행동도 달라진다. 결과만을 위한 행동이 아니라, 실행의 의미를 고민하고, 과정에 몰입하며, 일의 질을 높이는 실행자가 늘어난다.

예를 들어, 한 구성원이 AI 도구를 활용하여 고객 불만 응대 프로세스를 개선하려는 프로젝트를 수행했다고 하자. 그는 단순히 응답 속도를 개선한 것만이 아니라, 문제를 '고객 감정의 흐름 단절'로 정의하고, 이를 AI 챗봇의 감성 분석과 연결해 설계하였다.

이후 여러 번의 실험을 거쳐 개선 시나리오를 개발하고, 회고를 통해 무엇이 효과적이었는지를 동료와 공유했다. 이 구성원은 단순 성과가 아니라 실행 과정의 전략적 설계, 협업, 개선 루프에 대해 인정받고 보상받는 것이다.

실행 중심 평가/보상을 가능하기 위하여, 몇 가지 실천적인 방법들을 시도해볼 수 있다. 먼저, 문제정의를 평가항목에 포함하는 것이다. 단순히 업무 지시를 따랐는가보다, 과제를 어떻게 해석하고 문제를 정의했는지를 리뷰한다. 예를 들어 "이 프로젝트의 핵심 문제를 어떻게 정의했으며, 그 근거는 무엇이었는가?"라는 항목을 피드백이나 평가 면담에 포함시킬 수 있다. 글로벌 기술기업 SAP는 프로젝트를 시작할 때 '문제 정의 프레임워크'를 운영한다. 프로젝트 리더는 문제를 정의할 때 단순 목표 진술이 아니라, 이해관계자 인터뷰, 사용자 저니, 데이터 분석을 종합한 '문제 명세서'를 작성해야 하며, 이 명세서의 질이 실행 설계의 타당성과 함께 초기 평가 지표로 활용된다.

실행설계 역량을 평가하는 것도 가능하다. 실행 전 시나리오나 의도, 리스크 관리 계획을 사전에 문서화하도록 하고, 이를 동료나 리더가 함께 리뷰한다. 이를 기반으로 "이 실행은 얼마나 명확하고 체계적인 구조로 설계되었는가?"를 묻는 평가 프레임을 개발할 수도 있을 것이다. 글로벌 제약기업 로슈Roche는 신약 개발 초기 단계에서 '실행 설계 회의'를 운영한다. 이 회의에서는 실행 시나리오와 리스크 대응 전략, 실험 설계의 논리를 작성하여 사내 전문가 패널에게 제출한다. 이후 실제 실행 단계에서 이 설계가 얼마나 효과적으로 적용되었는지를 사후 리뷰해 보상에 반영한다.

실행과 피드백 수용 태도를 직접적으로 관찰하는 것도 좋은 시도일 수 있다. 실행 과정 중 피드백을 얼마나 적극적으로 수용하고 반영했는지를 보는 '실행 태도' 항목을 둔다. 예를 들어, 동료와의 협업 상황에서 피드백을 요청하고 이를 실행계획에 반영한 사례를 인정하는 구조다. 헤지펀드 브리지워터 어소시에이츠Bridgewater Associates는 '다른 사람의 생각을 받아들이는 능력'을 핵심 평가 요소로 간주한다. 구성원들은 일상적으로 피드백을 주고받는 오픈 리뷰 시스템 속에서, 얼마나 정직하게 피드백을 수용하고 실행 변화에 반영하는지를 상시적으로 추적당한다. 예를 들어, 회의에서 피드백 받은 내용이 이후 업무 행동에 어떤 영향을 미쳤는지를 '피드백 추적 시스템'을 통해 점검하며, 이 과정이 인사 평가와 보상에 직접 연결된다.

작게는, 일상의 실행 인정 도구들을 적극적으로 활용해 볼 수 있다. OKR 리뷰, 위클리 업데이트, 데일리 스탠드업 등에서 동료나 리더가 우수한 실행 사례를 실시간으로 포착하고 칭찬하거나 기록하는 툴을 운영해볼 수도 있다. 글로벌 원격 기업 깃랩GitLab은 구성원들이 일상적으로 사용하는 협업플랫폼의 'Thanks' 기능을 통해 동료의 작은 실행을 실시간으로 인정하는 구조를 갖추고 있다. 이 칭찬은 자동으로 리더십 팀에게 보고되며, 연말 리뷰나 보상에 반영되는 정성 데이터로도 축적된다.

　　　　　　　　2부 — AI 시대, 우리만의 조직문화 만들기

실행 시간 대비 집중도 평가방식도 고려해볼 수 있다. 단순한 투입 시간이 아니라, 주어진 시간 내 실행의 밀도와 집중력을 평가할 수도 있다. 예를 들어 짧은 기간 동안 고효율의 결과를 낸 실행에 대해 전략적 몰입 역량으로 인정해줄 수 있다.

또, 실행 과정의 예외 대응 역량을 평가와 보상에 추가해볼 수도 있다. 예기치 못한 변수나 상황 변화에 어떻게 대응했는지를 평가 포인트로 삼을 수도 있다. 이는 단순 실행이 아니라 '상황 인식과 판단력'을 포함한 실행의 유연성과 민첩성을 평가하는 방식이 된다. 일본 모빌리티 스타트업 Spacia는 현장 운영팀의 돌발 상황 대응을 문서화하도록 하고, 이를 통해 위기관리 실행력을 정성 평가한다. 계획된 루틴보다 즉흥적 대처가 뛰어났던 사례를 공유하고 보상하며, 이를 학습 자산으로 축적하고 있다.

실행 중심의 평가와 보상은 단지 성과의 기준을 바꾸는 것이 아니다. 그것은 조직이 어떤 실행 문화를 지향하느냐에 대한 선언이며, 구성원이 매일 어떤 방식으로 일하길 기대하는지에 대한 신호다. 실행 중심의 평가와 보상은 실행의 정직성, 판단의 기준, 협업의 진정성, 개선의 의지를 존중하는 조직문화로 이어진다.

"이 구성원은 어떤 실행을 했는가?"가 아니라, "그 실행은 어떻게 설계되었고, 어떤 원칙에 근거했으며, 어떤 가치를 지향했는가?"를 묻고, 그리고 그러한 실행을 성실하게 수행한 이들에게 적절한 평가와 보상이 주어질 때, 조직은 단순한 성과 집단을 넘어 지속 가능한 실행 역량을 갖춘 공동체로 진화하게 된다.

학습에 대한 평가/보상

AI 시대의 조직이 요구하는 인재는 단순히 '정답'을 빠르게 도출하는 사람이 아니다. 오히려 중요한 것은 '끊임없이 시도하고, 실패를 통해 배우며, 다시 실행을 개선해 나가는 역량'이다. 변화가 빠르고 불확실성이 높은 환경에서는 한 번의 성공보다 반복되는 실행과 회고, 그리고 그로부터의 학습이 더 큰 조직 자산이 된다. 이것은 단순한 실행력이 아니라, 학습과 개선을 내재화한 실행 역량의 진화다.

이러한 관점에서 평가와 보상의 기준은 '성과 결과'가 아니라, '실행의 진화 과정'과 '학습의 흔적'으로 이동해야 한다. 단기 결과에만 초점을 맞추는 평가는 실패를 숨기고 실험을 회피하게 만들며, 조직의 집단지성을 약화시킨다. 반대로 반복적 실행과 그에 따른 피드백 순환, 회고에서 드러나는 학습과 성장은 조직 전체의 실행 역량을 축적시키는 근본이 된다. 반복되는 회고는 실행자 개인뿐만 아니라 팀과 조직 전체의 성장 곡선을 그리는 지표가 된다.

구성원이 어떤 실행을 했는지를 묻는 것을 넘어서, 이제는 "무엇을 시도했고, 무엇을 배웠는가?"라는 질문이 평가의 핵심이 되어야 한다. 실행의 성공 여부만이 아니라, 시도 자체의 용기, 실패를 받아들이는 태도, 그리고 그로부터의 학습을 통해 행동을 개선하는 역량이 중요한 평가 기준으로 자리잡아야 한다. 이러한 철학이 반영된 평가 구조는 구성원들이 더 많은 실행을 시도하고, 시행착오를 조직 자산으로 전환하게 만드는 촉매가 된다.

이를 위해 조직은 회고 기반 평가, 학습 저널 기록, 개인과 팀 단위의 학습 공유 문화를 제도적으로 장려하고 평가 구조에 통합할 필요가 있다. 단순한 '이룬 것'보다 '배운 것', 그리고 '그 학습이 어떻게 행동 변화로 이어졌는가'를 평가의 중심 축으로 삼아야 한다. 이러한 기준은 실행의 질적 성숙도를 높이고, 학습을 두려움이 아닌 성장의 원동력으로 바라보게 만든다.

예를 들어, 프로젝트 종료 시, '성과 요약' 대신 '학습 요약 보고서'를 작성하게 하여 주요 실행에서의 인사이트, 실패 원인 분석, 다음 실행을 위한 개선안을 포함하도록 한다. 이 보고서는 단순한 문서가 아니라, 회고 기반 성과 평가의 핵심 도구가 된다.

또는, 정기적인 팀 회고 세션을 평가 루틴에 포함시켜, 단순한 성과 보고가 아닌 성장 기반 리뷰를 하도록 유도한다. 회고 세션은 단지 반성의 자리가 아니라, 실행의 맥락을 공유하고 학습을 조직화하는 중요한 조직문화적 장치다.

구성원 개인이 주도적으로 작성하는 '학습 저널'을 운영하는 것도 좋은 방안이 된다. 이것은 실행-회고-개선의 루프를 스스로 설계하고 유지하도록 돕는다. 이 학습 저널은 리더와의 코칭 대화나 평가 면담에서 유용한 참고자료가 되며, 자기주도적 학습자의 성장을 구조화하는 기반이 될 수 있다.

중요한 것은 "진정한 학습은 '지식의 습득'이 아니라, '행동의 변화'로 이어져야 한다"는 것이다. 단지 무엇을 배웠는가가 아니라,

그 학습을 기반으로 무엇을 바꾸었는가, 실행에 어떤 변화가 생겼는가가 평가와 보상의 핵심 기준이 되어야 한다. 조직은 이러한 변화를 유도하고 강화하기 위해 '변화를 이끈 학습'에 인센티브를 부여해야 한다. 이는 보상 시스템이 단순한 결과 중심 도구가 아니라, 학습을 촉진하는 조직문화적 신호로 작동하게 만든다.

예를 들어, 어떤 팀이 새로운 협업 방식을 도입하려다 실패했지만 그 과정을 상세히 기록하고 회고하여, 이후 유사한 프로젝트에서 효과적인 방식으로 재설계에 성공했다면, 그 학습의 연속성과 영향력 자체에 보상을 부여하는 것이 필요하다. 이러한 보상은 실수를 두려워하지 않고, 학습을 반복하는 실행자들을 조직의 주역으로 성장시키는 토대가 된다.

실제로, 경영 컨설팅 기업 맥킨지^{McKinsey}는 프로젝트 종료 후 'After Action Review' 보고서에서 구성원들이 실행 중 무엇을 학습했고 어떻게 개선했는지를 상세히 기록하도록 한다. 이 보고서에서 도출된 학습이 다음 프로젝트에 실질적인 변화로 반영되면, 그 보고서를 작성한 구성원에게 학습 기반 개선 공헌으로 평가와 보상이 주어진다.

학습하는 실행자는 단순히 '성실한' 인재가 아니다. 그들은 조직이 빠르게 적응하고 지속적으로 진화할 수 있도록 만드는 '미래 경쟁력'이다. 실행-회고-개선의 루프를 자연스럽게 돌리는 태도와 행동에 점수를 주는 평가와 보상 시스템이야말로, AI 시대의 조직에 적합한 인사 제도의 핵심이 된다. 이러한 시스템은 단기적

성과보다 장기적 역량, 정적인 평가보다 진화하는 평가 기준을 요구하며, 결국 학습하는 실행자가 많을수록 조직은 더 유연하고 민첩한 조직으로 성장하게 된다.

실패와 실험에 대한 평가/보상

실행 중심의 조직문화에서 실패와 실험은 더 이상 회피하거나 감추어야 할 대상이 아니다. 오히려 그것은 조직의 학습 자산이며, 실행력의 원천이다. 특히 AI 시대와 같이 빠르게 변화하는 환경에서는 완성도 높은 정답보다 빠른 시도, 실험적 접근, 의도 있는 실패가 더 높은 경쟁력을 만든다. 따라서 실패와 실험은 단지 허용되어야 할 대상이 아니라, 제도적으로 평가되고 인정받아야 할 대상이 되어야 한다.

'확실한 것만 한다'라는 조직 분위기에서는 실패를 회피하게 만들고, 구성원들이 안전한 선택만 하게 만든다. 반대로 실행 자체의 용기와 시도를 존중하고 평가항목에 반영까지 하는 조직은 구성원들에게 실험 정신을 북돋우며, 실행의 양과 질을 동시에 향상시킨다. 실패하더라도 명확한 가설, 실험의 의도, 피드백과 회고의 구조가 담겨 있다면, 그것은 실패가 아니라 실행의 전환점이자 조직 성장의 자산이다. 이는 단순한 시행착오가 아니라, 다음의 실행을 바꾸는 통찰로 이어지는 중요한 자양분이다.

이를 위해 조직은 실패와 실험을 평가, 보상하는 저마다의 방식을 시도해볼 수 있다. 먼저, 실험 자체의 의도와 구조를 평가 항목으로 포함할 수 있다. 결과가 실패하더라도, 실행 전 명확한 가설과 실험 목적이 있었는지를 평가한다. 실험의 리스크, 학습 포인트, 실행 방법론이 정리되어 있었다면, 그것만으로도 의미 있는 실행으로 간주한다. 특히 전략적 시도와 실험적 태도를 장려하려면, 결과에 상관없이 실험 기획서 자체가 평가의 기준이 될 수 있어야 한다.

빠른 시도와 작은 실험에 대한 보상 구조 마련하는 것도 중요하다. 완성된 성과가 아니라, 작더라도 빠르게 시도한 실행을 인정한다. 예를 들어, 고객 반응을 확인하기 위한 단기 파일럿 테스트, 내부 개선을 위한 베타 실험 등의 수행 자체에 보상을 연동한다. 실행의 속도와 반복성, 실험의 주기 자체가 실행역량의 일부로 간주될 수 있다. 반복적 실험이 쌓이면 조직은 데이터 기반 실행 전략을 세우는 데 필요한 자산을 확보하게 된다.

실패 공유와 실험 회고의 공식화하는 노력도 필요하다. 실패를 통해 어떤 학습이 있었고, 다음 실행에 어떻게 반영될 수 있는지를 정리한 실험 리포트를 평가의 근거로 삼는다. 이는 단지 실패의 허용를 넘어서, 실패를 자산화하고 실행 문화의 일부로 조직화하는 시도가 될 수 있다. 금융 소프트웨어 기업 인튜이트^{Intuit}는 실패한 프로젝트 팀에게 학습 포인트를 조직 전체에 발표하게 하고, 그 학습을 반영하여 개선된 프로젝트가 성공할 경우, 초기 실패에 기여한 팀에게도 명확한 인정과 보상을 제공한다.

또, 실패한 실험을 학습 자산으로 전환하는 구조를 설계해볼 수 있다. 실패가 반복되거나 유사한 실수가 재발되는 이유는 실패가 조직 내에서 학습되지 않기 때문이다. 따라서 회고와 피드백을 통해 정제된 실패 경험을 실험 아카이브로 남기고, 이 자산을 타 팀이나 향후 프로젝트에서 참조하도록 장려해야 한다. 이 아카이브는 단순한 기록이 아니라, 조직 전체가 실패를 통해 집단 지성을 축적하는 실행의 지식 기반으로 작동해야 한다.

마지막으로, 실패를 명예롭게 만드는 보상언어를 만들어가는 것도 도움이 된다. 실패를 인정하고 용기를 축하하는 상징적 제도를 설계해볼 수 있다. 예를 들어, '실패를 통한 혁신상', '최고의 시도상', '실험 정신상' 등을 도입해, 성공보다 더 큰 학습을 남긴 실행자에게 명예와 보상을 함께 부여하는 방식이다. 이런 보상은 구성원들에게 실패의 가치를 정서적·제도적으로 동시에 환기시키는 도구로 기능한다. 특히 실패를 통해 새로운 실행 방식을 이끌어낸 사례가 특히 높게 평가되도록 해야 한다.

이러한 시도들은 단순히 실패를 허용하는 조직문화를 넘어서, 실패를 권장하고 실험을 촉진하는 조직 환경을 형성하는 데 핵심적인 역할을 한다. 실험이 실패했더라도, 그 안에 담긴 실행 시나리오, 실험 설계의 논리, 가설의 타당성, 피드백 수용 태도, 그리고 회고 내용이 명확하다면, 그것은 오히려 향후 실행의 속도와 정확성을 높이는 밑거름이 된다. 실패를 드러내는 사람일수록 신뢰받는 조직분위기, 실패를 공유한 사람일수록 보상받는 제도는 건강한 실행 공동체의 핵심이다.

실패가 드러나고 학습되며, 다시 실행으로 연결되는 루프가 효과적으로 작동할 때 조직 내의 실험하고 도전하는 정서가 형성된다. 중요한 것은 실패 자체가 아니라, 그 실패가 실행과 학습의 연결고리 안에서 어떻게 다뤄졌는가이다. 실패를 숨기고 피하는 조직분위기에서 나오는 성과는 일시적일 수밖에 없다. 반면, 실패를 통해 학습하고 다시 실행하는 조직문화는 지속가능한 성장을 이끈다. 특히, 실험을 정기적으로 장려하는 조직은 시장 변화에 더 빠르게 적응하고, 새로운 기술과 전략을 빠르게 흡수하는 민첩성을 갖게 된다.

결국, 우리가 실행을 평가하는 기준은 '완성도'가 아니라 '의도', '실험성', '학습 가능성', 그리고 '실행 자체의 용기'에 있어야 한다. 완벽한 결과가 아니라, 실행을 향한 도전과 탐색, 그리고 그 과정을 통해 무엇을 배우고 어떻게 진화했는지가 평가되고 인정받는 조직문화가 필요하다. 이런 조직문화에서 비로소 구성원은 실패를 두려워하지 않고, 더 좋은 실행을 향한 실험을 멈추지 않는다. 실패는 끝이 아니라, 더 나은 실행을 위한 출발점이다. 실행 그 자체를 존중하고, 그 안의 실험성과 학습 잠재력에 가치를 부여하는 조직만이 AI시대의 변화와 불확실성을 경쟁력으로 전환할 수 있다.

협업과 집단 성과에 대한 평가/보상

AI 시대의 조직은 더 이상 개인의 고립된 성과만으로 경쟁력을 유지할 수 없다. AI 도구가 일상화되면서 사람들은 각자 개인 AI와 상호작용하며 혼자서 문제를 해결할 수 있다는 인식을 갖기 쉬워졌다. 특히 반복적 과업이나 문서 작업, 분석 작업에서는 AI가 개인의 생산성을 크게 끌어올려 주기 때문에, 구성원 간 협업의 필요성이 과소평가되는 현상이 나타나기도 한다. 그러나 바로 그렇기 때문에 더욱 더, 진정한 경쟁력은 개인이 AI와 얼마나 잘 일하느냐가 아니라, 사람과 사람이 AI를 매개로 얼마나 잘 협력하고 공동의 문제를 해결하느냐에 달려 있다.

복잡한 문제일수록 다양한 시각과 전문성이 융합되어야 하며, 그 융합의 구조와 흐름은 협업을 통해서만 만들어질 수 있다. 조직은 이제 단순히 개인의 탁월함이 아니라, 팀 전체의 실행 역량과 공동 학습의 성과에 주목해야 한다. 협업은 선택이 아니라, 지속가능한 성장을 위한 전략이다. 그러므로 평가는 개인 중심 구조를 넘어, 협업의 질과 집단 실행의 시너지를 포착할 수 있는 구조로 재설계되어야 한다.

협업은 단순히 함께 일하는 것이 아니라, 서로의 실행을 지원하고, 정보를 공유하며, 피드백을 순환시키는 복합적인 실행 체계다. 다양한 이해관계자 간 조율, 다기능 팀 간 협업, 실시간 커뮤니케이션, 공동 의사결정 등은 모두 협업 역량의 일부이다. 하지만 많은 조직은 여전히 개인 단위의 성과를 우선시하며, 팀의 노력이나 공동 실행의 가치를 정량적으로 포착하지 못하는 평가 체계를 유지하고 있다. 이러한 환경에서는 협업보다 경쟁, 집단 지성보다 개인 역량에 초점이 맞춰지며, 결과적으로 실행이 파편화되고, 학습이 고립된다.

이를 극복하기 위해서는 팀 단위 평가와 집단 목표 기반의 인센티브 설계가 핵심이다. 프로젝트 성과를 평가할 때 단지 리더나 성과 기여도가 높은 소수만을 보상하는 것이 아니라, 협업의 질을 기준으로 팀 전체를 포괄적으로 인정하는 구조가 필요하다. 예를 들어, "이 프로젝트는 협업 지표가 우수했기 때문에 팀 전체가 성과 인정 대상이 된다"는 원칙이 적용되면, 구성원들은 팀의 성과와 실행의 질에 더 깊이 몰입하게 된다.

이러한 구조가 작동하기 위해서는 협업의 질을 측정할 수 있는 구체적이고 정량적인 지표가 필요하다. 단순히 '잘 협력했다'는 인상평가가 아닌, 구체적인 보조지표를 통해 실행 수준의 협업이 어떻게 이루어졌는지를 명확히 파악해야 한다. '동료 간 피드백을 주고받은 횟수 및 피드백 수용률', '공동 문서나 툴 내에서의 정보 공유 빈도 및 반응 속도', '팀 회의나 의사결정 과정에의 참여도', '동료에 대한 상호지원 요청과 실질적 실행 참여 건수', '협업 중 발생한 갈등 해결 노력과 조정 결과의 공유 여부' 등은 좋은 보조지표가 될 수 있다.

이러한 데이터는 단지 수치를 넘어, 팀 내 상호작용의 질, 실행 협력의 실재성, 학습의 공유도를 반영하는 정황 증거가 된다. 예를 들어, 특정 팀원이 다른 부서와 연결해 데이터를 공유하거나, 동료의 실행 오류를 빠르게 발견하고 개선점을 제안한 기록은 '실행을 가속화하는 협업 행동'으로서 명확히 인정되어야 한다. 또 구성원이 자신의 AI 분석 결과를 공유해 전체 팀의 의사결정을 돕거나, 동료가 미처 인식하지 못한 리스크를 슬랙 채널에서 사전에 경고해 프로젝트 방향을 조정하게 만든 행동도 포함될 수 있다. 협업 기여는 눈에 띄는 리더십뿐만 아니라, 실시간 피드백, 리소스 연계, 가교 역할 등 '보이지 않는 실행 연결'을 만들어내는 행동까지 포함되어야 한다.

또한, 팀 목표 기반 인센티브 구조에 구성원 간 상호 평가 시스템을 통합하면, 심리적 안전감과 몰입을 동시에 강화할 수 있다. 상호 평가는 감정 평가가 아니라, 각자의 실행 협력이 실제로 팀 목표에 어떻게 기여했는지를 드러내는 것이다. 팀 회고 세션이나 정기 리뷰를 통해 구성원은 서로의 기여와 지원을 구체적으로 인정하고, 그 기록이 평가나 보상의 일부로 반영되는 방식을 만들 수도 있다.

더 나아가 협업 보상 구조는 단기 성과뿐 아니라 협업 실험과 조직문화적 기여까지 포괄할 필요가 있다. 예를 들어, 새로운 협업 방식을 시도한 팀에게 '협업 혁신상'을 수여하거나, 협업 과정에서 심리적 안전감을 촉진한 행동을 리더십 평가에 반영하는 방식 등이 가능하다. 이는 협업의 실험성과 조직문화적 기여도를 동시에 인정하는 제도적 장치가 된다.

이러한 협업 기반 평가와 보상 시스템은 단순한 공정성 확보를 위한 장치가 아니라, 실행을 공동의 과제로 인식하게 만들고, 성과를 함께 설계하며, 학습을 공유하는 조직정서를 구축하는 핵심 수단이다. 평가와 보상이 협업을 실질적으로 인정하는 순간, 구성원들은 경쟁자가 아닌 실행의 동반자로 서로를 바라보게 된다.

협업은 실행의 보조 수단이 아니라, 조직이 문제를 해결하고 미래를 만들어가는 주요한 실행 방식이다. 이것이 가능하려면, 협업의 실행 자체가 평가되고 보상되는 명확한 구조가 뒷받침되어야 한다. '잘 협업했다'는 말이 격려가 아니라, 명확한 성과 기준이자 공식적인 인정 언어가 되어야 한다.

목적과 원칙에 정렬된 평가/보상

AI 도구와 자동화 기술이 일상화된 시대일수록, 구성원 개개인의 실행이 어떤 기준과 가치를 따르고 있는지가 더욱 중요해진다. 조직은 단순히 외부의 성과지표나 수치 중심 목표에 따라 사람을 평가해서는 안 된다. 이제는 '무엇을 이루었는가'보다 '무엇을 기준으로 실행했는가'가 평가의 중심이 되어야 한다. 그 기준은 조직이 추구하는 조직의 목적과 일하는 원칙에 기반해야 하며, 실행의 정체성과 방향성을 함께 반영해야 한다.

조직의 목적과 일하는 원칙은 방향이자 기준이다. 평가와 보상이 이 기준에 정렬되지 않으면, 구성원은 외형적 목표를 따르기 쉬우며, 조직은 정체성을 잃고 수단과 목적이 전도되기 쉽다. 단기 성과는 높았지만 공동체의 신뢰를 무너뜨리는 방식으로 일한 사람에게 보상이 주어진다면, 그 보상 구조는 조직의 가치와 어긋난다. 따라서 평가는 단순 성과 측정을 넘어, 구성원의 실행이 조직의 목적과 원칙에 얼마나 부합했는가를 판단해야 한다.

이를 가능하게 하려면, 원칙 기반 피드백 도구와 일상화된 평가 루틴이 필요하다. 구성원이 특정 행동이나 실행을 할 때, 그 행동이 어떤 원칙을 따랐는지를 서로 피드백하고, 리더는 실행의 품질을 원칙 기준으로 리뷰해야 한다. "이 행동은 우리의 '고객 중심 원칙'에 얼마나 부합했는가?", "이 선택은 '투명한 의사소통'이라는 원칙에 정렬되어 있었는가?"와 같은 질문이 일상적인 평가 언어로 자리 잡아야 한다. 이러한 기준 언어가 정착되면 구성원들은 외적 성과뿐 아니라, 내부 실행의 품질과 정체성에도 책임감을 갖게 된다.

그리고, 구성원의 실행이 조직의 목적과 원칙에 얼마나 부합했는가를 판단하는 구체적인 실천 기준과 도구를 갖추는 것이 필요하다. 이것은 단순히 가치역량지표를 평가에 일부 반영한다거나 조직문화 설문결과를 리더십 평가에 반영하는 것과 같은 형식적인 것으로 충분하지 않다. 목적과 원칙이 평가의 모든 과정과 절차에 녹아날 수 있도록 하는 것이 중요하다.

예를 들어, 평가 시 '실행 과정 중 어떤 조직 원칙을 의식했는가'를 구성원이 스스로 기술하게 하는 자기평가 문항을 포함시킬 수 있다. 피드백 도구나 회고 양식에 '조직의 목적 정렬성' 항목을 추가하여, 결과보다 의도와 맥락을 평가의 중심으로 옮겨야 한다. 프로젝트 리뷰에는 '이 실행이 어떤 조직적 목적을 강화했는가?'라는 항목을 포함하고, 연말 종합 평가에서는 구성원이 일하는 방식을 조직의 핵심 가치나 원칙과 얼마나 일치시키려 했는지를 반영하는 상호 피드백 구조를 설계해보는 것도 가능하다. 이처럼 정성적 실행 과정에 대한 질적 기준을 제도화함으로써, 조직의 목적과 원칙에 정렬된 평가의 틀을 조금씩 구체화해 갈 수 있다.

또한 이와 같은 접근은 단지 평가를 위한 장치가 아니라, 조직이 스스로의 정체성과 실행 원칙을 내면화하는 훈련의 장이 되기도 한다. 평가의 시점은 결과를 나열하는 시간이 아니라, 그 결과가 어떤 철학과 기준에서 나왔는지를 되짚어보는 시간이 되어야 한다. 정기 리뷰, 피드백 회의, 회고 세션 모두가 목적과 원칙을 재점검의 시간이 되고, 동시에 평가는 단순한 등급 매기기가 아니라, 목적과 원칙을 재확인하고 학습하는 과정이 된다.

구성원은 '보여주는 성과'를 넘어, '좋은 실행', '성실한 학습', '함께 일하고 싶은 태도'로도 인정받을 수 있어야 한다. 즉, 좋은 판단과 책임 있는 실행, 협업을 이끄는 태도, 학습을 주도하는 습관 등이 모두 평가의 언어로 반영되어야 한다. 이는 구성원이 평가를 두려워하지 않고, 스스로의 실행을 조정하고 개선해 나가는 데 도움을 준다.

이러한 인정은 공식적인 보상(성과급, 승진)뿐만 아니라, 비공식적 보상(칭찬, 공유, 추천)의 정서로 확장될 필요가 있다. 예를 들어, 특정 구성원의 원칙 기반 실행이 우수했다면 팀 미팅에서 공유되거나, 동료 추천 제도를 통해 전사적으로 가시화되는 방식이 가능하다. 어떤 구성원이 '일관되게 고객을 배려한 선택을 했다', '정책보다 공동체의 신뢰를 우선시했다'는 이야기들이 회의나 뉴스레터에서 언급될 때, 조직은 그 자체로 정렬을 강화하게 된다. 이는 구성원이 조직의 가치를 재확인하는 계기가 되며, 원칙 정렬의 중요성을 환기시킨다.

또한 이러한 평가는 구성원의 내적 동기를 자극한다. 외적 보상만으로는 유지될 수 없는 지속적 몰입과 성장의 에너지는, 구성원이 '내가 올바른 방식으로 일하고 있다'는 확신에서 나온다. 이 확신은 보상의 언어가 무엇을 말해주느냐에 달려 있다. 따라서 조직은 평가 구조와 보상의 신호 체계를 정기적으로 점검하며, 그 기준이 여전히 조직의 목적과 원칙에 부합하고 있는지를 확인해야 한다.

평가와 보상의 언어는 그 조직이 진정으로 무엇을 가치 있게 여기는지를 말해준다. 목적과 원칙에 정렬된 평가와 보상은 구성원에게 방향성을 제공하고, 실행의 질을 뒷받침하며, 조직 전체의 문화를 강화하는 핵심 수단이 된다. 결국, 무엇을 인정하고 보상하느냐에 따라, 그 조직에서 어떤 실행을 반복하게 될 것인지가 결정된다. 그리고 그 반복이 쌓여 조직의 일하는 방식이 되고, 결국은 그 조직이 '무엇으로 기억될 것인가'를 결정짓는다.

AI 활용 성과에 대한 평가

AI 도구의 발전은 단순 반복 업무를 자동화하는 수준을 넘어, 문제 해결, 창의적 기획, 전략 수립 등 고차원적 업무까지 영향을 미치고 있다. 따라서 이제는 구성원이 AI 도구를 단순히 '사용했는가'를 따지는 것이 아니라, '어떻게 활용했는가', '활용을 통해 실행 품질을 어떻게 높였는가'를 중심으로 평가 기준을 전환해야 한다. 특히 AI가 제안한 옵션 중 어떤 기준으로 선택했는지, AI의 출력 결과를 어떤 방식으로 해석하고 판단했는지 등은 단순한 기술 숙련이 아니라 고도화된 실행 판단력의 영역이다.

'AI 실행력'은 단순한 도구 조작 능력이 아니라, AI의 기능을 적절히 호출하고, 비판적으로 해석하며, 실행으로 연결하는 능력이다. 이는 숙련도와는 다른 차원의 실행력으로, 창의성과 전략적 사고가 함께 요구된다. 따라서 조직은 AI 도구의 활용 수준을 측정할 수 있는 새로운 기준을 정립해야 한다.

예컨대 단순히 AI를 많이 사용했는가를 평가하는 것이 아니라, 그 사용이 실제 문제 해결에 어떤 기여를 했는지를 중점적으로 살펴야 한다. 어떤 문제 상황에서 AI를 도입했는지, AI가 제공한 여러 옵션 중 무엇을 어떤 이유로 선택했는지, 그 선택이 실제 실행 결과에 어떤 영향을 미쳤는지를 평가에 포함시킬 수 있다. 이는 단지 도구를 다룰 줄 아는지를 보는 것이 아니라, 도구를 통해 사고하고 판단하는 힘을 평가하는 것이다.

특히 중요한 기준 중 하나는 AI 기반 의사결정 성공률이다. 이는 단순히 AI가 제안한 안을 따랐는가가 아니라, AI의 제안을 어떤 기준으로 분석하고, 어떤 판단을 통해 실행에 적용했는지를 추적함으로써 평가할 수 있다. 예를 들어, AI가 제시한 여러 대안 중 하나를 선택한 근거가 무엇이었는지, 그 판단이 얼마나 효과적으로 실행되었는지를 함께 검토함으로써, 인간의 해석 능력과 실행 연결력을 평가하는 것이다. 이 성공률은 단기 성과뿐 아니라, 반복되는 판단의 질과 일관성, 문제 정의의 정확성 등 장기적 실행 역량을 반영하는 지표가 될 수 있다.

또한 AI가 생성한 인사이트가 실제 실행에 어떻게 반영되었는가, 즉 '인사이트 실행 반영률' 역시 중요한 척도다. 많은 조직이 AI를 도입하지만, 그 도출된 통찰이 실행 단계까지 이어지지 못하는 경우가 많다. 따라서 실행까지 이어진 인사이트의 비율, 실행 시 인사이트가 어떤 방식으로 활용되었는지, 실행 결과에 어떤 영향을 주었는지를 점검하는 방식으로 측정할 수 있다. 이 지표는 단순히 기술 도입 수준이 아니라, 기술을 통해 조직이 학습하고 전환하는 능력을 측정하는 지표이기도 하다.

더불어, AI를 통한 실행이 개인의 작업을 넘어서 팀 전체의 협업을 어떻게 변화시켰는지도 평가 포인트가 될 수 있다. 예를 들어, 협업 과정에서 AI를 활용해 피드백 주기를 단축하거나, 회의 없이도 실행의 방향을 정리하게 만든 사례가 있다면, 그것은 실행 문화의 혁신으로 평가받을 수 있다. 특히 AI가 도입된 조직에서는 인간의 판단력과 도구의 기능성이 어떻게 결합되어 실행으로 이어졌는지를 구체적인 사례 중심으로 기록하고, 이를 피드백과 학습의 자료로 축적하는 것이 중요하다.

이러한 평가의 기준을 반영하는 노력은 '인간의 판단력'과 '도구의 기능성'이 어떻게 결합되었는지를 가시화한다. 구성원에게 보다 명확한 방향성을 제시하며, AI 도구를 통해 창의적 실행을 설계할 수 있도록 유도한다. 특히 창의적 문제 해결에 AI를 활용한 사례, 또는 복잡한 협업 과정에서 AI가 중재 역할을 한 경우 등은 AI와 함께 일하는 시대에 새로운 조직문화의 전형으로 주목되어야 한다.

한편, AI 기반 협업이 확산될수록 평가의 공정성과 투명성도 중요해진다. AI가 제시한 결과에 의존하거나, 일부 구성원만이 AI 기능을 적극 활용할 경우, 실행 격차가 발생할 수 있다. 이를 방지하기 위해 평가 과정에 AI 보조 시스템을 도입하고, 구성원 간 피드백 세션을 정례화하며, AI 관련 판단 기준을 설명 가능한 언어로 명확히 제시해야 한다. 평가자뿐 아니라 평가 대상자 모두가 기준을 이해하고 수용할 수 있어야, 신뢰 기반 평가가 정착될 수 있다.

　　　　　2부 — AI 시대, 우리만의 조직문화 만들기

예를 들어, 'AI가 분석한 데이터 중 어떤 항목을 최종 선택했는가?', 'AI의 초안을 수정한 이유는 무엇이었는가?'와 같은 질문이 평가 면담에 포함될 수 있다. 이는 AI와 인간이 함께 실행한 결과를 점검하고, 인간의 판단이 어떤 가치를 창출했는지를 되짚는 기회가 된다. 이러한 평가 구조는 AI 시대에 인간이 가져야 할 판단력, 책임감, 실행 감각을 동시에 강화한다.

결과적으로, AI 도구 활용 성과를 평가하는 기준은 단순한 기술 숙련도에서 벗어나, 창의성과 문제 해결 능력, 전략적 판단력을 함께 포착할 수 있어야 한다. 단지 도구를 사용할 줄 아는지를 확인하는 것이 아니라, 어떤 목적과 판단에 따라 AI를 활용했는지, 그리고 그 활용이 실행의 품질과 방향성을 어떻게 변화시켰는지를 묻는 것이 평가의 핵심이 되어야 한다.

AI를 통한 진정한 성과는 AI를 잘 다루는 능력만이 아니라, AI를 통해 인간 고유의 판단과 책임이 어떻게 증폭되었는지를 통해 만들어진다. 이는 곧 인간 중심의 실행력을 강화하는 방향으로 평가의 중심축이 이동해야 함을 의미한다. AI 도구의 평가는 기술의 문제가 아니라 조직문화의 문제이며, 실행 철학의 반영이어야 한다.

8장

성장 설계:
실행속에 성장경로를 구축하라

AI 시대의 새로운 성장 설계

"학습하는 동안 일하고, 일하는 동안 학습한다"는 말은 더 이상 은유적 수사가 아니다. 이는 AI 시대를 살아가는 조직에서 핵심적인 운영 철학이며, 실행 중심의 성장을 위한 구조적 원칙이다. 일과 학습을 나누어 생각하던 시대는 끝났다. 지금은 일하는 그 순간이 곧 학습의 기회이고, 학습은 반드시 실행과 연결되어야만 진정한 가치를 창출한다.

특히 AI와 디지털 도구가 일의 거의 모든 단계를 실시간으로 재정의하고 있는 오늘날, 학습은 더 이상 실행의 사전 준비로 머물 수 없다. 학습은 실행 속에서 이루어지고, 실행은 학습의 결과로 진화해야 한다. 이 두 요소는 이제 더 이상 분리된 기능이 아닌, 하나의 통합된 루프이며, 그것이 곧 성장 설계의 출발점이다.

과거의 조직은 구성원의 성장을 위한 학습을 교육훈련 프로그램이라는 별도의 시스템으로 분리해 설계해왔다. 연간 교육계획, 직무별 커리큘럼, 리더십 워크숍 등은 구성원에게 필요한 역량을 사전에 전달하기 위한 장치였고, 교육은 업무의 흐름 바깥에서 별도로 이루어졌다. 하지만 AI 기반 협업 환경에서는 이러한 방식이 구조적 한계를 드러낸다. 변화의 속도는 점점 더 가속화되고 있고, 문제 해결을 위한 실행은 점점 더 예측 불가능해지고 있다. 더 이상 "학습 후 실행"이라는 선형적 접근은 유효하지 않다. 실행 중 학습하고, 학습 내용을 곧바로 다시 실행에 반영하는 순환적 구조가 아니면 경쟁력을 유지할 수 없다.

AI는 실시간으로 실행 옵션을 제시하고, 도구는 일의 속도와 자동화 수준을 비약적으로 향상시킨다. 이 환경에서는 사전 학습만으로는 적절한 대응이 어렵고, 실제 문제 상황에서 실행 중 피드백과 회고가 학습으로 전환되지 않으면 성장이 일어나지 않는다. 교육은 더 이상 준비 단계가 아니다. 교육은 일 자체로, 실행 자체로 재정의되어야 한다. 구성원이 도구를 실험하고, 오류를 마주하고, 동료들과 피드백을 주고받고, 그 경험을 재설계하여 새로운 실행을 만들어내는 이 전 과정이 곧 최고의 교육이자, 실행 기반 학습이다.

이제 우리는 '성장도 설계되어야 한다'는 관점을 명확히 가져야 한다. 구성원의 성장은 더 이상 개인의 성실함이나 자연스러운 기질에만 의존해서는 안 된다. 그것은 조직이 의도적으로 설계하고 운영해야 할 핵심 시스템이다.

성장 설계란 단순히 교육 콘텐츠를 고도화하거나, 학습 프로그램을 늘리는 일이 아니다. 그것은 '일-실행-피드백-학습'이 자연스럽게 연결되고 반복되는 루프를 조직문화의 일부로 정착시키는 일이다. 여기서 핵심은 실천 가능성과 루틴화이다. 실행이 학습이 되고, 그 학습이 다시 실행을 정교화하며, 구성원이 이 흐름 안에서 반복적으로 성장하는 시스템이 구축되어야 한다. 성장 설계란 이 루프를 하나의 조직적 리듬으로 만드는 일이며, 이것이야말로 우리 시대에 지속 가능한 조직문화의 핵심이다.

성장 설계를 조직문화의 핵심으로 통합하기 위해서는, 선언만으로는 부족하다. "우리는 성장을 중시합니다"라는 말은 이제 아무런 신뢰를 주지 않는다. 성장 설계는 구성원이 매일 경험하는 일의 흐름 안에 체화되어야 한다. 피드백이 평가가 아닌 학습의 도구로 작동하고, 실험과 회고가 성과 이상의 가치를 갖는 조직, 실패가 숨겨지는 것이 아니라 드러나고 공유되는 실행 공동체 안에서만 학습과 성장은 살아 움직인다.

결국 성장 설계란 정교한 교육훈련체계나 경력관리시스템을 만드는 것이 아니라, 일과 학습을 분리하지 않는 구조를 만드는 일이자, 실행과 학습이 상호작용하는 리듬을 조직문화로 정착시키는 것이다. 이 리듬은 단절된 교육을 넘어서, 실시간으로 순환하는 실행 기반 학습을 만들어내고, 조직은 이러한 루프 위에서만 지속적으로 진화할 수 있다. 진정으로 성장하는 조직은 '성장을 위한

　　　　2부 — AI 시대, 우리만의 조직문화 만들기

실행'이 아니라, '실행 그 자체가 성장'이 되는 환경을 설계하고, 그것을 조직문화로 정착시킨다.

실행루프 기반의 성장

"실행이 곧 성장이다"라는 조직문화적 정의를 조직 안에 정착 시키는 것이 무엇보다 중요하다. 실행은 단지 성과를 만들어내는 도구가 아니라, 구성원이 학습하고 성장할 수 있는 가장 중요한 기회이자 수단이다. 특히 예측 불가능성과 빠른 변화가 일상화된 오늘날의 업무 환경에서는, 실행 중 일어나는 피드백과 회고를 통해 구성원이 자신을 점검하고 개선할 수 있어야 진짜 성장이 일어 난다.

과거의 일과 학습은 서로 다른 영역에 속해 있었다. 하지만 지금은 학습이 곧 실행이며, 실행이 곧 성장인 시대다. 즉, 일을 잘하는 사람은 학습을 잘하는 사람이고, 잘 학습하는 사람은 일을 통해 끊임없이 자신을 진화시키는 사람이다. 더 이상 교육을 통해 역량을 쌓고 실행에 투입되는 구조는 작동하지 않는다. 오히려 실시간으로 실행하고 회고하며, 그 과정을 통해 역량이 축적되고 재설계되는 구조만이 유효하다.

이러한 구조의 중심에 있는 것이 바로 '개별 실행 루프'다. 문제 정의 → 실행 설계 → 실행 → 회고 → 피드백 → 재실행이라는 흐름은 이제 단지 프로젝트 수행의 기술이 아니라, 성장의 리듬이 되어야 한다. 구성원 각자가 이 루프를 의식하며 실행하고, 회고를 내재화하고, 피드백을 환영하는 조직문화를 갖추는 것이 조직 성장의 출발점이다.

이 루프가 제대로 작동하려면 조직 전체의 일하는 구조도 이에 맞게 재설계되어야 한다. 회의, 보고, 회고, 학습을 별개로 보지 않고, 하나의 실행 흐름으로 통합하는 접근이 필요하다. 예를 들어 회의에서 결정된 사안이 바로 실행되고, 실행 결과가 보고되며, 보고 후에는 자연스럽게 회고가 이어지고, 그 회고가 다시 학습으로 전환되는 순환 구조가 되어야 한다. 이 흐름이 끊기지 않고 조직의 일상에 스며들 때, 실행이 곧 성장이라는 인식도 정착될 수 있다.

또한 실행의 모든 과정은 기록되고 나누어져야 한다. 시도된 실험은 문서화되고, 피드백은 구조화되며, 회고는 반복되어야 한다. 이 과정이 루틴으로 자리 잡으면, 조직은 실행으로부터 배우는 집단이 되고, 구성원은 자신의 실행을 통해 배우는 개인으로 성장할 수 있다. 회고와 피드백, 실험 설계, 배운 점의 공유가 반복되는 루프 안에서 실행은 단지 결과를 만드는 행위가 아니라, 역량을 내면화하고 학습을 촉진하는 조직문화적 장치가 된다.

실행 루프는 개인의 성장만을 위한 것이 아니다. 팀 전체가 같은 리듬 속에서 실행과 회고를 반복할 때, 학습은 집단 지성의 형태로 진화한다. 구성원 각자가 실행을 통해 얻은 인사이트가 팀

　　　2부 — AI 시대, 우리만의 조직문화 만들기

내에서 공유되고, 그 피드백이 다음 실행에 반영되면, 팀은 하나의 실행 학습체로 작동하게 된다. 결국 실행 루프는 구성원 개인의 자기 성장과 동시에 조직의 실행문화와 학습문화의 토대를 제공하는 가장 핵심적인 구조다.

성장은 더 이상 멀리 있는 목표가 아니라, 지금 이 순간의 실행 안에서 일어나야 한다. "실행이 성장이다"라는 정의가 조직에 깊이 자리 잡을 때, 실행은 더 이상 성과를 위한 수단에 머무르지 않고, 구성원 스스로의 내면적 동기를 자극하고, 개인의 성장은 물론 조직의 성장하게 하는 강력한 동력이 된다.

성장형 실행자의 역량

AI 시대의 일하는 방식이 근본적으로 변화하고 있는 지금, 우리는 '전문가'라는 개념을 다시 정의해야 할 시점에 있다. 과거에는 한 분야의 지식을 많이 보유하거나 오랜 경력을 통해 숙련도를 입증한 사람이 전문가로 여겨졌다. 그러나 오늘날의 업무 환경은 복잡하고 빠르게 변화한다. 고정된 지식은 금세 낡은 정보가 되고, 경력이라는 시간의 양보다 더 중요한 것은 '변화에 적응하며 실행하는 능력'이다.

이제 조직이 주목해야 할 인재는 '지식 및 연차 기반의 전문가'가 아니라 실험하고 학습하는 '성장형 실행자'이다. 성장형 실행자는 문제 상황을 접했을 때 즉각적으로 실험을 설계하고, 실행에 착수하며, 그 결과를 바탕으로 학습과 개선을 반복할 수 있는 사람이다. 이들은 실패를 두려워하지 않고, 오히려 실패를 통해 얻은 인사이트를 다음 실행에 반영하는 데 능숙하다. 더 나아가, 단지 주어진 일을 수행하는 데 그치지 않고, 실행을 통해 성찰하고 피드백을 수용하며, 자신의 실행 방식을 능동적으로 개선해 나가는 태도를 가진다.

이러한 성장형 실행자는 몇 가지 중요한 특징을 지닌다. 첫째, 실행 전 문제를 단순히 있는 그대로 받아들이지 않고 그 문제의 본질을 재정의하려고 한다. 둘째, 실행 과정에서 나오는 피드백을 표면적으로 흘려보내지 않고 내면화하여 스스로의 성장 재료로 활용한다. 셋째, 실행 후 회고를 주도하며, 단순한 감상에 그치지 않고 구체적인 개선안을 도출하여 다시 실험한다. 이러한 사람들은 단기적인 성과를 뛰어넘어, 장기적인 실행력과 적응력을 갖춘 인재로 성장한다.

조직은 성장형 실행자 역량을 새롭게 정의하고 그 기준을 재정립해야 한다. 단순한 결과 중심의 성과지표가 아니라, 실행 과정에서 드러나는 태도와 사고방식, 개선 능력을 포함하는 정성적 기준들이 중심이 되어야 한다. 실행에 임하는 문제 인식 태도, 회고를 통해 학습을 도출하는 능력, 피드백을 수용하고 이를 구체적인 실행 변경으로 연결하는 감수성, 그리고 실행 개선을 스스로 주도할 수 있는 자기조정 능력 등이 포함된다.

　　　　2부 — AI 시대, 우리만의 조직문화 만들기

이러한 성장형 실행자 역량을 측정하고 강화하기 위해서는 실행 데이터를 기반으로 한 정교한 성장 설계가 필요하다. 예를 들어, 구성원이 수행한 실행의 횟수, 각 실행 후 남긴 회고의 깊이와 빈도, 외부나 팀원으로부터 받은 피드백의 반영률, 실행 개선까지 도달한 비율 등은 중요한 성장지표가 될 수 있다. 이런 데이터를 단순한 기록이 아니라 성장의 좌표로 시각화하고, 구성원 스스로가 자신의 성장 경로를 이해할 수 있도록 돕는 피드백 시스템이 필요하다.

또한, 이러한 성장형 실행자 역량을 언어화하고 시각화하는 체계 설계도 중요하다. 조직이 인재에게 기대하는 실행 역량을 구체적인 행동 언어로 정리하고, 각 역량 수준을 어떻게 구분할 수 있는지 명확히 하는 매트릭스가 필요하다. 예를 들어, '실행 태도'라는 항목은 "문제 지시를 그대로 따름", "문제 재정의를 시도함", "팀의 관점을 반영해 문제를 재구성함"과 같은 세부 행동으로 나눌 수 있다. 이런 정교한 구조는 구성원이 자신의 위치를 이해하고 다음 단계를 목표로 삼는 데 도움을 준다.

성장형 실행자로서의 성장을 촉진하기 위하여, 조직은 단순한 성과 중심 보상체계를 넘어 실행 과정을 인정하고 성장 잠재력을 평가하는 조직문화적 토양이 함께 조성되어야 한다. 실행 중 나타난 성찰과 개선을 높이 평가하고, 반복되는 회고 루틴을 통해 학습을 공유하는 조직 분위기가 필요하다.

특히 리더는 구성원의 실행 과정을 면밀히 관찰하고, 그 속에서 드러나는 학습의 움직임을 감지하며, 구성원이 자신의 실행 루프를 스스로 강화할 수 있도록 돕는 존재여야 한다. 평가 시점에만 관심을 갖는 리더가 아니라, 실행의 흐름을 함께 호흡하며 피드백을 설계하는 실행 코치로서의 리더십이 역할이 필요하다.

궁극적으로 실행은 단순한 업무 수행을 넘어, 구성원이 성장하는 플랫폼이 되어야 한다. 이는 단순히 일의 결과를 내는 것이 아니라, 그 과정에서 태도와 역량, 문제 해결력과 학습 태도까지 드러나는 매우 풍부한 성장의 장이기 때문이다. 실행은 구성원이 스스로를 점검하고, 반복적 시행착오 속에서 자신만의 문제 해결 방식을 다듬어가는 성장의 경험 그 자체이다.

누가 더 많이 알고 있는가가 아니라, 누가 더 자주 실행하고, 회고하며, 변화시켜 나가는가에 주목해야 한다. 이 새로운 기준은 조직의 모든 운영 방식(채용, 육성, 평가, 보상, 등) 자체에 반영되어야 한다.

AI 기반 맞춤형 성장 구조

AI는 더 이상 단순한 학습의 대상이 아니다. 오늘날의 조직에서 AI는 '성장의 동반자'로 기능해야 한다. 특히 실행 기반 성장을 추구하는 조직에게 AI는 새로운 성장 설계를 위한 가장 강력한 파트너다. 단지 정보를 찾고 도구를 사용하는 수준을 넘어서, AI는 구

　　　　2부 — AI 시대, 우리만의 조직문화 만들기

성원의 실행 데이터를 분석하고, 실행 패턴을 파악하며, 개인 맞춤형 피드백을 제공하고, 그에 따라 실행 루프를 반복적으로 정교화하는 역할을 수행할 수 있다.

조직은 AI를 활용하여 구성원 한 명 한 명의 실행 루프를 실시간으로 추적하고, 그 흐름 속에서 어떤 피드백이 필요한지, 어떤 실행 단계에서 병목이 생기는지를 진단할 수 있다. 예를 들어, 반복적인 문제 정의 실패, 실행 이후 회고 생략, 피드백 반영의 부재 등은 AI 분석을 통해 빠르게 파악되고, 그에 맞는 개입 포인트를 제안할 수 있다. 이는 기존의 '한 사람 한 사람의 실행을 관리자가 모두 추적'하는 방식보다 훨씬 더 지속가능하고, 정교하며, 공정하다.

특히 AI는 개인의 실행 패턴을 기반으로 성장 경로를 시각화할 수 있다. 누구는 실행 빈도는 높지만 회고가 부족하고, 누구는 회고는 잘하지만 실행 속도가 느리다. 또 어떤 구성원은 피드백을 꾸준히 반영하면서도 실행 간격이 지나치게 길어 루프의 민첩성이 떨어질 수 있다. 이러한 개별 특성을 데이터 기반으로 시각화하면, 구성원은 자신의 실행 루프를 스스로 점검하고, 자기주도적 성장 과제를 설계할 수 있는 통찰을 얻게 된다.

조직 차원에서도 AI는 구성원의 실행 데이터를 분석하여 팀 또는 직무별 성장 패턴을 도출할 수 있다. 예컨대 특정 팀은 실행 품질은 높지만 회고와 공유가 부족한 경우, AI는 이 팀에 '공유 기반 성장 루틴'을 제안할 수 있다. 또 특정 직무에서는 문제 정의 능력이 실행 성과에 더 큰 영향을 주는 것이 드러난다면, 해당 역량을 집중 강화하는 실행 과제를 설계할 수 있다. 이런 방식으로 AI는 개별 실행 루프를 넘어, 조직 전체의 성장 전략 수립에도 중요한 통찰을 제공한다.

AI 기반 맞춤형 성장 구조의 핵심은 "실행 분석 → 개인화된 피드백 생성 → 실행 개선 제안 → 실행" 루프의 반복에 있다. 이 루프가 잘 작동할 때, 구성원은 자신이 무엇을 잘했고, 무엇을 반복하고 있으며, 어떤 점을 개선해야 하는지를 실시간으로 인지할 수 있다. 성장의 감각은 모호한 기대가 아니라 구체적인 데이터 기반의 움직임으로 전환된다. 더 나아가 이러한 루프는 단기적인 성과 개선을 넘어, 장기적으로 자기주도적 성장 습관을 정착시키는 토대가 된다.

이 뿐만 아니라 AI는 구성원이 학습의 흐름에서 길을 잃지 않도록 '경로 관리자'로도 기능할 수 있다. 실행 중 생성된 로그, 회고 텍스트, 피드백 반영 이력 등을 분석하여 AI는 구성원이 다음에 어떤 실행을 시도해야 할지, 어떤 질문을 던져야 할지, 어떤 자료를 탐색해야 할지를 제안할 수 있다. 이를 통해 단지 실행 결과에 머무르지 않고, 실행의 맥락 속에서 성장을 유도하는 '학습의 실시간 가이드'가 가능해진다.

또한 AI는 구성원에게 지금 시점에서 필요한 학습자료를 제안하거나, 유사한 실행을 한 다른 구성원의 회고를 연결해주는 방식으로 '학습의 연결자' 역할도 할 수 있다. 이는 학습의 단절을 막

    2부 — AI 시대, 우리만의 조직문화 만들기

고, 실행의 맥락 속에서 배우는 학습문화가 지속되도록 돕는다. 나아가 조직 전체에 걸쳐 실행 인사이트를 축적하고 재활용할 수 있는 '실행 기반 집단지성'을 구축하는 기반이 되기도 한다.

궁극적으로 AI는 '사람을 대체하는 기술'이 아니라, '사람의 실행과 성장을 가속화하는 파트너'로 조직에 자리 잡아야 한다. 구성원의 실행 데이터는 성장을 위한 자산이며, AI는 이 자산을 해석하고 설계하며 반영할 수 있는 강력한 보조자다. AI를 통해 우리는 구성원의 실행 루프를 더 섬세하게 이해하고, 더 민첩하게 성장 루프를 설계할 수 있다. 이는 단지 기술적 효율성의 문제가 아니라, 실행과 학습을 통합하고 성장의 구조를 혁신하는 조직문화적인 변화이다.

성장 환경 조성

실행이 곧 성장인 시대, 실행의 흐름 속에서 배움과 개선을 만들어내기 위해서는 '환경 설계'가 핵심 과제가 된다. 특히 실행 후 즉각적인 피드백과 회고, 그리고 그것을 성장으로 전환시키는 구조가 일상화될 때, 구성원은 더 이상 교육의 기회를 기다릴 필요 없이 매 실행에서 학습을 경험할 수 있다. 실행은 단절된 사건이 아니라, 회고와 피드백을 통해 끊임없이 이어지는 과정이 되어야 한다.

이러한 성장 환경의 중심에는 피드백 루틴이 있다. 매 실행 후 피드백을 받고, 그 피드백을 기반으로 자신을 점검하며, 다음 실행에서 그 내용을 반영하는 흐름, 이 루프가 멈추지 않아야 한다. 피드백은 단지 평가나 조언이 아니라, 성장을 위한 실질적인 재료이다. 피드백의 품질이 곧 성장의 깊이를 결정짓는다. 따라서 조직은 실행 피드백 기반의 개인 역량 개발을 구조적으로 지원해야 한다. 특히 피드백은 '실행에 개입한 사람'으로부터 제공될 때 가장 설득력 있고 효과적이다.

이러한 피드백 루프를 더욱 정교하게 작동시키기 위해, 멘토링과 코칭 역시 새로운 방식으로 재설계되어야 한다. 과거의 멘토링은 주로 '지식이 많은 선배가 조언을 주는' 구조였다면, 이제는 '실행의 맥락을 아는 사람'이 피드백을 제공해야 한다. 가장 좋은 멘토는 가장 많이 실패해보고, 가장 많이 회고해본 동료다. 실행의 복잡성과 맥락을 공유할 수 있는 동료 중심 멘토링은 보다 실제적이고 타당한 조언을 제공할 수 있다. 그들은 교과서적인 해법이 아닌, 현장에서 벌어지는 실제 문제 해결 과정에 기반한 피드백을 제공할 수 있다.

또한 '피어 코칭'은 실행을 학습의 장으로 바꾸는 매우 효과적인 방식이다. 동료 간 실행 리뷰와 회고를 통해 서로의 실행을 조망하고, 감정이 아닌 구조적 피드백을 주고받는 조직정서는 상호 학습을 가능하게 한다. 피어 코칭은 상하관계를 넘어서 수평적 학습 문화를 촉진하고, 실행을 고립된 개인의 일이 아니라 집단의

　　　　　2부 — AI 시대, 우리만의 조직문화 만들기

성장 자산으로 전환시킨다. 실행 후 동료와 회고를 나누는 10분의 시간이, 강의실에서 1시간 배우는 것보다 더 깊은 통찰을 줄 수 있다. 피어 코칭은 조직 전체의 '실행 문해력'을 끌어올리는 촉진제이기도 하다.

이러한 흐름은 '실행 공동체'로 확장될 수 있다. 동일한 문제를 해결하거나, 유사한 실행 패턴을 가진 사람들이 모여 실행 경험을 공유하고 피드백을 교환하는 집단은 조직 내에 살아있는 학습 생태계를 만들어낸다. 이 공동체는 단순한 지식의 교환을 넘어서, 실행 과정에서 겪는 실제적 어려움, 판단의 기준, 실패의 교훈 등을 서로 나눌 수 있는 안전한 공간이다. 구성원들은 여기서 자신의 실행을 객관적으로 바라보게 되고, 타인의 회고를 통해 자기 성장의 아이디어를 얻게 된다. 실행 공동체는 '실행하는 사람들'이 주도적으로 학습을 만들어가는 조직의 또 다른 학습 플랫폼이 될 수 있다.

리더의 역할 또한 이 구조 속에서 새롭게 정의된다. 리더는 더 이상 실행을 지시하거나 성장 기회를 일방적으로 제공하는 존재가 아니다. 오히려 실행과 피드백, 학습을 연결하는 루프를 설계하고, 구성원이 그 안에서 자율적으로 성장할 수 있도록 환경을 조성하는 설계자이자 촉진자다. 좋은 리더는 정답을 제시하지 않고, 좋은 실행 질문을 던지고, 회고를 이끌고, 동료 간 피드백이 흐를 수 있도록 분위기를 만드는 사람이다. 실행 공동체의 리더는 '지시자'가 아니라, '대화와 질문을 설계하는 사람'이다.

결국 실행을 통한 성장은 사람의 의지만으로 만들어지지 않는다. 그것은 환경의 문제이고, 설계의 결과다. 피드백이 일상이고, 회고가 습관이며, 동료가 성장의 멘토이자 코치가 되어주는 환경 속에서, 실행은 더 이상 업무 수행이 아니라 '성장 그 자체'가 된다. 조직은 이제 구성원에게 '성장하라'고 요구할 것이 아니라, 성장이 일어날 수밖에 없는 환경을 먼저 제공해야 한다.

성장 과제 설계

진정한 성장은 단순히 경험의 양으로 측정되지 않는다. 오히려 실행의 질, 실행을 둘러싼 피드백의 밀도와 회고의 습관, 그리고 반복 가능한 학습 루프의 존재 여부가 성장의 본질을 결정한다. 특히 AI 시대의 빠른 변화 속에서, 실행의 맥락은 고정되지 않으며, 새로운 문제 해결 경험 자체가 역량 개발의 중심이 되고 있다. 따라서 조직이 구성원의 성장을 돕고자 한다면, 단순히 많은 일을 주거나 결과를 요구하는 방식이 아니라, 의도적이고 반복 가능한 도전과 실험의 환경을 제공해야 한다.

이를 위해 성장경험을 위한 의도적 과제를 설계를 할 수 있다. 이러한 성장 과제는 성공 가능성을 기준으로 설계되는 것이 아니라, 학습의 잠재력과 성장 자극 가능성을 중심으로 만들어져야 한다. 다시 말해, 예측 가능한 결과를 보장하는 과제가 아니라, 실행

　　　　　　　2부 — AI 시대, 우리만의 조직문화 만들기

과정에서 더 많이 배우고 탐색해볼 수 있는 여지를 포함한 과제가 중요하다. 특히 '완성형 과제'보다는 '탐색형 과제', '지시된 과제'보다는 '자기 설계형 과제'가 구성원에게 더 많은 사고의 여지와 실행 실험의 기회를 제공한다. 성장 과제란 성과 도출의 틀이 아니라, 학습과 실행의 실험장이어야 한다.

이러한 성장 과제 설계를 위해, 반복과 실험이 가능한 작은 과제를 다수 제공하는 접근을 시도해 볼수 있다. 다시 말하면, 빠른 실행 루프, 높은 몰입, 낮은 실패 리스크의 과제들을 구성원들에게 제공하는 것이다. 구성원은 이러한 과제를 통해 반복적으로 실행-회고-피드백을 경험하게 되며, 각 루프가 축적되면서 실행 품질과 학습 민감도가 점진적으로 고도화된다. 이 과정에서 실행 감각과 판단 기준이 정교해지고, 구성원은 자율적 성장을 주도할 수 있는 역량을 내면화하게 된다.

또한 개인의 실행 루프 성숙도에 따라 과제의 난이도와 협업 복잡도를 조정할 수 있다. 예를 들어, 실행 루프 초입 단계의 구성원은 명확한 기준과 결과가 있는 단일 실행 과제를 수행하도록 하고, 중급자에게는 다양한 이해관계자와 협업하며 실험적 실행을 반복하는 과제를, 상급자에게는 문제 정의부터 전략 수립, 실행 시나리오 설계까지 포괄하는 복합적 과제를 부여할 수 있다. 이런 방식은 구성원의 현재 성장 단계에 맞춰 부담과 도전 수준을 정교하게 조율할 수 있는 유연한 성장 촉진 장치가 된다.

이러한 과제 설계에서 가장 중요한 것은 도전성과 학습 기회의

균형이다. 도전이 지나치게 크면 회피하게 되고, 너무 작으면 성장 자극이 없다. 따라서 과제에는 의도된 실험 가능성과 피드백 요소가 반드시 포함되어야 한다. 예를 들어 "이번 과제에서 당신이 기존과 다르게 시도해보고 싶은 점은 무엇인가요?", "어떤 방식으로 이 과제를 회고할 계획인가요?"와 같은 질문을 과제 설계에 포함시키는 것만으로도, 구성원은 단순한 수행자가 아닌, 실행 설계자이자 학습 주체로 변화한다.

이러한 성장 과제는 AI 기반 분석 도구와도 결합할 수 있다. 구성원의 실행 로그, 회고 텍스트, 피드백 반영 이력 등을 기반으로 '실행 반복률이 낮은 영역', '문제 정의 오류가 잦은 유형', '협업 과정에서 어려움이 빈번한 과제 형태' 등을 자동 파악하고, 해당 특성에 적합한 도전 과제를 자동 추천하는 방식이다. 이는 실행 중심 학습 설계가 정태적인 연간 계획이 아니라, 실시간으로 조정되고 진화하는 개인화된 성장 경로 설계로 전환될 수 있음을 보여준다.

나아가, 성장 과제는 실행 공동체나 팀 단위로도 설계될 수 있다. 동일한 문제를 함께 풀고 다양한 실행 시도를 교차 검토하며, 회고를 집단 지성으로 전환하는 구조는 한 개인의 성장만이 아니라 팀 전체의 실행 학습 문화를 촉진한다. 특히 복잡한 협업 과제일수록 '누가 무엇을 했는가'보다 '우리가 어떻게 배웠는가'를 중심에 두는 과제 설계가 필요하다. 이러한 설계는 단지 실행력을 높이는 데 그치지 않고, 학습을 중심에 둔 실행문화를 만들어낸다.

성장은 안정적 반복이 아닌, 통제 불가능한 실행의 경험을 통해 만들어진다. 조직은 구성원이 안전하게 실험하고 반복할 수 있는 환경을 마련해야 하며, 이 환경은 단순한 업무 분장이 아닌, 성장을 전제로 한 학습 설계로 접근되어야 한다. 잘 설계된 성장 과제는 실적 중심의 요구가 아니라, 실행을 통해 사고하고 배우고 전환하는 구조화된 경험을 제공한다. 구성원이 과제를 통해 자신만의 실행 루프를 발견하고, 회고를 통해 성찰하고, 다시 실행하며 학습을 축적해가는 과정, 이것이 곧 진짜 성장의 흐름이다. 결국 도전과 실험이 성장을 만든다.

성장 경로 중심의 경력 설계

전통적인 경력 설계는 주로 '직무'와 '연차', '승진 단계'를 중심으로 계층화된 경로를 제시해왔다. 그러나 AI 시대의 변화 속도와 문제의 불확실성이 커지는 오늘날, 이러한 경로는 구성원의 진짜 성장을 반영하기 어렵다. 이제는 직무가 아니라 실행의 루프, 연차가 아니라 실행을 통해 축적된 학습과 회고의 깊이가 경력의 기준이 되어야 한다. 경력를 설계하는 패러다임 자체가 '경력경로Career Path'에서 '성장 경로Growth Path'로 전환되어야 한다.

성장 경로 중심의 경력 설계란, 구성원이 어떤 실행을 반복하며 성장해왔는지, 실패에서 어떤 학습을 조직화했는지를 중심 질문으로 삼는 설계다. 예를 들어 "이 구성원은 어떤 실행 루프를 몇 번 완성했는가?", "실패로부터 어떤 회고를 통해 개선안을 도출했는 가?", "타인에게 그 학습을 어떻게 전파했는가?" 등의 질문이 경력 판단의 기준이 되는 것이다. 이러한 질문들은 단순한 성과지표를 넘어, 구성원이 실행과 학습을 얼마나 일상화했는지를 평가하는 새로운 잣대가 된다. 이런 경력 설계는 단절된 역할 이동이 아닌, 연결된 실행 여정으로서의 경력을 추적하고 해석한다.

이러한 구조에서 '역할'은 더 이상 고정된 틀이 아니다. 구성원 은 특정 직무를 반복 수행한 이력이 아니라, 실행의 복잡성을 다 루는 방식, 피드백을 내면화하는 깊이, 회고를 통한 문제 재정의 역량 등으로 자신을 증명한다. 결과적으로 '직책의 무게'보다 '실 행을 통해 조직에 어떤 영향을 주었는가'가 중심이 된다. 이러한 관점은 특히 변화가 빈번한 프로젝트 중심 조직이나 AI 기반 협업 환경에서 더욱 실효성을 발휘한다.

조직은 구성원의 실행 루프 수준을 기반으로 계단형 성장 구조 를 설계할 수 있다. 예를 들어, 반복 과제를 통해 실행 기반을 다지 는 단계, 피드백과 회고를 통해 실행 품질을 고도화하는 단계, 그 리고 타인을 성장시키는 실행 코칭 단계 등으로 나눌 수 있다. 이 계단은 연차와 관계없이 누구나 실행 역량을 통해 넘나들 수 있으 며, 그 자체로 구성원의 경력 그리드가 된다. 이러한 구조는 수직 적 승진이 아닌, 실행 경험의 폭과 깊이에 따라 입체적으로 경력 을 설계할 수 있도록 한다.

　　　　　2부 — AI 시대, 우리만의 조직문화 만들기

이런 성장 중심 경력 설계를 위해서는 실행 기반 성장 기록을 공식화해야 한다. 구성원이 경험한 실행, 시도한 실험, 회고의 결과, 그리고 피드백 수용과 전환의 과정을 언어화하고 시각화하는 체계가 필요하다. 이를 위해 실행 포트폴리오, 회고 일지, 피드백 리포트 등이 중요한 도구로 활용될 수 있다. 실행 포트폴리오는 구성원이 수행한 과업의 맥락, 시도한 방식, 실행 중 판단 기준, 회고 결과, 피드백 수용 내역 등을 종합적으로 기록한 실행 중심 성장 이력서라고 할 수 있다. 단순한 프로젝트 나열이 아닌 '성장형 실행자의 서사 구조'를 담는 방식으로, 구성원이 어떤 방식으로 문제를 정의했고, 무엇을 배웠으며, 다음 실행에 어떻게 반영했는지를 보여주는 핵심 문서가 된다.

특히, 최근에는 이를 자동화하고 분석하는 AI 기반 경력 매핑 시스템이 실험적으로 도입되고 있다. 예를 들어, 구성원의 실행 로그, 협업 히스토리, 회고 텍스트, 피드백 반영률 등의 데이터를 바탕으로 각 구성원이 반복적으로 보여주는 실행 패턴을 추출하고, 이 데이터를 활용해 '성장 경로 지도'를 시각화하는 방식이다. 이 방식은 경력이라는 개념을 정적인 연혁이 아닌, 실행의 궤적과 학습 진화의 흐름으로 재정의한다.

한 예로, IBM은 'Watson Career Coach'라는 AI 기반 경력 코칭 시스템을 운영하여, 구성원의 실행 기록과 학습 데이터를 분석해 개인화된 커리어 시나리오를 제안하고, 회고 기반 성장 루프를 지원하고 있다. 이는 단지 도구의 변화가 아니라, '누가 더 자주 실행

하고, 더 많이 학습하고, 더 넓게 전파했는가'를 중심에 두는 조직
문화적 전환을 의미한다. 즉, 회고의 언어가 곧 경력의 언어가 되
고, 실행의 흐름이 곧 경력의 맥락이 되는 것이다. 또한 AI 도구를
활용해 이러한 실행 데이터를 정량화하고, 반복 패턴을 분석하여
성장 경로를 설계하는 방향도 고려해볼 수 있다.

조직문화 역시 이에 맞춰 변화해야 한다. 단절되지 않는 실행의
흐름, 공유되는 학습의 언어, 성찰을 촉진하는 제도는 모두 실행
기반 성장 경로를 뒷받침하는 조직문화적 요소다. 이를 위해 조직
은 경력 관리의 기준을 연차나 직위가 아닌, 실행과 학습의 밀도
로 재정의해야 한다. 경력은 더 이상 승진 그래프가 아니라, 학습
루프의 궤적이며, 실행자가 쌓아가는 자기 변화의 지도다.

결국 실행 속에서 배움이 일어나고, 배움을 통해 실행이 정교화
되는 루프가 경력의 중심이 될 때, 조직은 지속 가능한 성장 문화
를 갖출 수 있다. 이는 구성원이 '역할을 넘어서 어떤 실행자였는
가'를 중심에 두고 경력을 재정의하는 조직문화로의 전환이다. 또
한, 단지 인사제도의 변화가 아니라, 구성원의 실행을 존중하고 그
안에서 배움을 발견하는 새로운 관점의 전환이기도 하다.

　　　　　　　　　2부 — AI 시대, 우리만의 조직문화 만들기

9장

조직구조:
문제 중심 실행구조로의 전환하라

실행의 흐름을 담는 조직구조

조직구조는 오랫동안 '기능의 구분'과 '역할의 분배'를 중심으로 설계되어 왔다. 마케팅팀은 마케팅을, 인사팀은 인사를, 개발팀은 개발을 전담하는 구조. 여기에 계층적 보고 체계가 얹어지고, 직책에 따라 책임과 권한이 위에서 아래로 흘러가는 전통적인 조직구조는 산업화 시대의 효율성과 대량처리를 위해 최적화된 모델이었다. 하지만 오늘날의 조직이 직면한 과제는 더 이상 이 구조로는 풀 수 없는 복잡성과 불확실성을 동반하고 있다.

전통적인 조직구조의 가장 큰 한계는 실행의 흐름을 끊는다는 점이다. 하나의 문제를 해결하려면 여러 팀의 협력이 필수지만, 실제 현실은 다르다. 각 팀은 자신들의 KPI와 이해관계에 따라 움직이고, 경계를 넘어서는 협업은 번거로운 일이 되기 쉽다. 이로 인해 실행은 단절되고, 책임은 모호해지며, 결정은 늦어진다. "우리는 이 일의 주체가 아니다", "이건 저 팀의 문제다"라는 말은 실행이 정지되는 대표적인 시그널이다. 직책 중심 구조 역시 판단의 병목을 만든다. 실행을 위해 리더의 승인을 기다리고, 의사결정이 상위로 올라갔다가 다시 내려오는 시간 동안 문제는 이미 변하거나 악화된다. 결국 실행이 지연되고 기회는 사라진다.

AI 기반 협업 환경에서는 이 문제는 더욱 두드러진다. AI는 실시간으로 실행 대안을 제시하고, 반복 업무를 자동화하며, 데이터 기반 인사이트를 빠르게 제공한다. 하지만 정작 인간의 판단이 지연되면, 이 빠른 실행 가능성은 무의미해진다. AI가 제시한 실행 방안을 앞에놓고 "이건 위에서 승인 받아야 해", "누구 책임인지 정해져야 시작할 수 있어"라고 말하는 조직은, 도구의 속도를 조직이 따라가지 못하는 전형적인 사례다. AI는 협업과 실행을 가속하지만, 위계적인 조직구조는 이를 정지시키는 장애물로 작용한다.

더 이상 조직구조는 단지 사람을 어떻게 나눌 것인가의 문제가 아니다. 그것은 실행이 어떻게 흐를 것인가를 설계하는 일이 되어야 한다. 실행이 빠르게 반복되고, 피드백과 학습이 일상화되는 조직구조, 다시 말하면 빠른 실행과 협업, 문제 중심으로 유연하게 연결하는 조직구조로의 전환이 필요하다.

조직구조는 더 이상 '전략을 따르는 구조'가 아니라, '실행을 따르는 구조'여야 한다. 이는 실행이 실제로 이루어지는 방식, 즉 문제 인식에서 실행, 피드백, 개선에 이르는 전 과정이 조직구조의 설계 원리가 되어야 함을 의미한다. 전략은 종종 선언되고 멈추지만, 실행은 살아 움직이는 흐름이다. 이제 조직의 성패는 실행이 끊기지 않고 순환되는 구조에 달려 있으며, 구조는 그 흐름이 막힘없이 연결되도록 설계되어야 한다.

또한 조직구조는 '누가 위에 있느냐'를 보여주는 위계도가 아니라, '누가 문제를 해결할 수 있느냐'를 중심으로 설계되어야 한다. 구성원 개개인의 직책이 아니라, 실행할 수 있는 능력과 협업할 수 있는 감각이 구조 설계의 기준이 되어야 한다. 다시 말해, 조직구조는 더 이상 상위 전략을 담는 그릇이 아니라, 실행이 흘러갈 수 있도록 통로를 설계하는 기반이 되어야 한다.

이러한 관점에서 보면, 조직구조는 실행과 학습의 루프를 내포해야 한다. 단발적인 프로젝트 성공이 아니라, 반복 가능한 문제 해결과 개선의 흐름이 이어질 수 있는 구조, 피드백이 오가는 연결선, 실행의 책임이 명확히 분산된 유기적인 구성, 자율적으로 판단하고 실험할 수 있는 공간이 살아있는 구조가 되어야 한다. 고정된 틀이 아니라, 실행의 흐름을 담는 유동적 설계여야 한다.

"우리는 이 문제를 어떻게 해결하고 있는가?", "이 실행은 어디서부터 끊기고 있는가?", "누가 실행을 결정하고, 누가 책임지는가?" 이러한 질문을 따라가다 보면, 우리가 가진 구조가 얼마나 실행과 무관한지를 깨닫게 된다. 결국 조직구조란 실행의 흐름을 따라 진화하는 시스템이어야 하며, 실행이 흐르지 않는 조직구조는 존재가치를 잃게 된다. 구조 전환은 단지 조직도를 바꾸는 일이 아니라, 실행을 다시 설계하는 일이다.

문제 해결자 중심의 설계

기존의 조직은 오랜 시간 동안 '역할 배분'을 중심으로 설계되어 왔다. 즉, 사람들에게 기능적 역할을 지정하고, 그 역할에 따라 책임을 분산시켜 효율을 높이고자 했다. 이러한 구조는 정적인 환경에서는 일정한 성과를 내기에 적합했다. 그러나 오늘날처럼 변화의 속도가 빠르고, 문제의 유형이 복잡하고, 협업이 빈번하게 요구되는 환경에서는 오히려 실행의 지연과 책임 회피, 그리고 협업 단절이라는 부작용을 일으키기 쉽다.

무엇보다 중요한 변화는 '역할을 수행하는가'가 아니라, '문제를 해결할 수 있는가'로 중심 질문이 전환되고 있다는 점이다. 이에 따라 조직은 이제 더 이상 '역할 수행자'를 기준으로 사람을 배치하는 것이 아니라, '문제 해결자'를 중심으로 조직구조를 재설계해야 한다. 이때 문제 해결자는 단순히 일을 잘하는 사람이 아니라, 문제를 정의하고, 실행하고, 회고하는 전 과정을 리드할 수 있는 실행의 주체를 뜻한다.

문제 해결자 중심 조직구조의 핵심은 하나의 실행 단위가 문제 정의, 실행 설계, 실행 수행, 피드백과 회고까지를 일관되게 책임

　　　2부 —— AI 시대, 우리만의 조직문화 만들기

지는 구조에 있다. 이러한 일련의 루프가 하나의 통합된 단위로 작동함으로로써, 실행의 속도와 품질, 그리고 학습의 일관성이 높아진다. 이 구조는 고정된 부서나 팀 구조로는 구현되기 어렵다. 따라서 조직은 이제 고정된 조직 단위에서 탈피하여 스쿼드Squad, 미션 유닛Mission Unit, PODProblem-Oriented Delivery Unit 등과 같은 소규모 실행 단위 중심으로 재편되어야 한다. 이들은 특정 문제를 중심으로 임시적으로 구성되고, 문제의 생애주기가 끝나면 해체되거나 새로운 문제에 맞춰 재편되는 유동적 구조다.

이러한 실행 단위는 책임과 권한이 명확해야 효과를 발휘할 수 있다. 한예로, AORArea of Responsibility과 같은 개념을 활용하여 각 개인과 단위조직의 책임과 권한을 명확히 할 수 있다. 단순한 역할을 구분하는 것이 아니라, 이 영역 내에서는 누가 실행을 책임지고 판단할 수 있는지를 명시한다. 각 실행 유닛에는 실행 책임자Execution Owner를 중심으로, 문제 리더Problem Leader, 피드백 큐레이터Feedback Curator, 실행 설계자Execution Designer 등 핵심 루프를 담당하는 역할들이 존재한다. 이들은 고정된 직책이 아닌, 문제의 맥락에 따라 유기적으로 배치되며, 구성원의 실행력과 협업 역량을 기반으로 설정된다.

또한 문제 해결자 중심 조직구조는 단지 실행만을 위한 것이 아니라 학습과 성장을 내포한 구조이다. 실행 이후 반드시 회고와 피드백 과정을 통해 학습을 구조화하고, 그 내용을 다음 문제 해결에 반영할 수 있도록 설계되어야 한다. 이렇게 해야만 실행은 반복될수록 정교해지고, 조직 전체가 점진적으로 역량을 축적할 수 있다.

이 조직구조의 또 다른 특징은 유연성과 민첩성에 있다. 문제의 성격, 긴급도, 실행 가능성에 따라 구성원들이 빠르게 새롭게 묶이고 해체될 수 있어야 한다. 이는 구성원의 배치가 더 이상 조직표에 고정된 상태가 아닌, 문제 단위로 배치되고 운영되는 새로운 조직문화를 요구한다. 문제의 생애주기를 중심으로 조직이 스스로를 끊임없이 재조직할 수 있어야 하며, 이는 곧 실행이 살아있는 조직이라는 뜻이기도 하다.

다시 말하면, 문제 해결자 중심 구조는 단지 조직도 상의 변경이 아니라, 조직이 문제를 바라보고 대응하는 방식 자체의 전환이다. 첫째, 문제를 중심으로 팀이 구성되고, 둘째, 실행의 전 과정에 대한 책임과 권한이 명확히 주어지며, 셋째, 실행 후 피드백과 회고가 학습의 루프로 내재화된다. 넷째, 이러한 루프는 반복되며 조직 전체의 실행 능력을 고도화한다. 마지막으로, 모든 구성원이 단순한 역할 수행자가 아니라 문제 해결자로서 자율성과 책임을 지닌 실행 주체가 되어야 한다.

이는 단순히 새로운 팀 운영 방식이 아니라, 조직 전체가 실행을 중심으로 사고하고, 구조화되고, 움직이는 새로운 원리다. 실행 중심 조직구조는 결국 문제 해결의 흐름을 따라 조직이 스스로를 재조직할 수 있는 유기성과 민첩성을 전제로 한다. 문제 해결자 중심 조직구조는 구성원이 '어디에 속해 있는가'보다 '무엇을 해

　　　2부 — AI 시대, 우리만의 조직문화 만들기

결하고 있는가'를 중심으로 작동하며, 이는 곧 실행이 흐르는 조
직구조를 의미한다.

실행 단위 중심의 조직모델

문제를 해결하는 데 최적화된 조직구조는 단순히 사람을 묶어
두는 형태가 아니라, 실행이 이루어지는 단위를 어떻게 설계하고
운영하느냐에 따라 결정된다. 오늘날 민첩하고 유기적인 조직은
프로젝트, 미션, 스프린트 등 실행 단위를 중심으로 조직구조를 재
편하고 있다.

이러한 조직구조의 핵심은 고정된 직무나 소속이 아니라, 실행
단위에 따라 유기적으로 역할이 재조정된다는 데 있다. 구성원은
문제의 유형과 우선순위에 따라 서로 다른 팀으로 이동하며 협업
하게 되며, 이는 구조적 민첩성과 실행 속도를 동시에 확보할 수
있도록 한다. 동시에 조직 기능별 정체성과 전문성을 유지한다. 또
한, 조직 전체에 전략적 정렬을 이뤄내면서도, 각 팀이 실행의 주
도성과 자율성을 잃지 않는다.

이러한 실행 단위 중심 조직으로 대표적인 모델이 기존 조직에
서 익숙한 TFT^{Task Force Team}과 CFT^{Cross-Functional Team}과 유사한 형태인
미션 유닛^{Mission Unit}과 POD^{Product/Problem Oriented Delivery team}등을 생각
해볼 수 있다.

주로 단기적 과제를 해결하기 위해 구성되는 임시조직인 TFT는 특정 이슈나 프로젝트가 발생하면 다양한 부서에서 인력을 차출하여 팀을 구성하고, 과제가 완료되면 해산된다. 집중력이 뛰어나고, 일시적으로 추진력을 발휘할 수 있지만, 결국 정규조직의 한계를 메우는 일시적 수단에 머무른다. 또한 각 기능 부서의 전문가들이 모여 중장기 프로젝트나 제품 개발을 함께 수행하는 협업팀인 CFT도 기능 간 시야를 통합할 수 있고, 부서 간 벽을 허물 수 있다는 장점이 있지만, 현실에서는 실행 권한 부족, 부서 이기주의, 우선순위 충돌 등으로 인해 효과가 제한되기도 한다. 무엇보다도, 이 두 형태 모두가 여전히 정규조직 외부의 보완적 운영 형태라는 점에서, 조직구조 자체를 바꾸지는 않는다.

AI와 디지털 기술이 업무의 속도와 방식 자체를 바꾸면서, 조직은 문제 해결을 단순히 '잘 협업하는 방식'이 아니라, '어떻게 실행 중심의 구조 자체로 전환할 것인가'가 핵심이 된다. 먼저 미션 유닛은 단기 과제 해결을 위한 팀이 아니라, 전략적 목표나 중요한 문제를 중심으로 조직된 실행 단위다. 단순히 기능 간 협업을 하는 것이 아니라, 문제 해결에 필요한 모든 역량이 하나의 단위로 통합되고, 실행 권한이 위임된다. 기존의 팀, 부서 중심 사고에서 벗어나, "이 조직이 지금 당면한 가장 중요한 문제는 무엇인가?", "이 문제를 해결하기 위해 어떤 역량이 함께 작동해야 하는가?"라는 실행관점에서 출발한다. 미션 유닛은 단기 과제가 아니라, 지속적인 임무를 수행할 수 있도록 설계되며, 문제 해결의 중심이나 책임 주체로 기능한다.

이러한 미션 유닛 안에서 POD는 하나의 제품, 고객 문제, 혹은 서비스 개선 포인트를 중심으로 구성된 소규모 자율 실행 팀이다. 각 POD는 마치 작은 스타트업처럼 움직이며, 스스로 문제를 정의하고, 해결책을 설계하고, 고객 피드백을 반영하며, 반복 실행을 통해 결과를 만들어낸다. 중요한 것은 이들이 '실행'을 통해 배우고 개선하며, 그 자체로 학습 가능한 루프 구조를 갖는다는 점이다.

미션유닛과 POD 구조는 기존의 TFT나 CFT와는 본질적으로 다르다. TFT가 임시로 문제를 해결하고 해산하는 팀이라면, POD는 지속적으로 문제를 학습하고 해결해나가는 팀이며, CFT가 기능 대표들의 협업이라면, POD는 실행을 위한 자율성과 책임을 갖춘 실제 실행의 주체이다. 그리고 무엇보다, 미션 유닛과 POD는 단순한 협업 방식이 아니라, 조직을 구성하는 기본 단위로 작동한다는 점에서, 근본적인 조직구조적 전환을 의미한다.

AI 업무 환경에서는 특히 이러한 구조가 더욱 중요해지는 이유는 AI가 단순한 도구가 아니라, 문제 해결을 위한 탐색과 실험을 가능케 하는 핵심 파트너라는 사실 때문이다. 미션 유닛과 POD는 AI를 실행 도구로 적극 활용하고, 데이터를 기반으로 빠르게 판단하고 실행할 수 있는 구조적 토대를 제공한다. 조직의 전략과 실행 사이에 생기는 간극을 좁히고, 실행 그 자체에서 학습을 추출해 다시 전략에 반영할 수 있도록 한다.

기존의 TFT와 CFT가 기능 조직의 한계를 보완하기 위한 실험이었다면, 미션 유닛과 POD는 실행과 학습, 그리고 문제 해결을 중심으로 조직 자체를 새롭게 설계하려는 시도이다. 우리는 더 이상 '어떻게 협업할 것인가'만을 고민해서는 안 된다. 이제는 '어떤 문제를 중심으로 조직을 구성하고, 그 문제를 어떻게 실행 가능한 단위로 전환할 것인가'를 고민해야 한다.

권한과 책임의 유기적 분산

조직구조의 전환에서 핵심적으로 다루어야 할 요소 중 하나는 '권한과 책임'의 분산 방식이다. 특히 AI 기반의 업무환경에서는 의사결정의 속도와 유연성이 무엇보다 중요해지고 있으며, 그에 따라 전통적인 상명하달식 조직 구조는 실행의 병목을 유발하는 근본 원인이 되고 있다. 중앙 집중형 의사결정 구조에서는 AI가 실시간으로 제안하는 실행 옵션이 조직 내에서 반영되기까지 시간이 지연되고, 실행은 반복적 승인과 검토 절차에 막혀 흐름을 잃는다.

이러한 실행 지연을 극복하기 위해서는 의사결정과 실행의 권한을 가장 가까운 곳으로 분산시켜야 한다. 실행 현장에 있는 구성원이 직접 판단하고 결정하며, 그에 따른 책임도 명확히 지는 구조, 즉 분산형 의사결정 구조가 필요하다. 이는 단지 의사결정을 위임하는 것이 아니라, 실행이 멈추지 않도록 책임 중심으로 설계된 권한 구조를 의미한다.

이와 함께 중요한 것은 '자율성과 정렬의 균형'이다. 자율성이 지나치면 방향을 잃고, 정렬이 지나치면 속도가 떨어진다. 따라서 각 실행 단위는 실행의 목적과 방향에 대한 정렬 정보를 충분히 공유받으면서도, 실행 수단과 방식에 대해서는 자율적으로 판단할 수 있어야 한다. 이는 권한 위임이 아닌, 책임을 중심으로 설계된 조직구조를 필요로 한다.

대표적인 사례 중 하나가 홀라크라시^{Holacracy}이다. 이 시스템은 구성원을 고정된 직무 단위가 아닌 '역할^{Role}', '책임^{Responsibility}', '도메인^{Domain}'으로 재정의한다. 역할은 무엇을 실행하는지, 책임은 어떤 결과에 책임지는지, 도메인은 어떤 자원과 판단 권한을 보유하는지를 구분하여 설계한다. 이를 통해 각 개인은 명확한 실행 권한과 책임을 동시에 부여받으며, 실행을 빠르고 자율적으로 주도할 수 있다.

실행 단위별 권한 분산을 구체화하기 위한 방법론으로 Delegation Matrix나 RACI 매트릭스와 같은 도구도 유효하다. Delegation Matrix는 실행 단위별로 어떤 의사결정을 누구에게 위임할 수 있는지를 시각적으로 명확히 하는 도구이며, 각 단계에서 리더가 아닌 실행 현장 구성원에게 점진적으로 판단 권한을 부여할 수 있도록 설계된다. 이는 각각의 업무나 과업을 기준으로 1부터 7까지의 단계(예: 1은 '리더가 결정하고 구성원이 수행', 7은 '구성원이 자유롭게 결정하며 리더에게 알림만 전달')로 권한 수준을 나누어, 실행 단위 내에서 어떤 결정이 어느 수준까지 위임될 수 있는지를 정리한다. 이 매트릭스는 팀이 스스로의 권한 수준을 협의하고 명시함으로써 실행 시 불필요한 승인 절차를 줄이고, 신속하고 명확한 판단 구조를 확보할 수 있도록 돕는다.

RACI 매트릭스는 Responsible(실행 담당), Accountable(최종 책임자), Consulted(협의 대상), Informed(정보 공유 대상)을 명확히 분리하여, 누가 실행의 중심에 있고, 누가 정렬과 조율에 참여하는지를 구조적으로 설계할 수 있게 한다. AI 기반 협업 환경에서는 이런 정밀한 책임-권한 설계가 자동화된 흐름과 인간 판단의 교차점을 효과적으로 다루는 기반이 된다.

궁극적으로 권한과 책임의 유기적 분산은, '누가 더 높은 위치에 있는가'가 아니라, '누가 더 문제에 가까이 있고, 실행할 준비가 되어 있는가'를 기준으로 판단과 책임을 설계하는 구조이다. AI가 제공하는 실행 정보와 인간의 판단이 결합될 때, 실행의 품질은 극대화된다. 이 흐름이 막힘없이 순환하기 위해서라도, 실행에 가까운 사람이 결정권과 책임을 함께 지는 구조가 반드시 필요하다.

실행 중심 조직 설계 도구

실행 중심 조직을 구축하기 위해서는 단순한 조직도 개편을 넘

　　　　　2부 — AI 시대, 우리만의 조직문화 만들기

어, 실행이 흐를 수 있는 조직구조를 설계해야 한다. 실행이란 단지 누가 어떤 일을 하느냐가 아니라, 문제가 어떻게 정의되고, 실행이 어떻게 시작되며, 어떤 피드백과 학습으로 이어지는가의 연속적 과정이다. 따라서 조직 설계는 이 흐름이 끊기지 않도록 만들어야 하며, 핵심은 '실행을 가장 잘 아는 사람이 판단할 수 있도록 설계된 흐름 기반 구조'이다. 실행의 중심에 가까운 사람이 신속하게 판단하고 조정할 수 있도록 권한이 분산되어야 하며, 이를 뒷받침할 수 있는 구조적 장치와 도구가 필요하다.

첫째, 흐름 기반 의사결정 구조를 설계해야 한다. 이는 가장 가까운 실행자가 판단할 수 있도록 의사결정 권한을 재배치하는 방식이다. 단순히 하향식 보고와 상향식 승인으로 이루어진 기존 루틴은 실행 속도를 저하시킬 뿐 아니라, 책임 소재를 흐리게 만든다. 이를 방지하기 위해서는 컨텍스트 공유 기반 정렬 루틴, 즉 문제의 배경과 목적이 공유되는 구조가 필요하다. 정기적인 '실행 정렬 미팅', 실행 컨텍스트 캔버스 공유, 실행 배경의 시각화 등이 함께 작동할 때, 실행자는 단절 없이 판단하고 움직일 수 있다.

둘째, 실행 흐름을 방해하지 않는 경계 설계가 필요하다. 이는 부서 간 장벽을 없애는 것을 넘어, 실행의 연결성을 유지하기 위한 정보 흐름과 권한 흐름을 설계하는 것이다. 예를 들어, 부서 간 협업을 위한 실행 보드, 자동화된 실행 현황 시각화 대시보드, 실행 결정 로그 공유 시스템 등이 유용하다. 승인이 필요한 경우라도, 실행 중심 조직은 그것을 '실행에 대한 검토'가 아닌 '실행을 위한 정보 정렬'의 일환으로 다룬다. 승인 횟수의 최소화, 책임 단위 명확화, 공유 채널 자동화가 핵심이다.

셋째, 리더십과 프로세스의 정렬이 이뤄져야 한다. 실행 중심 구조에서는 전통적인 통제형 리더가 아니라, 실행 코치형 리더십이 작동해야 한다. 이들은 실행 단위를 연결하고, 장애물을 제거하며, 실행 흐름이 지속될 수 있도록 상황을 조율한다. 방향을 제시하는 리더가 아니라, 실행을 촉진하는 리더, 구조를 설계하는 리더가 되어야 한다. 이는 곧 리더의 역할이 '결정자'에서 '실행 설계자'로 전환되어야 함을 의미한다.

이러한 실행 중심의 구조 설계를 구체화하는 데 다음의 도구들을 활용하면 도움이 된다.

먼저 Execution Mapping Canvas이다. 이것은 실행 흐름 기반으로 구조를 시각화하고 병목과 연결을 진단하는 데 사용되는 핵심 도구다. 이 캔버스는 조직의 주요 실행 흐름을 중심으로 '문제가 어디서 발생하고 있는가', '실행이 어디에서 끊기고 있는가'를 가시화한다. 특히 문제 정의 → 실행 설계 → 실행 → 피드백의 루프를 따라 각 단계의 책임자, 정보 흐름, 결정 지점, 협업 경로를 하나의 흐름으로 연결하여 드러낸다. 예를 들어, 마케팅 실행 흐름에서 기획팀이 작성한 캠페인 브리프가 어떤 경로로 실행팀에 전달되며, 그 실행이 어떤 지점에서 정체되었는지를 구조화된 캔버스로 분석할 수 있다. 조직은 이를 통해 병목 지점을 제거하고, 협업 단절 구간을 정비하며, 실행의 흐름을 최적화할 수 있다.

　　　　2부 ─ AI 시대, 우리만의 조직문화 만들기

Team Typology Matrix는 실행 단위의 특성과 복잡성을 기준으로 팀 구조를 구분하는 프레임워크다. 이 매트릭스는 두 가지 축(문제 복잡성, 협업 밀도)을 기준으로 고도 집중형 팀High Complexity & Tight Collaboration, 분산 탐색형 팀High Complexity & Loose Collaboration, 반복 실행형 팀Low Complexity & Tight Collaboration, 자동화형 팀Low Complexity & Loose Collaboration 등으로 유형을 구분한다. 예를 들어, 긴급한 고객 이슈 대응을 위한 팀은 고도 집중형으로, 전략적 혁신 과제는 분산 탐색형으로 설계하는 것이 적합하다. 이 매트릭스는 각 팀에 적절한 운영 원칙(의사결정 방식, 회의 빈도, 정보 공유 방식 등)을 설정하는 데 활용된다.

AOR-AOA Framework는 실행 단위의 책임과 권한을 명확히 구분하고 설계할 수 있는 프레임이다. AORArea of Responsibility은 누가 어떤 실행의 책임을 갖는지를 명시하며, AOAArea of Authority는 해당 책임자가 어떤 의사결정을 내릴 수 있는지를 정의한다. 이 프레임은 직책 중심이 아니라 실행 중심의 책임 설계로 전환하는 데 유용하며, 실행자가 피드백과 회고를 주도하고, 자신의 판단으로 실행을 수정하거나 보완할 수 있도록 권한을 부여하는 구조를 만든다. 팀 간 책임 충돌이나 회피를 방지하는 데 효과적이며, 실행 단위의 자율성과 책임성을 동시에 확보할 수 있게 한다.

Decision Rights GridDRG는 실행과 관련된 의사결정 권한과 역할을 명확하게 정리하는 도구다. 주요 실행 이슈나 의사결정 항목별로 '누가 결정하는가Decision Owner', '누가 실행하는가Doer', '누가 조언을 제공하는가^{Advisor}', '누가 그 결과를 보고받는가^{Receiver}'를 구분하여 설계한다. 이 네 가지 역할은 하나의 실행 단위를 중심으로 명확하게 구조화되며, 이로 인해 실행 병목을 줄이고 의사결정의 책임소재를 투명하게 할 수 있다. 특히 실행 중심 조직에서는 판단 권한이 상위에 집중되지 않고 실행자 가까이에 위치해야 하므로, 이 도구를 통해 권한을 수직적으로 재배치하는 대신, 실행 상황에 따라 수평적이고 유동적으로 조정할 수 있는 구조를 만든다. DRG는 실행 주체가 아닌 결정 주체가 누구인지에 초점을 맞추기 때문에, 조직의 실행 민첩성과 책임 강도를 동시에 높일 수 있다. 실행 도메인 내 DRG를 시각화하여 팀 간, 문제 유형별 권한 분포도를 비교하는 방식으로도 활용된다.

Execution Rhythm Planner는 실행 루프의 리듬을 조직의 일상으로 내재화하는 반복 구조 설계 도구다. 일간 스탠드업, 주간 실행 점검, 월간 회고와 같은 루틴을 실행 중심 단위에 맞게 설계하고, 실행 흐름이 끊기지 않도록 리듬화된 회의, 공유, 조율의 구조를 시각화한다. 이 도구는 단순한 회의 계획이 아니라 실행의 감속 구간을 사전에 방지하고, 반복 실행과 피드백 루프를 체계화하는 데 핵심적인 역할을 한다. 특히 실행 루프의 각 단계를 반복 주기 내에 명시함으로써 실행의 일관성과 학습 리듬을 동시에 강화할 수 있으며, 실행 정렬 미팅, 정기 실행 리포트 공유, 팀 간 피드백 세션 등도 이 도구 안에 포함된다. 실행 리듬을 도표화하면, 조직 전체의 실행형태를 시각화할 수 있으며, 실행의 정체 또는 과

속의 지점을 파악하여 조율하는 데 활용할 수 있다.

Execution Health Radar는 실행 품질과 흐름의 상태를 정기적으로 점검할 수 있는 도구다. 문제 정의의 명확성, 실행 속도, 피드백 수렴 정도, 실행 간 정렬 수준, 실행자 권한 수준 등 5~6개의 핵심 항목을 방사형 그래프로 시각화함으로써, 실행 단위의 건강 상태를 입체적으로 파악할 수 있다. 이 도구는 '어디에서 실행이 멈추고 있는가?', '어떤 항목이 병목의 원인이 되고 있는가?'를 진단하며, 단일 팀뿐만 아니라 복수 실행 단위 간 비교 분석에도 유용하다. 분기별 또는 월별 정기 진단을 통해 실행 문화의 성숙도, 실행 루틴의 안정성, 리더십 지원 정도 등의 영역까지 확장 진단할 수 있다. 이것은 실행 상태뿐만 아니라 개선 속도를 추적하는 데도 활용 가능하다.

Problem Framing Canvas는 실행에 앞서 문제를 명확히 정의하고 실행 단위로 전환하기 위한 설계 도구다. 문제의 맥락, 영향 범위, 이해관계자, 해결 기준, 실행 가능성 등을 구조화하여 문제 자체를 실행 가능하게 재정의한다. 이를 통해 실행 단위의 출발점이 모호하거나 방향성이 엇갈리는 것을 방지할 수 있으며, '무엇을 풀 것인가'에 대한 명확한 정의가 이루어진 후에만 실행이 설계되도록 유도한다. 이 캔버스는 특히 스쿼드, 프로젝트 유닛, 태스크 포스 등 민첩한 실행 단위를 설계할 때 유용하며, 문제의 크기와 범위에 따라 실행 단위의 규모와 협업 구조도 함께 구상할 수 있게 돕는다. 문제 정의에서 실행 루프로 이어지는 연결 구조를 설계하고자 할 때, Execution Mapping Canvas와 함께 연동하여 사용할 수 있다.

이러한 도구들은 단순히 개별적 실행을 촉진하는 데 그치지 않고, 실행이 조직 전체의 구조에 내재화되도록 돕는 설계의 틀이다. 각각의 도구는 실행의 특정 단계(문제 정의, 실행 설계, 판단과 결정, 루틴 운영, 상태 진단, 피드백 순환)에 대응하여 설계되었으며, 실행이 단절 없이 순환하고 발전하는 시스템적 기반을 제공한다. 이 도구들이 유기적으로 결합되면 조직은 더 이상 구조를 변경하는 데 그치지 않고, 실행을 설계하고 리듬을 유지하며 학습을 누적하는 고도화된 실행 공동체로 진화하는데 도움이 된다.

결국 실행 중심 조직 설계란 '사람이 움직이는 방식'과 '문제가 해결되는 흐름'을 구조화하고 내재화하는 일이며, 적절한 도구들은 그 과정에서 실질적인 도움이 될 것이다.

조직구조 전환을 위한 실행 로드맵

조직 구조의 전환은 단순한 개편이나 재배치가 아니다. 그것은 '어떻게 일을 실행하는가'에 대한 근본적인 관점을 바꾸는 일이다. 전통적인 조직 설계는 전략이 먼저 정해지고, 그 전략을 수행하기 위한 조직구조가 따르는 방식이었다. 그러나 실행이 전략보다 빠르게 변화하는 오늘날에는 '전략 기반 설계'만으로는 충분하지 않다. 이제는 '실행 기반 설계', 즉, 실행이 실제로 어떻게 이루어지는 지를 중심으로 구조를 설계하고 개선해나가는 접근이 필요하다.

실행 기반 조직 구조 전환을 위한 핵심 프레임은 다음의 5단계 로 구성된다.

1단계는 '핵심 문제 단위 정의'이다. 조직구조 전환의 출발점은 문 제 그 자체이다. '무엇을 실행할 것인가'를 정확히 정의하지 않고 구조를 설계하면, 실행 단위가 모호해지고 책임과 권한도 분산된 다. 따라서 조직 내에서 반복적으로 발생하거나 전략적 파급력이 큰 문제를 파악하고, 이를 실행 단위로 전환 가능한 형태로 정의 해야 한다. 이때 문제 정의는 단순한 현상 진술이 아니라, '어떤 결 과를 만들어야 하는가'와 연결되어야 하며, 고객 이탈 감소, 제품 출시 속도 개선, 서비스 대응 시간 단축과 같은 구체적 실행 목표 로 표현될 수 있다.

2단계는 '실행 흐름 기반 책임의 재배치'이다. 전통적인 역할 기반 조직은 직책이나 부서 기준으로 책임이 분배되었으나, 실행 중심 조직은 문제 해결 흐름을 따라 책임을 재배치한다. 실행자가 주도 적으로 판단하고 조치할 수 있어야 하며, 이를 위해 AOR-AOA 프 레임워크를 활용해 책임[Responsibility]과 권한[Authority]을 구분하고 정렬 한다. 또한 Decision Rights Grid[DRG]를 통해 각 실행 단위 내 주요 판단 지점에서 누가 결정할 권한을 가지는지를 명확히 해야 한다. 책임은 실행 흐름을 따르고, 권한은 실행자 가까이에 배치되어야 실행이 끊기지 않는다.

3단계는 '권한과 피드백 루프의 위치 설계'이다. 실행이 잘 이루어지기 위해서는 실행 중간중간에 정렬, 점검, 개선이 이루어지는 피드백 루프가 반드시 필요하다. 그러나 이 루프가 상위 조직이나 별도의 평가 단위에 존재하면 실행 속도가 지연된다. 따라서 피드백과 조정은 실행 단위 내부에서 자율적으로 이루어질 수 있도록 설계해야 한다. 이를 위해서는 실행 코치형 리더가 피드백을 촉진하고, Execution Health Radar로 실행 흐름의 상태를 진단하며, 실행루프 점검 미팅과 주기적인 회고 루틴을 통해 구조적 학습과 개선이 이루어지는 체계를 갖춰야 한다.

4단계는 실행 단위별 AI 협업 프로토콜 설정이다. AI 도구가 효과적으로 활용되기 위해서는 실행 단위별로 어떤 문제를 AI와 협업할지, 언제 질문을 던질지, 그리고 어떻게 실행 판단을 공유할지를 사전에 구조화해야 한다. 이를 위해 '실행 흐름 내 프롬프트 운영 체계'를 설계한다. 이는 AI에게 어떤 질문을 언제, 누가, 어떤 형식으로 던질지를 실행 루틴 속에 내재화하는 구조다. 실행 단위별로 자주 사용하는 프롬프트를 템플릿화하고, 프롬프트 작성 책임자를 지정하며, 실행 전 AI 활용을 위한 사전 질의 회의와 실행 후 리뷰 절차를 루틴화한다.

5단계는 회고 기반 구조 개선 루틴 설계이다. 조직구조는 일회성 개편으로 완성되는 것이 아니라, 실행 경험과 학습을 바탕으로 지속적으로 조정되고 진화해야 한다. 실행 결과가 기대와 다를 경우, 그 원인이 구조의 결함인지 실행자의 역량 부족인지, 협업 흐

    2부 — AI 시대, 우리만의 조직문화 만들기

름의 문제인지 되짚어야 하며, 이를 가능하게 하는 것이 정기적 회고 루틴이다. 회고는 단순한 리뷰 미팅이 아니라, 구조 개선을 위한 학습 설계의 핵심이다. 실행 도구가 적절하게 쓰였는지, 책임과 권한 배분이 실행 흐름에 맞게 작동했는지, 피드백 루프는 제때 작동했는지를 돌아보고, 필요 시 도구·역할·루틴을 수정해야 한다. 이 과정을 Execution Rhythm Planner에 통합하거나, 회고 캔버스를 활용해 정례화할 수 있다.

무엇보다도 중요한 원칙은 이 조직구조 전환이 단절이 아니라 '전환'이라는 점이다. 기존의 부서 중심 구조와 실행 중심 구조는 병렬적으로 운영되어야 하며, 초기에는 제한된 영역에서 실행 기반 구조를 실험하고 그 효과를 확장하는 방식으로 접근해야 한다. 이는 듀얼 오퍼레이팅 시스템Dual Operating System의 방식, 즉, 기존 운영 체제 위에 병렬로 새로운 실행 체계를 실험하고 정착시키는 접근과 일치한다.

또한 구조 전환은 조직문화와 시스템의 정렬 없이는 지속 가능하지 않다. 실행 중심 구조는 구성원의 판단력, 피드백을 주고받는 문화, 실험과 개선을 두려워하지 않는 태도 위에서 작동한다. 실행 중심 구조 전환의 핵심은 '지속 가능한 구조'가 아니라 '지속적으로 실행 가능한 구조'를 만드는 데 있다. 그것은 문제 해결을 중심으로 조직이 스스로를 끊임없이 재구성하고 진화해 나가는 유기체적 조직구조이다.

10장

공간과 기술:
몰입과 실행을 지원하는 인프라를 구축하라

실행환경으로서 공간과 기술

조직에서 공간과 기술은 종종 '부가적 지원 수단'으로 여겨진다. 그러나 실행 중심 조직의 관점에서 보면, 공간과 기술은 단순한 배경이 아니라 '일이 어떻게 흐르는가'를 결정짓는 인프라다. 즉, 그것은 단순한 편의의 문제가 아니라 몰입과 실행의 전제 조건이며, 팀의 리듬과 협업의 품질을 좌우하는 핵심적인 부분이다. 실행이 빠르게 이어지도록 하는 결정적 요인은 바로 이 실행 환경의 설계에 달려 있다.

몰입, 실행, 협업, 회고로 이어지는 실행 루프의 각 순간은 공간과 도구가 어떻게 설계되어 있는가에 따라 흐름이 강화되기도 하고 끊기기도 한다. 예를 들어, 집중이 필요한 업무를 수행하려 할 때, 소음이 많은 공유 공간이나 사소한 방해가 잦은 디지털 알림이 잦은 환경은 몰입을 방해한다. 또한, 복잡하게 얽힌 협업 도구나 일관되지 않은 커뮤니케이션 채널은 흐름을 차단하며 피로감을 유발한다. 반면, 명확한 역할 구역이 나뉘고, 디지털 도구들이 업무 흐름과 맥락을 정렬해주는 환경에서는 자연스럽게 실행이 이어지고 반복된다. 몰입을 방해하는 인프라를 식별하고, 이를 실행 중심 구조로 전환하는 작업은 실행 문화를 설계하는 시작점이며, 이는 단순한 인테리어나 시스템 구성 변경이 아니라 일의 흐름과 리듬에 대한 깊은 이해에서 비롯된다.

공간은 조직의 실행 방식과 리듬을 시각화하고 암묵적으로 유도하는 물리적 언어다. 책상 배치, 회의실의 개방 정도, 복도와 휴게 공간의 연결성까지도 '우리는 어떤 흐름으로 일하고 있는가'를 표현한다. 잘 설계된 공간은 사람 간 연결을 유도하고, 회복을 위한 여백을 제공하며, 무엇보다 반복적인 실행의 안정성을 뒷받침한다. 예를 들어 팀별 오픈 테이블과 작은 미팅 부스를 혼합 배치는 우연한 만남을 유도하고, 휴게 라운지나 조용한 정원 같은 공간의 배치는 심리적 전환을 돕는다. 또는 프로젝트별 워크존을 고정적으로 마련하는 것은 반복적인 실행 루틴이 끊기지 않도록 하는 안정적인 환경을 제공한다

그리고, 기술은 이러한 실행의 흐름을 기록하고 확장하는 인터페이스로 작동한다. 예를 들어, 프로젝트 관리 툴에서 업무 진행 상황이 자동으로 기록되고, 이를 팀 전체가 실시간으로 확인하며 피드백을 주고받게 하는 시스템은 실행의 흐름을 시각적으로 강

화한다. 또, AI 분석 도구가 회의록과 작업 데이터를 분석해 다음 단계 제안을 제공하는 시스템은 실행을 확장해준다. 어떤 도구를 쓰는지가 중요한 것이 아니라, 그것이 어떤 실행 리듬을 가능하게 하고, 의사결정과 피드백을 얼마나 자연스럽게 연결하는가가 핵심이다. 디지털 기술이 물리적 공간과 잘 결합될 때, 실행은 가속화되고 몰입은 깊어진다.

따라서 공간과 기술은 사람을 통제하거나 규정하는 것이 아니라, 사람이 일에 몰입할 수 있도록 실행의 흐름을 지원하는 구조가 되어야 한다. 감시가 용이한 오픈 플랜 오피스와 모든 작업 시간을 모니터링하는 도구들은 단기적인 통제와 보고를 용이하게 만들 수 있지만, 장기적으로는 자율성과 창의성을 억제하며 실행 흐름을 분절시킨다. 반면 소음 차단 헤드셋이 구비된 집중 구역, 실시간 알림이 최소화된 협업 도구, 업무 흐름에 따라 자동으로 맥락 정보를 제공하는 AI 기반 워크플로우 등은 몰입을 유도한다.

이러한 공간과 기술은 구성원이 자신만의 리듬에 따라 깊이 있게 몰입하고, 필요 시 동료와 즉각 연결되며, 반복적으로 회고하고 개선할 수 있는 환경을 제공한다. 업무의 속도, 피드백의 빈도, 회고의 리듬, 실행의 자율성 모두가 공간과 기술에 영향을 받는다. 정적인 통제 구조가 아니라, 유기적이고 반응성 있는 환경일수록 몰입은 오래 지속된다. 즉, 공간과 기술은 '일하는 방식'을 가능하게 만드는 실행 환경의 기반이며, 몰입은 그 환경에서 피어나는 실행의 본질이다.

　　　　　2부 — AI 시대, 우리만의 조직문화 만들기

또한 조직의 목적과 일하는 원칙은 그것을 지지하는 구체적인 환경이 없다면 선언적 구호에 그치기 쉽다. 실행 중심 조직은 철저하게 환경을 설계함으로써 실행 가능성을 높인다. 예를 들어, 협업을 중시한다면 팀 간 우연한 접점을 늘릴 수 있는 공간 구조와, 실시간 맥락 공유가 가능한 협업 도구가 병행되어야 한다. 자율성과 몰입을 중시한다면, 인터럽트를 최소화한 업무존 설계와, 개인별 실행 루틴을 지원하는 유연한 도구 구성이 필요하다.

"이 공간은 어떤 실행을 흐르게 하는가?", "이 기술은 어떤 몰입을 촉진하거나 방해하는가?", "우리는 몰입이 자연스럽게 일어나도록 설계된 환경 속에 있는가?" 이런 질문을 통해 업무환경을 점검하고, 일의 흐름을 중심에 두는 공간과 기술을 구축해가는 노력이 필요하다.

몰입을 설계하는 공간: 집중, 연결, 회복의 리듬

몰입은 우연히 형성되는 상태가 아니다. 자율성, 명확한 목적, 심리적 안전감, 그리고 반복 가능한 루틴이 결합될 때 지속 가능한 몰입이 만들어진다. 이 네 가지는 물리적·디지털 환경의 설계와 밀접하게 연결되어 있다. 예를 들어, 자율성은 선택권과 집중을 보장하는 공간 배치에서, 명확한 목적은 이를 시각적으로 지원하는 디지털 대시보드나 피지컬 사인에서, 심리적 안전감은 개방적이면서도 존중이 느껴지는 환경 설계에서, 반복 루틴은 이를 방해하지 않는 도구와 레이아웃에서 비롯될 수 있다. 이렇게 물리적·디지털 환경은 자율성, 명확한 목적, 심리적 안전감, 그리고 반복 가능한 루틴을 구체적이고 지속 가능하게 작동시키는 촉매 역할을 한다. 이러한 맥락에서 이를 구현하는 핵심은 집중-연결-회복이라는 리듬을 공간 전반에 녹여내는 것이다.

먼저, 집중은 방해 요소를 최소화한 독립적인 공간 설계하는 것에서 시작된다. 차음 설계, 시각적 차단, 인터럽트 방지 장치가 필수이며, 개인 워크 포드, 방음 부스, 집중 모드로 전환되는 조명과 환경 설정 시스템 등이 그 예다. 구글의 마운틴뷰 캠퍼스는 소음 차단과 시야 분리를 위한 포커스 룸을 배치해 엔지니어들이 복잡한 코드를 작성하거나 분석 작업에 몰입할 수 있도록 지원한다. 이러한 공간은 짧은 시간에도 깊은 몰입을 가능하게 하여 업무 효율을 높인다.

연결은 협업공간을 개방적으로 설계하여 즉흥적인 소통과 공유를 촉진하고, 협업의 장애나 불편을 야기하는 물리적 정서적 요소를 제거하여 자연스러운 공동 작업이 가능하도록 하는 것이다. 개방형 시야, 대형 공유 디스플레이, 화이트보드, 디지털 협업 보드를 배치해 아이디어 교환과 실시간 공동 실행이 가능하도록 한다. 예를들어, IDEO의 디자인 스튜디오는 다양한 팀이 자유롭게 이동하며 아이디어를 시각화할 수 있는 개방형 협업 구역과 프로젝트별 허브를 마련해, 부서 간 교차 협업이 자연스럽게 이루어지도

    2부 — AI 시대, 우리만의 조직문화 만들기

록 한다.

회복은 집중과 연결만큼이나 몰입과 실행의 지속성을 위해 필수적이다. 소파 라운지, 명상실, 산책로, 비형식 커뮤니티 공간은 심리적 여유를 제공하며 창의성과 팀 결속력을 동시에 높인다. 에어비앤비 본사는 도심 속 실내 정원과 휴식 라운지를 갖춰 구성원들이 짧은 휴식 후 새로운 에너지를 얻고 다음 실행 단계로 전환될 수 있도록 돕는다. 회복의 순간은 다음 실행 단계로 전환되는 징검다리 역할을 한다.

디지털 환경은 물리적 공간과 마찬가지로 몰입의 리듬을 세밀하게 지원해야 한다. 이를 위해서는 불필요한 알림과 중복 메시지를 줄여 정보 소음을 최소화하고, 모든 도구와 플랫폼이 동일한 프로젝트 맥락과 최신 상태를 공유하도록 연동되어야 한다. 실행 과정은 프롬프트 기반 워크플로우를 중심으로 구성해, 구성원이 언제든 필요한 질문을 던지고 AI로부터 실행 가능한 답변이나 자료를 바로 얻을 수 있게 해야 한다. 예를 들어, 회의실 디스플레이에는 의제별 프롬프트 템플릿을 표시해 논의의 초점을 잡고, 대화 내용을 실시간으로 AI가 요약·정리해 기록한다. 또, 개인 작업 공간에는 AI 프롬프트 터미널이나 음성 인식 인터페이스를 배치해 아이디어 생성, 문서 작성, 요약, 번역 등 다양한 작업을 즉시 실행할 수 있도록 한다. 이렇게 하면 디지털 환경은 단순한 정보 저장소를 넘어, 몰입과 실행을 지속적으로 가속화하는 능동적인 협업 파트너가 된다.

궁극적으로 물리적·디지털 공간 모두 '몰입의 언어'로 설계되어야 한다. 다시 말하면, 공간과 기술이 구성원의 작업 흐름, 심리적 상태, 협업 패턴을 직관적으로 지원하는 방식으로 표현되고 배치되어야 한다. 공간의 배치는 팀의 실행 리듬을 시각적으로 드러내고, 기술은 필요한 정보와 피드백을 적시에 제공함으로써 몰입을 끊김 없이 이어가게 하는 역할을 한다. 몰입은 격려나 개인 의지만으로 유지되지 않는다. 그것은 치밀하게 설계된 환경에서 자연스럽게 발생하며, 이를 위한 공간과 기술 설계가 곧 실행 문화를 뒷받침하는 토대가 된다.

일하는 원칙과 연결된 공간 디자인

공간 디자인은 단순히 아름다움이나 편안함을 추구하는 것이 아니라, 조직이 중요하게 여기는 '일하는 원칙'을 물리적·디지털 환경에 구현하는 전략적 도구다. 올바른 공간 설계는 구성원의 행동과 상호작용 방식을 바꾸고, 실행의 질과 속도를 끌어올린다.

먼저, 조직의 일하는 원칙이 명확해야 한다. 예를 들어 '신속한 의사결정'이 핵심 원칙이라면, 중앙에 스탠딩 미팅존과 의제별 시각화 보드를 배치해 즉각적인 논의와 실행을 가능하게 한다. 반대로 '깊이 있는 분석과 연구'가 중요하다면, 차음 설계와 시각적 차단이 적용된 집중 공간을 배치해 깊은 몰입을 보장한다.

물리적 설계와 더불어 디지털 인프라도 결합되어야 한다. 실시간 데이터 시각화 보드, 협업용 디지털 화이트보드, 업무상황별 AI 작업 도구는 각 구역의 목적을 강화한다. 예를 들어, 테스트 존에서 실험 데이터를 즉시 시각화하거나, 회고 존에서 AI가 회의 내용을 요약·분석해 개선안을 제시하는 방식이다.

이러한 디지털 인프라와 기능별 공간 설계는 이미 다수의 기업들이 실제로 적용하고 있다. 각 기업은 자신들의 핵심 가치와 행동 원칙을 물리적·디지털 환경 속에 녹여내어, 구성원의 일상적인 업무와 상호작용이 자연스럽게 그 원칙을 따르도록 만든다.

픽사는 "장벽을 허물고 예기치 못한 만남을 통해 창의성을 촉진한다"는 원칙을 기반으로 '부서 간 우연한 교류'를 장려한다. 이를 구현하기 위해 모든 직원이 반드시 거쳐야 하는 중앙 아트리움을 설계해 비형식적 대화와 협업을 자연스럽게 유도한다. BMW R&D 센터는 "빠르게 만들고, 즉시 검증하며, 바로 개선한다"는 행동 원칙을 반영해 '설계·실험·회고'의 순환이 한 동선 안에 배치하여 제품 개발 속도와 품질을 동시에 높인다.

또한 자포스Zappos는 '행복을 전달한다'는 원칙에 따라 사무공간에 놀이와 휴식 요소를 적극 배치해 직원 간 유대와 즐거움을 높인다. 레고LEGO는 '놀이를 통한 창의성'을 핵심 가치로 삼아 본사에 대형 놀이공간과 프로토타이핑 존을 설치해 직원들이 제품 개발 과정에서 직접 실험하고 창작할 수 있게 한다. 넷플릭스Netflix는 '자율과 책임'을 원칙으로 하여 사무실 좌석을 고정하지 않고 프로젝트별로 자율 배치해 협업과 책임감을 동시에 강화한다.

결국 '일하는 원칙과 연결된 공간 디자인'은 원칙을 선언하는 데서 끝나지 않는다. 그 원칙이 구성원의 일상 속 실행과 상호작용에 녹아들도록, 공간과 기술이 하나의 통합된 실행 환경으로 작동해야 한다. 이렇게 설계된 공간은 단순한 업무 장소가 아니라, 조직의 목적과 일하는 원칙을 지속적으로 경험하고 스스로 강화해가는 무대가 된다.

AI 시대의 하이브리드 워크 인프라

재택, 오피스, 이동 근무가 혼합되는 하이브리드 워크 시대에는, 공간과 기술이 물리적으로 분산된 실행을 하나의 유기적 흐름으로 연결해야 한다. 업무의 중심은 '장소'가 아니라 '실행이 원활히 이루어지는 조건'이 되어야 한다.

이를 위해 클라우드 기반 협업(물리적 위치와 상관없이 동일한 자료와 업무 환경에 접근할 수 있도록 하는 인프라), 동기적·비동기적 커뮤니케이션 설계(실시간 회의·채팅과 시차를 고려한 문서·메시지 기반 소통 구조를 모두 포함하는 설계), 실행 데이터 공유의 일관성(업무와 실행에 필요한 데이터가 어떤 기기와 장소에서도 동일한 형식과 최신 상태로 제공되도록 하는 체계)가 필수적이다.

또한, 비동기 협업을 강화하기 위한 명확한 커뮤니케이션 프로

     2부 — AI 시대, 우리만의 조직문화 만들기

토콜이 필요하다. 예를 들어, 문서 작성 시 변경 사항과 결정 내용을 모두 기록해 두는 표준 템플릿을 사용하거나, 업무 요청·진행·완료를 명확히 구분하는 태그 체계를 설정하는 방식이다. 그리고 실행 루틴과 프로세스를 철저히 문서화·데이터화해 어디서든 동일한 품질과 흐름으로 업무를 지속할 수 있어야 한다. 프로젝트 진행의 맥락과 피드백을 팀 전체가 공유할 수 있는 '디지털 회고 공간'을 운영해, 원격과 현장 구성원 모두가 동일한 실행 기반 위에서 움직이도록 해야 한다.

여기에 적절한 AI 기반 협업 도구와 프롬프트 중심 시스템을 정착시키는 것도 도움이 된다. 표준화된 프롬프트 라이브러리를 구축하고, 각 업무 시나리오에 맞춘 프롬프트 템플릿을 마련해 구성원이 반복적으로 재활용할 수 있다. 또한, 프롬프트 작성과 활용에 관한 교육 프로그램을 운영해 모든 팀원이 동일한 수준의 AI 요청 품질을 유지하게 하고, 업무 도구나 플랫폼 내에서 프롬프트를 바로 실행·수정·공유할 수 있는 인터페이스를 제공하는 것도 매우 효과적이다.

추가적으로, 실행 데이터를 장기 보관·분석해 예측 기능을 제공하거나, 팀별 맞춤형 기술 구성을 설계하는 전략도 중요하다. 새로운 인프라 도입 시에는 사용성 테스트와 피드백 루프를 운영해 지속 개선하고, 교육·문화 정착 프로그램을 병행해 구성원이 도구를 자연스럽게 업무에 통합할 수 있도록 지원해야 한다.

결국, AI 시대의 하이브리드 워크 인프라는 단순히 원격과 현장을 연결하는 기술이 아니라, 어디서든 실행 루틴이 지속·강화되는 '실행 기반 인프라'다. 이는 물리적 거리를 넘어, 팀의 몰입과 실행력을 장기적으로 유지시키는 길이다.

몰입과 실행을 위한 인프라 설계자의 역할

몰입과 실행을 위한 인프라 설계자는 단순한 기술 도입자나 공간 디자이너가 아니라, AI와 함께 일하는 업무환경에서 리더가 수행해야 할 핵심 역할 중에 하나이다. AI 시대에는 기술과 공간이 단순 지원 요소가 아니라, 실행력과 몰입을 만들어내는 전략적 자산이 되며, 이를 설계·운영하는 사람은 곧 조직의 방향과 실행 속도를 결정짓는 리더십을 발휘하게 된다.

첫째, 설계자는 조직의 목적과 일하는 원칙을 깊이 이해하고 이를 실행 가능한 환경으로 변환하는 '전략적 촉매자'다. AI와 함께 일하는 환경에서는 의사결정, 실행, 피드백이 동시에 이루어지므로, 설계자는 핵심 실행 리듬과 우선순위를 분석하여 물리적·디지털 인프라 청사진을 수립해야 한다. 이 과정에서 AI의 분석력과 인간의 직관이 함께 작동하도록 환경을 조율하는 것이 중요하다.

둘째, 설계자는 기술과 공간을 통합적으로 바라보는 조율자다. 단순히 AI 도구나 협업 툴을 배치하는 것이 아니라, 데이터 구조, 커뮤니케이션 방식, 협업 흐름이 하나의 유기적 실행 시스템으로 작

　　　　2부 — AI 시대, 우리만의 조직문화 만들기

동하도록 설계해야 한다. 예를 들어, AI 기반 실시간 분석 대시보드가 회의실 디스플레이와 연동되어 회의 중 즉각적인 의사결정이 가능하게 하거나, 원격·현장 구성원이 동일한 실행 루프에 참여할 수 있도록 클라우드 환경을 최적화하는 식이다.

셋째, 설계자는 변화 관리자 Change Manager**의 역할을 수행한다.** 새로운 기술이나 공간 시스템이 도입될 때, 구성원이 이를 거부감 없이 받아들이고 적극적으로 활용하도록 돕는 것은 중요한 역할이다. 이를 위해 교육, 가이드라인, 문화 정착 프로그램을 제공하며, 기술 도입의 이유와 기대되는 행동 변화를 명확히 전달한다. AI와 함께 일하는 환경에서는 특히 '왜 AI를 사용하는지'와 '어떻게 협력할지'에 대한 공감대를 형성하는 것이 필수다.

넷째, 설계자는 지속적 개선자 Continuous Improver**로서, AI가 제공하는 데이터 분석 결과와 구성원의 피드백을 바탕으로 인프라를 끊임없이 최적화해야 한다.** AI는 실행 패턴, 병목 구간, 성과 지표를 실시간으로 제공할 수 있으므로, 리더는 이를 토대로 인프라와 업무 프로세스를 조정하여 실행 품질을 높여야 한다.

결국, AI 시대의 인프라 설계자는 '환경 설계자'이자 '실행 촉진자'이며, 동시에 '조직문화 변화관리자'다. 인프라 설계자의 역할은 물리적 공간과 디지털 기술을 하나의 실행 무대로 통합해, 팀이 어디서든 몰입과 성과를 유지할 수 있도록 만드는 것이다. 이는 곧 AI와 함께 일하는 업무환경에서 리더가 가져야 할 가장 중요한 역량 중 하나이기도 하다.

11장

조직문화 활동과
커뮤니케이션을 디자인하라

목적과 원칙을 반영한 활동 설계

조직문화 활동은 그 자체로 즐겁거나 흥미로워야 하지만, 궁극적으로는 조직이 지향하는 목적과 일하는 원칙을 일상 속에서 체화하게 만드는 장치여야 한다. 단발성 행사나 이벤트로는 지속적인 조직문화 정착이 어렵다. 모든 활동은 "왜 하는가?"라는 질문에서 출발해, 조직이 향하는 방향과 가치를 반영하도록 설계되어야 한다. 활동의 목표를 '분위기 전환'이 아니라 '조직문화 정착'으로 설정해야 한다는 점이 특히 중요하다. 즉, 일회성 즐거움이 아니라 지속 가능한 실행 습관과 가치 내재화를 목적으로 해야 한다.

예를 들어, '피드백 문화'를 강조하는 조직이라면 단순한 강의나 교육이 아니라, 전 구성원이 참여하는 '실패 공유 세션'을 정례화할 수 있다. 이 세션에서는 실패의 원인뿐 아니라 다음 실행에서 무엇을 바꿀지 함께 합의한다. 실행력을 강화하려면 '48시간 실행 챌린지'처럼 빠른 실행과 검증을 촉진하는 활동을 설계할 수 있다. 중요한 것은 활동이 조직의 전략과 분리되지 않고, 직접 실행과 개선으로 이어지는 구조를 갖추는 것이다.

또한 AI 시대에는 물리적 공간뿐 아니라 디지털 협업 환경까지 포함한 전방위적 설계가 필요하다. 활동은 오프라인 모임뿐 아니라 온라인 협업 툴, 가상 회의, AI 기반 토론 지원 시스템과 결합해 시공간 제약을 넘어 확장될 수 있어야 한다. 예를 들어, 사무실에서 진행하는 회고 세션과 동시에 원격 참여자들이 디지털 화이트보드에서 실시간 피드백을 남기는 구조를 만들어 볼 수도 있다. 이를 통해 물리적 거리에 관계없이 동일한 조직문화 경험을 공유하게 된다.

AI 환경에서는 활동 설계의 정밀도가 한층 높아질 수 있다. 예를 들어, AI가 활동 주제와 관련된 데이터를 사전에 분석해 제공하면, 참여자들은 더 깊이 있는 토론과 실행 계획 수립이 가능하다. 활동 종료 후에도 AI가 효과를 분석해 다음 활동 설계에 피드백을 제공할 수 있다. 이렇게 되면 활동은 더 이상 고립된 이벤트가 아니라, 실행-측정-개선의 순환 루프 안에서 살아 있는 조직문화 도구가 된다.

조직문화 활동은 몇 가지 핵심 관점에서 설계하면, 흥미를 유지하면서도 조직의 목적과 일하는 원칙을 촉진하는 효과를 낼 수 있다. 먼저, 활동 주제와 방식은 반드시 조직의 핵심 가치나 일하는 원칙과 맞물려야 한다. 이를 간과하면 활동은 단순한 이벤트에 불과하다. 예컨대 '혁신'이 핵심 가치라면, 사내 해커톤을 통해 구성원들이 신제품이나 서비스의 프로토타입을 직접 만들어 발표하는 경험을 제공할 수 있다. '협업'을 중시한다면 부서 간 교차 프로젝트나 파트너십 모의 실습을 진행해 서로의 역할과 강점을 이해하도록 한다.

또한, 모든 활동은 실행 과제나 행동 변화로 이어져야 한다. 활동이 끝나자마자 '다음 실행 3단계 계획서'를 작성해 팀별 공유 채널에 게시하고, 실행 여부를 추적하는 방식이 있다. 실행 트래킹 보드를 운영해 각 팀의 진행 상황을 시각적으로 공유하거나, AI 기반 알림 시스템을 활용해 과제 이행률을 자동으로 모니터링할 수도 있다. 예를 들어, '피드백 문화' 워크숍 후 각 팀이 일주일간 실천할 피드백 실험 과제를 설정하고, 그 결과를 회의에서 발표하거나 온라인 포럼에 영상·문서로 업로드해 다른 팀과 교차 검토하는 활동도 가능하다.

참여 몰입도를 높이기 위해서는 모든 구성원이 주도적으로 참여할 수 있는 구조를 설계해야 한다. 소그룹 분임토의, 역할 분담, 실습형 활동을 포함해 수동적 청취를 줄이는 것이 한 방법이다. 예로 '48시간 실행 챌린지'에서 각 구성원이 반드시 하나 이상의 실행 과제를 제출하고 이를 짝과 교차 검토하게 할 수 있다. '문제 해결 스프린트'를 통해 제한된 시간 안에 특정 과제를 해결하고,

결과물을 비교·토론하는 시간도 효과적이다. 진행 과정에서 수시로 피드백을 주고받는 '실시간 피드백 마라톤' 같은 형식을 적용하면 몰입과 실행의 질이 동시에 향상된다.

측정과 개선도 필수다. 활동 전후의 변화를 데이터로 측정해 개선 방향을 찾아야 한다. 사전·사후 설문, KPI 변화 추적, AI 분석 리포트 등을 활용해 효과를 수치화한다. 예를 들어 '실패 공유 세션' 후에는 참여도, 아이디어 수, 실행 전환율 등을 AI 대시보드로 모니터링하고, 이를 다음 활동 설계에 반영할 수 있다. 제안된 아이디어의 실행 진척도나 적용 범위를 추적해 후속 보고서를 만들고, 전사 공유 세션에서 발표하면 투명성과 학습 효과가 높아진다. 유사 활동과 비교 분석해 어떤 요소가 효과를 높였는지 인사이트를 얻는 것도 가능하다.

마지막으로, 온·오프라인 통합성을 고려해야 한다. 물리적 공간과 디지털 협업 환경을 모두 아우르는 설계가 필요하다. 현장 참여자에게는 실물 보드나 워크숍 키트를, 원격 참여자에게는 디지털 화이트보드나 협업 툴을 제공해 동일한 경험을 보장한다. 예를 들어, 전 세계 지사가 참여하는 '혁신 아이디어 공모전'에서는 현장에서는 포스트잇과 보드를, 원격에서는 잼보드Jamboard 같은 툴을 활용해 실시간으로 아이디어를 제안하고 투표할 수 있게 한다. 이렇게 하면 시간대와 거리를 초월해 동일한 협업 경험을 만들 수 있다.

결과적으로, 조직문화 활동은 단순한 즐거움에 그치지 않고 구성원들이 조직의 목적을 자연스럽게 체득하며 실행력을 높이는 강력한 조직문화적 촉매제가 된다. 기획 단계에서부터 실행, 측정, 개선까지의 전 과정을 조직의 목적과 가치에 정렬시키는 것이 핵심이며, 이렇게 설계된 활동은 시간이 지날수록 조직 내부에 지속적인 학습과 변화를 이끌어내고 그 조직만의 조직문화를 강화하게 된다.

일상 속에 스며드는 조직문화 루틴

조직문화는 특별한 날의 대규모 이벤트가 아니라, 매일 반복되는 행동과 습관에서 만들어진다. 매일·매주·매월 주기적으로 반복되는 마이크로 문화 활동이 그 뼈대를 이룬다. 하루 시작 전 5분 집중 타임, 아침 스탠드업 미팅, 주간 회고, 월간 실패 공유 세션, AI 기반 '오늘의 실행 인사이트' 등은 작지만 강력한 실행 리듬을 만들어낸다. 작은 활동이 모여 실행 리듬을 만들고, 그 리듬은 구성원이 장기적으로 몰입 상태를 유지하도록 돕는다. 이러한 리듬은 단순히 일정의 반복이 아니라, 실행과 학습의 순환 구조를 강화하며, 구성원들이 지속적으로 목표와 일하는 방식에 정렬되도록 만든다.

비정형 문화 활동 역시 이 루틴의 일부로 자연스럽게 스며들 수 있다. 형식과 규정이 아니라 자발성과 창의성으로 움직이는 활동

     2부 — AI 시대, 우리만의 조직문화 만들기

인 '랜덤 커피 챗', 실행 실패담 나누기, 팀 간 공동 창작 프로젝트 등은 구성원 간의 예기치 않은 연결과 아이디어 교환을 촉진한다. 그러나 이런 활동도 단순한 '재미'에 머물지 않고 조직의 목적과 가치에 맞닿을 때 비로소 조직문화로 정착된다. 나아가 비정형 활동을 실행 프로젝트와 연결하면, 조직문화와 실행이 동시에 강화되는 선순환을 만들 수 있다.

구글은 매일 아침 '스탠드업 미팅'과 주간 'TGIF' 전사 미팅을 통해 정보 투명성과 실시간 피드백 문화를 유지한다. 마이크로소프트는 '런치 앤 러닝^{Lunch & Learning}' 세션을 주간 루틴으로 운영하여, 비공식적이면서도 지식과 경험이 공유되는 문화를 만든다. 핀터레스트는 '랜덤 커피' 프로그램을 통해 부서 간 교류를 촉진하며, 이 과정을 AI 매칭 시스템으로 구성원 간 연결성을 높인다. 이런 사례들은 루틴이 단순한 일정 관리가 아니라, 연결·학습·실행을 동시에 촉진하는 구조임을 보여준다.

이렇게 작은 의식들이 모여 구성원간 신뢰를 쌓고, 심리적 안전감을 높이며, 일하는 방식의 일관성을 형성한다. 이러한 루틴은 단순히 규칙을 반복하는 것이 아니라, 명확한 목적과 가치를 담아야 지속된다. 예를 들어, 매주 월요일 10분간 진행하는 '주간 허들 타임'에서는 조직의 MTP와 핵심 프로젝트 현황을 공유하고, 각 팀의 우선순위를 확인한다. 이런 반복은 구성원들이 일상 속에서 조직의 방향성을 잊지 않도록 돕는다.

AI 환경에서는 루틴의 유지와 개선이 더 쉬워진다. AI 챗봇이 매일 아침 구성원별 주요 업무와 우선순위를 리마인드하고, 전날의 진행 상황을 요약해 제공할 수 있다. AI 기반 알림·자동 기록·성과 피드백을 통해 루틴 지속성을 강화하면, 구성원들은 루틴을 단순한 일정이 아니라 성장과 실행의 도구로 인식하게 된다. 또한 루틴 활동의 참여도와 효과를 자동으로 측정해, 필요할 때 개선안을 제안할 수도 있다.

결국, 조직문화 루틴은 작은 행동의 반복이 모여 큰 변화를 만드는 과정이다. 잘 설계된 루틴은 조직을 지속적으로 정렬시키고 실행력을 높이며, 조직문화가 일상 속에서 살아 숨 쉬게 만든다. 또한, 이러한 루틴은 구성원들이 스스로 목적과 원칙을 내면화하고 자발적으로 행동하게 만든다. 시간이 지날수록 루틴은 단순한 습관을 넘어 조직의 집단적 학습과 혁신을 촉진하는 기반이 되며, 외부 환경 변화에도 흔들리지 않는 조직문화적 일관성을 형성한다.

피드백과 공유 활동

조직문화활동의 중심에는 반드시 피드백과 공유의 대화가 있어야 한다. 조직문화는 단순히 이벤트나 제도에서 만들어지지 않는다. 구성원들이 서로의 경험과 시도를 지속적으로 나누고, 그 안에서 배우며 개선하는 순환이 이어질 때 비로소 살아 있는 조직문화가 형성된다. 따라서 피드백과 공유는 주변 활동이 아니라, 모든

　　2부 — AI 시대, 우리만의 조직문화 만들기

조직문화활동의 출발점이자 핵심축이 되어야 한다.

피드백과 공유가 중심이 된 조직문화활동은 실행과 학습을 자연스럽게 연결한다. 전통적 성과 리뷰가 '과거 성과 평가'에 집중하는 반면, 실행 공유 문화는 '현재 진행 상황과 다음 실행'을 중심에 둔다. 특히 '보고문화'에서 '질문문화'로 전환하는 것이 중요하다. 단순히 무엇을 했는지를 나열하는 보고가 아니라, 왜 그렇게 했는지, 그리고 어떻게 개선할지를 묻는 대화로 바뀌어야 한다. 이러한 질문 중심 대화는 구성원들로 하여금 스스로 성찰하고, 더 나은 실행 방안을 찾도록 자극한다.

여기에 피드백이 일상의 언어가 되도록 '즉시 피드백'과 '실시간 회고'를 설계하는 것이 필요하다. 즉시 피드백은 활동 중 발견된 개선점이나 긍정적 사례를 지체 없이 공유하는 방식으로, 실행 모멘텀을 잃지 않게 한다. 실시간 회고는 프로젝트나 활동이 끝난 후가 아니라, 진행 도중에도 학습과 개선 아이디어를 수집하는 구조로, 변화에 신속하게 대응할 수 있게 한다.

AI는 이러한 구조를 정교하게 만드는 핵심 도구다. 프로젝트 진행 중 수집된 데이터를 실시간으로 시각화하고, 이를 바탕으로 '무엇을 유지할지, 무엇을 바꿀지'를 즉시 논의하게 함으로써 활동이 단순한 체험을 넘어 실질적인 실행 개선으로 이어지게 한다. 동시에 AI는 대화를 자동 기록·분석해 반복되는 패턴과 이슈를 찾아내고, 이를 다음 활동 설계에 바로 반영할 수 있도록 지원한다. 개인별 맞춤형 피드백 요약을 제공해 모든 구성원이 실행 개선의 핵심 포인트를 놓치지 않도록 하는 것도 가능하다.

조직에서 성공과 실패, 개선점을 활동 후 곧바로 나누는 시간을 정례화하면, 피드백이 사라지지 않고 조직의 집단 지식으로 축적된다. 특히 실행 공유는 데이터·스토리·교훈을 한 세트로 전달하는 것이 중요하다. 단순히 수치와 결과만이 아니라, 그 과정에서의 맥락과 경험담, 그리고 이를 통해 얻은 교훈을 함께 공유해야 다음 실행이 더 구체적이고 강력해진다. 예를 들어, 신제품 개발 프로젝트 후 매출 수치와 시장 반응 데이터를 제시하고, 개발 과정에서 있었던 중요한 전환점이나 의사결정 스토리를 이야기하며, 마지막으로 이번 경험이 다음 프로젝트에 어떤 방향성을 줄 수 있는지 명확히 짚어볼 수 있다.

피드백과 공유를 조직문화활동의 중심에 두기 위해서는 정기성과 자발성이 함께 필요하다. 예를 들어 매주 15분 '실행 공유 타임'을 두어 팀별로 가장 중요한 학습 포인트를 발표하고, '커피 브레이크 피드백'이나 '실패 이야기 나누기' 같은 비정형 대화 공간을 만들어 심리적 안전감을 높일 수 있다. 이러한 장치 속에서 피드백은 형식적인 절차가 아니라, 구성원 간 자연스럽게 오가는 대화의 일부로 자리 잡는다.

결국, 피드백과 공유가 중심에 선 조직문화활동은 단발적인 즐거움이 아니라, 지속적인 성장과 정렬을 이끌어낸다. 즉시 피드백과 실시간 회고, 질문 중심의 대화, 그리고 AI의 데이터 기반 지원이 결합된 구조 속에서 활동 하나하나가 학습과 개선의 순환고리

    2부 — AI 시대, 우리만의 조직문화 만들기

에 편입되고, 조직은 학습하는 공동체이자 실행력이 살아 있는 조
직문화로 진화한다.

커뮤니케이션 채널과 방식의 설계

조직문화는 구성원들이 무엇을 말하고, 어떻게 말하며, 어떤 경
로로 소통하는가에 따라 크게 달라진다. 단순히 정보를 전달하는
채널이 아니라, 실행과 협업을 촉진하고 조직문화적 가치가 스며
드는 소통 구조를 설계하는 것이 필요하다. 이를 위해서는 물리
적·디지털·비공식 채널을 포함한 전방위적인 커뮤니케이션 인프
라를 마련해야 한다.

**첫째, 커뮤니케이션 채널은 목적과 메시지의 성격에 따라 설계되
어야 한다.** 긴급한 실행 지시나 빠른 의사결정이 필요한 경우에는
실시간 메신저나 화상 회의 툴이 적합하다. 반면, 깊이 있는 논의
나 아이디어 발전이 필요한 경우에는 비동기 협업 툴(예: 문서 협업
플랫폼, 프로젝트 보드)이 더 효과적이다. 특히 하이브리드 환경에서
는 동기·비동기 채널을 병행 설계해 회의 의존도를 줄이고, 기록·
문서 중심의 의사소통을 강화해야 한다. 이렇게 하면 물리적으로
떨어져 있는 팀도 동일한 정보 기반에서 정렬된 실행을 유지할 수
있다.

둘째, 공식·비공식 커뮤니케이션 채널의 역할을 명확히 분리하고,

각 채널이 맡는 문화적 기능을 설계해야 한다. 공식 채널은 정책, 전략, 실행 계획 등 조직 운영의 중심 정보를 정확하고 일관되게 전달하는 역할을 맡는다. 반면, 비공식 채널은 자발성과 창의성이 발휘되는 공간으로, 구성원 간 신뢰 구축, 관계 형성, 비형식적 아이디어 교환을 촉진하는 장으로 활용된다. 두 채널은 상호 보완적으로 작동해야 하며, 공식 채널에서 합의된 사항이 비공식 채널의 토론을 거쳐 다시 공식 채널로 환류되는 순환 구조가 바람직하다.

셋째, 커뮤니케이션의 내용은 조직문화적 지향을 반영해야 한다. '보고문화'에서 '질문문화'로 전환하려면 단순한 보고 형식을 넘어, 정보가 결론과 사실 전달에만 머무르지 않고 그 배경과 이유, 그리고 다음 단계의 개선 가능성을 탐구하는 대화로 바뀌어야 한다. 이를 위해 리더와 구성원은 질문을 던지고 이에 답하는 과정을 통해 사고를 확장시키는 훈련이 필요하며, 이러한 질문과 응답은 상호 존중과 호기심을 바탕으로 해야 한다.

넷째, 커뮤니케이션 방식과 스타일은 명확·일관·개방을 원칙으로 삼아야 하며, 이를 통해 조직 메시지가 왜곡 없이 전달되도록 해야 한다. 명확함은 메시지의 핵심이 모호하지 않게 구성원 모두에게 동일하게 이해되도록 하고, 일관성은 채널과 상황에 관계없이 같은 의미와 의도를 유지하도록 하며, 개방성은 다양한 의견과 질문이 자유롭게 오갈 수 있는 분위기를 조성한다. 이 원칙은 단순한 슬로건이 아니라, 모든 커뮤니케이션 과정에 녹아들어야 한다. 예를 들어, 전사 공지문을 작성할 때도 누가 읽더라도 같은 의미로 해

     2부 ─ AI 시대, 우리만의 조직문화 만들기

석되도록 용어를 표준화하고, 팀 회의에서 합의된 결론이 전사 메신저나 문서에도 동일하게 반영되도록 관리하며, 제안 채널에서는 누구나 질문과 의견을 제시할 수 있도록 보장하는 방식이다.

다섯째, 채널 간의 정보 흐름을 유기적으로 연결해야 한다. 전사 미팅에서 논의된 의제는 곧바로 프로젝트 보드에 기록되어 실행 과제로 전환되고, 해당 진행 상황은 팀별 채널과 AI 대시보드를 통해 전사적으로 공유될 수 있다. 이렇게 하면 정보의 단절을 막고, 실행의 정렬성을 높일 수 있다.

여섯째, 비공식 채널을 전략적으로 활용한다. 사내 카페 대화, 소셜 플랫폼, '랜덤 커피 챗' 등 비정형 소통 공간에서도 목적 있는 대화를 설계하면, 예를 들어 사내 카페에서는 부서 간 협업 아이디어를 주제로 자유롭게 토론하는 시간을 마련하거나, 온라인 소셜 플랫폼에서는 구성원들이 각자의 실행 경험과 문제 해결 사례를 공유하도록 유도하는 식으로, 공식 회의에서 나오지 않는 아이디어와 실행 동력이 생긴다. 특히 하이브리드 환경에서는 디지털 비공식 채널이 구성원 간 심리적 연결감을 유지하는 핵심 역할을 한다.

마지막으로, AI를 활용해 커뮤니케이션의 효율성과 품질을 높일 수 있다. AI는 메시지의 우선순위를 자동 분류하고, 각 채널에서 오간 대화 내용을 요약·분석하여 중요한 패턴을 도출한다. 여기에 더해 AI 도구를 활용하면 구성원별로 맞춤형 정보를 전달할 수 있다. 예를 들어, 특정 프로젝트에 참여 중인 구성원에게는 해당 과제와 직접적으로 연관된 최신 데이터와 진행 상황만을 자동으로 제공하고, 다른 부서의 주요 이슈는 간략히 요약해 전달함으로써 정보 과부하를 줄이고 집중도를 높인다. 이러한 맞춤형 정보 전달은 불필요한 커뮤니케이션을 줄이는 동시에, 각 구성원이 자신의 역할에 최적화된 실행 정보를 확보하게 해준다.

결국, 커뮤니케이션 채널과 톤의 설계는 단순한 정보 전달의 범위를 넘어, 실행의 속도와 품질, 그리고 조직문화의 일관성을 좌우하는 전략적 과제다. 공식·비공식 채널의 역할을 명확히 나누고, 목적에 맞는 채널을 설계하며, 명확·일관·개방을 원칙으로 한 방식과 스타일을 체계적으로 적용하고, 동기·비동기 소통 방식을 병행하며, AI 기반 데이터 분석과 맞춤형 정보 전달까지 결합할 때 비로소 커뮤니케이션은 조직문화적 가치를 강화하는 실행 인프라로 진화한다.

실천공동체와 사내 토론 문화

조직이 지속적으로 학습하고 변화하기 위해서는, 단발적인 프로젝트나 캠페인이 아니라 장기적으로 지속되는 실천공동체 Community of Practice, CoP가 필요하다. 실천공동체는 단순한 모임이나 스터디 그룹이 아니라, 특정 주제나 문제 해결을 중심으로 구성원이 자발적으로 모여 경험과 지식을 공유하고 실행 역량을 함께 높이는 장이다. 특히, 실천공동체는 부서와 직급을 넘어 실행 경험과 지식을 공유하는 자발적 모임으로, 문제 해결, 실행 학습, 지속적 개선을 핵심 활동으로 삼는다. 이러한 공동체는 공식적인 조직 구조 밖에서도 작동하며, 실행과 학습이 동시에 일어나는 조직문화를 만든다.

실천공동체^{CoP} 활동의 가장 큰 특징은 실질적 실행과 직결된 지식 교류다. 예를 들어, 신기술 도입 CoP는 단순한 정보 전달에 그치지 않고, 실제 프로젝트에서의 적용 사례를 공유하고 문제 해결을 위한 실험을 병행한다. 이를 통해 구성원들은 단순한 '정보 소비자'가 아니라 '실행 전문가'로 성장하며, 조직 전반에 걸쳐 실행 품질이 향상된다.

사내 토론 문화는 이러한 실천공동체를 뒷받침하는 핵심 토대다. 건강한 토론 문화는 단순한 의견 교환이 아니라, 서로의 관점을 경청하고 질문하며, 더 나은 해결책을 도출하는 과정이다. 이를 위해서는 심리적 안전감이 필수적이며, 비판이 아닌 개선과 확장을 목표로 하는 대화 규칙이 필요하다. 특히 사내 토론 문화는 보고가 아닌 질문·탐구 중심의 대화로 설계되어야 한다. 보고는 결과를 전달하는 데 그치지만, 질문과 탐구는 그 결과의 맥락과 의도, 그리고 개선 가능성을 발견하게 한다. '왜 이 실행을 했는가'와 '다음에는 어떻게 더 잘할 수 있는가'를 묻는 대화가 토론의 기본이 되면, 구성원은 단순한 전달자가 아닌 문제 해결의 주체로 참여하게 된다.

AI와 디지털 협업 도구는 실천공동체와 토론 문화를 강화하는 중요한 촉매제다. 예를 들어, AI 기반 회의 요약과 실행 항목 자동 추출 기능을 활용하면, 토론에서 나온 아이디어가 바로 실행 계획으로 전환되고 추적될 수 있다. 또한, 비동기 토론 플랫폼을 활용하면 물리적으로 떨어진 구성원도 같은 논의에 참여할 수 있어, 토론의 범위와 다양성이 확장된다.

성공적인 실천공동체와 토론 문화를 위해서는 형식적인 운영을 넘어, 주제 선정과 진행 방식을 구성원들이 주도하고, 공식 프로젝트와의 연계를 통해 성과를 가시화해야 한다. 예를 들어, 특정 실천공동체에서 도출된 해결책이 바로 파일럿 프로젝트로 실행되고, 그 결과가 전사적으로 공유되는 구조를 만들면, 공동체 활동이 조직문화와 전략 실행 모두에 기여하게 된다.

실천공동체와 사내 토론 문화는 조직의 학습 능력과 실행력을 동시에 끌어올리는 핵심 동력이다. 부서와 직급을 초월한 자발적 참여, 실질적 실행과 학습, 보고가 아닌 질문·탐구 중심의 대화, 심리적 안전감을 바탕으로 한 토론, 그리고 AI 기반의 실행 전환 구조가 결합될 때, 조직은 끊임없이 배우고 실행하는 진정한 학습 공동체로 발전해간다.

　　　2부 — AI 시대, 우리만의 조직문화 만들기

우리만의 조직개발 체계를
구축하라

변화의 통합 관리체계

지금까지 우리는 목적과 원칙, 리더십, 평가와 보상, 성장, 구조, 공간과 기술, 실행 공동체 등 조직문화의 다양한 구성요소를 살펴보았다. 그러나 이 모든 요소는 결국 하나의 체계 속에서 통합적으로 작동해야 한다. 바로 그 체계를 만드는 일이 조직개발이다.

조직개발Organization Development, OD은 흔히 교육 프로그램, 성과관리 제도의 개선, 혹은 리더십 훈련과 같은 개별적 활동으로 이해되곤 한다. 그러나 AI 시대의 조직개발은 단일한 기능이나 프로젝트를 넘어, 변화를 통합적으로 관리하는 체계를 지향한다. 이는 단순히 변화의 필요를 파악하는 진단이나, 단발적 실행을 관리하는 수준이 아니라, 조직 전체가 학습과 실행을 순환시키며 스스로를 진화시키는 시스템을 만드는 과정이다.

조직개발은 조직문화의 계획에 머무는 것이 아니라, 실행의 루틴을 설계하는 작업이다. 즉, 좋은 문구나 선언문을 만드는 데서 끝나는 것이 아니라, 실제로 사람들이 일하는 방식, 회의의 흐름, 피드백의 주기, 학습과 회고의 방식까지 구체적으로 설계하고 반복되는 실행 습관으로 자리 잡게 해야 한다. 조직문화는 선언이 아니라 루틴에서 드러나며, 조직개발은 바로 이 루틴을 체계화하는 일이다.

변화는 본질적으로 불확실하고 예측하기 어렵다. 그렇기에 조직개발은 변화의 각 요소를 따로 떼어내 관리하기보다, 서로 다른 변화의 흐름들을 하나의 맥락에서 엮고 조율하는 역할을 수행해야 한다. 전략과 실행, 리더십과 문화, 제도와 경험은 각각 독립적으로 존재하지 않는다. 어느 한 영역의 변화는 반드시 다른 영역에 파급효과를 미친다. 따라서 조직개발은 이들의 상호작용을 총체적으로 바라보며, 변화가 단절되지 않고 유기적으로 이어지도록 관리하는 조정자의 역할을 한다.

특히 중요한 것은 질문의 전환이다. 조직개발의 핵심 질문은 "무엇을 바꾸려는가?"가 아니라 "무엇을 가능하게 하려는가?"여야 한다. 특정 제도의 변경이나 구조 개편만을 목표로 삼기보다, 그것이 어떤 실행을 가능하게 하고 어떤 학습을 촉진하며 어떤 의미를 만들어내는가에 초점을 맞추어야 한다. 조직개발의 목적은 변화를 위한 변화가 아니라, 새로운 가능성을 창출하는 변화다.

또한 조직개발은 보편적 처방을 적용하는 것이 아니다. 조직의

　　　　2부 — AI 시대, 우리만의 조직문화 만들기

현재 성숙도와 과제에서 출발해야 한다. 같은 제도와 방법론이라 하더라도, 조직의 상황과 구성원의 준비도에 따라 전혀 다른 결과를 낳을 수 있다. 따라서 조직개발은 매뉴얼을 복제하는 일이 아니라, 진단과 맥락 이해를 바탕으로 자신에게 맞는 방식을 설계하는 일이다. 이 점에서 조직개발은 과학적 분석과 함께 예술적 통찰을 요구한다.

이러한 관점에서 조직개발의 목표는 변화의 속도를 무리하게 끌어올리는 것이 아니다. 오히려 조직이 자신에게 적합한 변화의 리듬을 찾고, 그 리듬을 유지하며, 필요할 때 유연하게 조정할 수 있도록 돕는 것이다. 이를 위해서는 변화를 진단하고, 작은 실험을 통해 학습하며, 그 학습을 다시 제도와 문화 속에 반영하는 순환적 구조가 필요하다. 조직개발은 이 순환을 설계하고, 관리하며, 때로는 촉진하는 역할을 수행한다.

결국 조직개발은 단순한 변화를 넘어 "지속 가능한 변화"를 가능하게 하는 체계를 만드는 일이다. 변화가 일회적 이벤트로 끝나는 것이 아니라, 조직의 운영 원리와 학습 방식 안에 내재화될 때, 비로소 조직은 환경의 불확실성과 기술의 급격한 발전 속에서도 흔들리지 않고 앞으로 나아갈 수 있다. 조직개발은 이 과정을 가능하게 하는 변화의 통합 관리 장치인 것이다.

조직요소의 정렬: 리더십·구조·보상·성장·공간의 통합

조직개발의 성패는 다양한 조직 요소들이 얼마나 잘 정렬되어 있는가에 달려 있다. 조직은 리더십, 구조, 보상, 성장, 공간과 기술 등 수많은 하위 시스템으로 구성되어 있으며, 이들이 서로 다른 방향으로 움직일 때 조직은 필연적으로 마찰을 겪는다. 어느 한 영역에서의 변화가 다른 영역과 어긋나면 실행의 흐름은 끊어지고, 구성원은 혼란을 경험한다.

따라서 조직개발은 이 모든 요소를 하나의 실행 맥락 속에 조율하는 과정이다. 리더십이 심리적 안전과 자율성을 강조하면서도 보상 제도가 단기 성과만을 강제한다면, 구성원은 어떤 행동을 선택해야 할지 갈피를 잡기 어렵다. 구조가 분권과 협업을 지향하지만 공간과 기술 인프라가 여전히 보고 중심으로 설계되어 있다면, 실행은 흐름을 잃고 단절된다. 이런 불일치는 단순한 차이를 넘어, 조직 전체에 조정오류coordination error를 발생시킨다.

조정 오류란 조직의 각 시스템이 제각각의 리듬과 속도로 작동하면서 서로 다른 신호를 보내는 상황이다. 예를 들어 리더는 "실패를 두려워하지 말라"고 말하지만 보상 체계는 실패를 처벌한다면, 구성원은 이중 신호double signal에 시달린다. 이러한 조정 오류가 누적되면 실행력은 약화되고 신뢰는 손상된다. 결국 구성원들은 제도의 메시지와 리더의 언어 사이에서 길을 잃게 된다.

조직개발은 이 조정오류를 줄이고 실행의 일관성을 확보하는 일을 본질적 목표로 삼는다. 오류를 단순히 제거하는 것이 아니라, 각 요소들이 서로를 보완하며 하나의 목표를 향해 나아가도록 정렬하는 것이다. 리더십은 방향과 신뢰를 제공하고, 구조는 실행 단위를 재구성하며, 보상은 실행과 학습을 강화하고, 성장은 반복된 경험을 계단처럼 축적하게 하며, 공간과 기술은 몰입과 연결을 가능하게 한다. 각각의 요소가 고립된 기둥이 아니라 하나의 오케스트라처럼 연주될 때, 조직은 살아 있는 힘을 얻게 된다.

AI 시대에는 이러한 정렬이 더욱 절실하다. 자동화와 데이터 기반 의사결정이 속도를 높이는 만큼, 인간적 리더십과 문화적 경험이 이를 붙잡아주지 않으면 구성원은 소외감을 느낀다. 데이터가 보여주는 방향과 리더가 말하는 메시지가 충돌할 때, 현장은 혼란에 빠진다. 조직개발은 바로 이 간극을 조율하여 기술적 요소와 인간적 요소가 함께 움직이도록 만드는 역할을 한다.

정렬은 단순히 조정 오류를 최소화하는 기술적 과정이 아니라, 조직의 신뢰를 형성하는 사회적 기반이기도 하다. 요소들이 일관되게 메시지를 줄 때, 구성원은 조직의 말과 행동이 일치한다고 느끼고, 그 신뢰 위에서 실행은 속도를 얻는다. 반대로 정렬이 깨져 각 영역에서 상반된 신호가 흘러나오면, 구성원은 조직이 무엇을 원하는지 확신하지 못하고 동기 또한 잃게 된다.

따라서 조직요소의 정렬은 실행의 효율성만이 아니라, 조직이 하나의 공동체로서 스스로를 인식하는 방식을 결정한다. 목적과 원칙, 업무프로세스, 리더십, 조직구조, 보상과 성장, 공간과 기술이 서로를 보완하며 하나의 맥락을 형성할 때, 조직은 단순한 시스템을 넘어 관계와 의미의 네트워크로 기능한다.

실행 루프 기반 조직개발

조직개발이 추구하는 변화는 일회적 프로젝트가 아니라 순환적 과정이다. 변화는 선형적으로 진행되지 않고, 진단 → 실행 → 학습 → 제도화라는 반복적 루프를 통해 심화된다. 이 순환이 제대로 작동할 때 조직은 단순한 개선을 넘어 자기 진화의 능력을 갖게 된다.

첫째, 진단diagnosis**은 흔히 조직개발의 필수적인 출발점으로 생각하지만 반드시 진단에서 출발해야 하는 것은 아니다.** 하지만 앞서 강조한바와 같이 조직개발이 어느 조직에나 동일한 보편적 처방을 적용하는 것이 아니라 조직의 성숙도와 구성원의 준비도에 따라 다르게 접근해야 한다는 관점에서 필요하다. 기존 조직개발의 진단은 주로 인터뷰와 워크숍에 의존해왔다. 이제는 그 방식을 넘어야 한다. AI 기반 데이터 진단은 실시간으로 조직 내 실행 데이터, 커뮤니케이션 흐름, 참여 수준 등을 수집·분석하여 조직의 '현재'를 생생히 보여준다. 펄스 진단과 실행 기록을 통해 순간순간의 변화를 감지할 수 있으며, 인간은 이 데이터를 해석하고 맥락화하여 실행을 조율한다.

둘째, 실험experiment**은 작은 변화에서 시작한다.** 대규모 개혁을 추진하기보다, 실행 가능한 범위에서 새로운 시도를 설계하고 검증하는 것이다. AI는 어떤 조건에서 실행 성과가 개선되는지를 빠르게 분석해주고, 인간은 실험 과정에서 나타나는 미묘한 감정과 관계적 신호를 포착한다. 이렇게 데이터와 인간의 감각이 결합될 때, 실험은 단순한 시도가 아니라 학습의 출발점이 된다.

셋째, 학습learning**은 실험의 결과를 체계화하는 과정이다.** 기존 조직개발이 주로 보고서와 회고 워크숍에 의존했다면, 이제는 AI 기반 기록 시스템이 모든 실행 과정을 저장하고 패턴을 드러낸다. 인간은 이 데이터를 해석하면서 '무엇이 가능했는가?', '무엇이 제약이었는가?'를 토론하고, 이를 실행 지침으로 재구성한다. 이때 학습은 개인의 깨달음이 아니라 조직 차원의 지식으로 공유되어야 한다.

마지막으로 제도화institutionalization**가 필요하다.** 학습한 내용이 일시적 경험에 머무르지 않고, 제도와 문화로 정착될 때 비로소 변화는 지속성을 갖는다. AI가 제도적 효과를 모니터링하고, 인간은 그 효과가 실제 현장에서 어떻게 경험되는지를 확인하며 개선한다. 평가와 보상, 구조와 규범 등 제도적 장치 속에 학습의 결과가 녹아들어야 실행 루프가 만들어진다.

이러한 조직개발의 실행 루프는 단순한 관리 사이클이 아니라, AI 기반 데이터 진단과 인간의 실행 학습이 결합된 새로운 진화 방식이 되어야 한다. 환경 변화가 빠른 시대일수록 진단–실험–학습-제도화의 루프는 더 짧고 민첩하게 돌아가야 한다. AI는 속도와 정밀도를 높이고, 인간은 그 속에서 의미와 방향을 부여한다. 결국 실행 루프 기반 조직개발은 조직이 외부 환경에 수동적으로 적응하는 것이 아니라, 스스로 학습하고 진화하는 능동적 활동이어야 한다.

변화의 라이브스트리밍 조직문화진단

AI 협업, 하이브리드 워크, 세대별 가치관 변화 속에서 많은 조직은 '조직문화진단'이라는 도구로 조직의 현 상태를 점검한다. 진단은 수치와 차트를 통해 조직의 모습을 시각화하고, 개선 계획의 기초 자료를 제공한다. 그러나 화려한 보고서 뒤에 남는 것은 종종 실행 없는 점수뿐이다.

조직문화의 대가 에드가 샤인Edgar Schein은 조직문화진단이 "피상적이고Superficial, 도움이 되지 않으며not to be helpful, 심지어 쓸모없다Useless"라고까지 말한다. 그 이유는 세 가지다.

첫째, 임의적 질문의 한계다. 조직문화는 사업 수행 방식과 관계·시스템의 총합이기에 1,000개의 질문도 부족하다. 결국 진단은 '무엇이 중요한가'라는 추측에 기반할 수밖에 없고, 질문되지 않은 본질은 가려진다.

둘째, 집단 현상을 개인 응답으로 측정한다는 점이다. 문화는 집

　　　　2부 — AI 시대, 우리만의 조직문화 만들기

단의 상호작용에서 발생하지만, 설문은 개인의 평균만 제시한다.

셋째, 정적인 결과치로 역동적 현상을 설명하려 한다는 점이다. 보고서는 특정 시점의 단면일 뿐이며, 실제 조직문화는 매일 변화한다. 따라서 전통적 진단은 변화의 흐름을 놓치기 쉽다.

실무적으로도 진단은 종종 한계를 드러낸다. 표면적 행동만 기록하고 암묵적 가정은 포착하지 못하거나, 문제 중심 질문이 부정적 정서를 강화하기도 한다. 또한 다른 조직과 동일한 설문을 적용해 맥락을 왜곡하거나, 결과 해석이 일부 전문가에게만 집중되어 구성원의 주도권을 앗아가기도 한다. 하이브리드 워크와 AI 협업 도구가 일상화된 지금, 전통적 진단은 이러한 디지털 발자취와 실행 데이터를 분석에 반영하지 못한다는 점에서 더욱 한계가 뚜렷하다.

이러한 관점에서 조직문화진단의 시의성을 확보하고, 변화의 미세한 흐름까지 읽어낼 수 있는 새로운 전략이 필요하다. 첫째, 피상적 행동이 아닌 암묵적 가정에 접근해야 한다. 동일한 행동도 그 배경 동기가 다르면 문화적 의미는 달라진다. 따라서 진단은 행동 빈도를 세는 데 그치지 않고, 그 배경의 신념과 해석 체계를 드러내야 한다. 둘째, 진단 자체를 문화적 개입으로 설계해야 한다. 진단은 단순 데이터 수집이 아니라 이미 하나의 조직개발 활동이다. 진단 과정에서 구성원이 긍정적 정서를 경험하고, 변화의 출발점으로 인식하도록 만들어야 한다. 셋째, 문제 탐지 중심에서 긍정 전환 질문으로 이동해야 한다. "협업이 잘 안 되는 이유는?"

보다 "협업이 가장 잘 되었던 순간은 언제였는가?"를 묻는 편이 효과적이다. 이는 약점을 기회로 전환하는 실행 질문을 이끌어낸다. 넷째, 결과의 공유·참여형 분석이 필요하다. 결과를 전문가가 독점하지 않고 구성원이 직접 해석하고 실행 방안을 찾도록 해야 한다. 샤인 역시 집단 대화와 토론이 조직문화의 본질을 드러내는 핵심이라고 강조했다. 다섯째, 실행 루프와 행동 리듬을 측정해야 한다. 회고·피드백·실험·학습의 순환 빈도와 품질을 지표화하고, AI 기반 협업 툴의 로그 데이터를 분석해 실제 실행 패턴을 드러내야 한다.

변화 속도가 빨라진 지금, 한 해 전의 데이터를 붙잡고 논의하는 방식으로는 조직문화의 실제 흐름을 따라잡기 어렵다. 이제 진단은 '완료하는 것'이 아니라 '지속하는 것'이어야 한다. 이러한 관점에서 몇 가지 새로운 진단방식을 고려해볼 수 있다.

수시 진단Continuous Diagnosis은 AI를 활용해 구성원 경험, 협업 패턴, 피드백 데이터를 상시 수집·분석함으로써, 문화의 '현재 상태' 뿐 아니라 '변화 곡선'을 그려낸다. 이를 통해 문제를 사후적으로 발견하는 대신, 변화의 조짐을 미리 감지할 수 있다. 간단한 실행 해볼 수 있는 방안으로 마이크로소프트의 Teams를 사용하고 있는 조직이라면, Viva Insights를 활용하여 회의 피로도, 집중 시간, 네트워크 연결성을 매주 분석하고, 그 결과를 토대로 팀별 맞춤 개선안을 만들어보는 활동을 시도해볼 수 있다.

펄스 진단Pulse Survey은 3~5문항의 짧은 설문을 정기적으로 보

     2부 — AI 시대, 우리만의 조직문화 만들기

내, 조직의 체온을 잰다. 특히 중요한 이슈나 변화 직후, 구성원의 즉각적인 반응을 파악해 빠르게 대응할 수 있다. 마치 의사가 환자의 맥박을 주기적으로 확인하듯, 조직의 건강 상태를 지속적으로 점검하는 방식이다. 한 예로, 마이크로소프트 Viva Pulse는 팀 리더가 짧은 설문을 통해 심리적 안전감, 협업, 업무 명확성 등 팀의 현재 상태를 신속하게 파악하고, AI 분석과 연구 기반 템플릿을 바탕으로 실행 가능한 개선 아이디어를 바로 도출할 수 있도록 돕는다. 이 설문은 3~6문항 내외로 간결하게 구성하며, 최소 응답 인원 임계값을 설정해 익명성을 보장한다. 운영은 '진단 → 의제 도출 → 소규모 실험 → 재측정 → 확산'의 순환 구조로 진행하며, 2주 단위의 작은 행동 변화를 반복적으로 시도해 효과가 검증된 실천을 팀의 표준 루틴으로 내재화히도록 한다.

대화형 진단Conversation-based Diagnosis은 설문보다 깊은 차원의 조직 문화의 모습을 드러낸다. 실제 업무 수행을 함께 하는 실행단위 구성원 간의 대화를 통해 암묵적 가정과 인식을 표면으로 끌어올린다. 이를 부정적 평가가 아니라 긍정적 개입의 장으로 설계하면, 참여율과 진정성도 함께 높일 수 있다. IBM은 글로벌 CoP 회의를 통해 각국 팀의 협업 문화를 비교하고, '공유 지식의 속도'라는 지표를 개발해 일부 지역의 지식 이전 속도가 느린 원인을 찾아낸 사례도 있다.

이 세 가지 외에도 여러 확장 가능한 방식이 있다. 예를 들어, 행동 데이터 기반 진단은 협업 툴, 메일, 회의 패턴 등 실제 행동 데이터를 분석해 설문 편향을 줄이고 협업·신뢰 구조를 시각화한다. 스토리 기반 진단은 구성원의 실제 경험담을 수집해 조직의 가치관과 감정 흐름을 파악한다. 실험 기반 진단은 새로운 문화 개선 아이디어를 소규모로 적용해 변화를 검증하고, 피어 피드백 진단은 동료 간 신뢰와 협업 관계를 진단하는 데 효과적이다. 또한, 외부 이해관계자 관점 진단은 고객이나 파트너의 시선에서 조직 문화를 점검함으로써 내부와 외부 인식의 차이를 드러낸다.

진단은 끝이 아니라 조직개발을 위한 대화의 시작이다. 진단 이후에는 소규모 실험과 실행 변화를 설계하고, 이를 다시 측정해 학습으로 이어가야 한다. 특히 중요한 것은 진단 과정에서 드러난 부정적 가정을 긍정적 가능성으로 전환하는 것이다. "우리는 약하다"에서 멈추지 않고, "이 약점을 기회로 바꿀 방법은 무엇인가?"를 묻는 순간 실행이 달라진다.

궁극적으로 조직문화 진단의 본질은 숫자나 차트가 아니라, 조직과 구성원이 함께 변화를 설계하는 대화에 있다. 진단은 스냅샷이 아니라 실시간 변화의 라이브 스트리밍이어야 한다. 단발성 점수보다 흐름을, 보고서보다 실행과 피드백의 속도를 중심에 두어야 한다. 에드가 샤인이 강조했듯, "조직문화는 표면적 현상이 아니라 우리의 근본적인 본질 그 자체"다. 진단이 평가를 넘어 성찰과 공동 설계의 출발점이 될 때, 그것은 살아 있는 도구가 된다. AI 시대의 조직문화 진단은 '점'이 아니라 '선'이며, 조직의 성장 곡선을 바꾸는 학습의 여정이 된다.

제도화된 경험, 경험화된 제도

조직개발의 성공은 제도와 경험을 어떻게 연결하느냐에 달려 있다고 해도 과언이 아니다. 제도는 규칙과 절차, 보상과 구조를 통해 실행을 뒷받침하는 뼈대이지만, 구성원이 실제로 체감하는 것은 제도 자체가 아니라 그로부터 비롯된 경험이다. 제도가 아무리 정교해도 현장에서의 경험과 괴리된다면, 구성원들은 혼란스러워하고, 실행은 왜곡된다. 조직개발은 바로 이 간극을 메우며, 구성원들의 말과 행동, 규범과 시스템이 같은 방향으로 움직이도록 만드는 과정이다.

조직개발은 제도와 경험을 따로 설계하는 것이 아니라, 양자를 긴밀히 엮는 설계를 지향해야 한다. 제도만 강조하면 그것은 강압적이고 기계적인 틀로 작동한다. 규칙과 절차는 존재하지만, 구성원이 그것을 억압적으로 경험한다면 실행은 위축된다. 반대로 경험만 강조하면 공허하다. 좋은 경험을 제공하는 이벤트는 많지만, 제도적 설계로 뒷받침되지 않으면 금세 소멸한다. 예를 들어 피드백 제도가 존재하지만 구성원이 그것을 통제나 평가의 도구로만 경험한다면, 그 제도는 실행을 촉진하기보다 억제하게 된다. 반대로 학습과 성장을 지원하는 경험이 제도로 뒷받침되지 않는다면, 그 경험은 일회성 이벤트로 사라진다. 따라서 실행과 학습을 지속적으로 가능하게 하려면 반드시 제도적 설계가 경험 뒤에 따라야 한다.

AI 시대에는 이 과제가 더욱 복잡해진다. 데이터 기반 제도가 속도를 높이지만, 구성원이 그것을 어떻게 받아들이는지는 결국 경험의 문제다. AI가 성과와 보상을 정량화하더라도, 그것이 공정하고 의미 있다고 느껴지는가는 인간적 경험에서 결정된다. 따라서 조직개발은 데이터 기반 제도와 인간 중심 경험을 동시에 고려하는 균형 감각을 갖추어야 한다.

구체적으로는, 제도의 설계 단계에서부터 구성원의 실제 여정을 고려해야 한다. 제도의 목적이 무엇인지, 그것이 현장에서 어떤 경험으로 번역되는지, 어떤 피드백 루프를 통해 개선되는지까지 통합적으로 설계해야 한다. 예를 들어 평가 제도라면 단순히 성과를 등급화하는 것에서 끝나는 것이 아니라, 구성원이 자기 성장을 위한 피드백과 코칭을 경험할 수 있도록 만들어야 한다. 제도는 조직문화의 반영일 뿐 아니라, 조직문화를 촉진하는 장치가 되어야 한다.

동시에 경험은 제도를 학습시키는 실험장이 되어야 한다. 작은 경험을 설계하고, 그 경험을 통해 제도의 효과를 검증한 뒤 다시 제도를 조정하는 루프가 필요하다. 제도와 경험을 병렬적으로 두는 것이 아니라, 경험을 통해 제도를 학습하고, 제도를 통해 경험을 확장하는 상호 보완적인 접근이 필요하다.

결국 제도화된 경험과 경험화된 제도의 교차 속에서 조직은 의미와 신뢰를 만들어낸다. 제도가 경험과 분리되면 조직은 경직되거나 공허해지지만, 양자가 하나로 연결될 때 조직은 학습과 실행

 2부 — AI 시대, 우리만의 조직문화 만들기

을 지속하고 의미있는 변화를 지속하게 된다. 이 연결이야말로 조직개발이 설계해야 하는 가장 근본적 토대이다.

구성원 참여의 제도화

조직개발의 중요한 과제 중 하나는 구성원의 참여를 어떻게 제도화할 것인가이다. 참여가 자발성에만 의존하면 쉽게 소진되거나 불균형적으로 나타난다. 반대로 참여가 제도 속에 내재화될 때, 조직은 지속적으로 학습하고 실행을 이어갈 수 있는 동력을 얻게 된다. 참여를 단순히 일시적인 열정이나 분위기에 맡겨 두는 것이 아니라, 구조와 제도를 통해 안정적으로 흐르게 해야 한다는 것이다.

중요한 점은, 조직개발은 전문가나 경영진의 전유물이 아니라는 것이다. 조직의 변화를 만들어내는 주체는 현장에서 실행을 경험하는 구성원들이다. 따라서 실행 공동체, 참여형 의사결정, 자율적 실험을 제도 속에 녹여야 한다. 그래야만 참여는 일회성이 아닌 지속가능한 체계로 작동할 수 있다. 다시 말해, 참여가 제도 속에 뿌리내려야 조직개발은 특정한 개인의 열정이나 리더십 스타일에 좌우되지 않고 안정적으로 이어질 수 있다.

구성원의 참여를 제도화 한다는 것은 단순히 구성원의 의견을 수렴하는 수준을 넘어선다. 그것은 의사결정 구조 자체를 재설계하는 일이다. 구성원이 전략과 실행, 제도와 조직문화의 설계 과정에 참여할 수 있도록 제도적 장치를 마련해야 한다. 예를 들어 정기적인 참여 회의, 프로젝트 단위의 합의 프로세스, AI 기반 협업 플랫폼을 통한 실시간 의견 반영 등이 가능하다. 이러한 제도적 장치는 참여가 특정한 순간의 이벤트가 아니라, 일상적인 업무 흐름 속에 자리 잡도록 만든다.

AI 시대에는 참여의 방식도 달라진다. AI는 수많은 데이터를 분석하여 의사결정의 근거를 제시할 수 있지만, 그 데이터를 해석하고 실행 맥락에 맞게 활용하는 것은 인간이다. 따라서 참여형 거버넌스는 AI가 제시하는 분석과 인간의 경험적 해석이 만나는 접점을 제도화하는 과정이기도 하다. AI가 실시간으로 구성원의 의견을 집계하고 패턴을 보여준다면, 인간은 그 맥락을 토론하며 의미를 만들고, 이를 다시 제도적 장치에 반영해야 한다.

구성원의 참여가 제도화되면, 먼저 의사결정의 질이 높아진다. 다양한 관점이 반영되면서 실행의 리스크가 줄어든다. 또한 실행에 대한 몰입이 강화된다. 구성원이 자신이 만든 규범과 제도를 실행할 때, 책임감은 자연스럽게 커진다. 그리고, 조직문화가 민주적이고 개방적인 방향으로 진화한다. 이는 단순히 이상적 가치가 아니라, 불확실성과 복잡성이 높은 환경에서 더 나은 실행을 가능하게 하는 현실적 조건이 된다. 특히 복잡한 문제 해결 과정에서 참여형 거버넌스는 더 많은 시각과 아이디어를 조직화하여 혁신적 결과를 낼 수 있다.

무엇보다 중요한 것은, 참여가 제도화될 때 조직개발은 체계로 자리 잡는다는 점이다. 참여가 제도 속에 내재화되면, 실행과 학습의 루프는 특정 개인의 의지나 일시적 분위기에 흔들리지 않고 지속된다. 조직은 구성원 모두가 동등한 주체로 참여하는 학습 공동체로 진화하며, 이는 곧 조직개발의 가장 강력한 기반이 된다. 참여의 제도화는 단순히 민주주의적 운영 방식의 이상을 실현하는 것이 아니라, 조직이 환경 변화 속에서도 흔들리지 않고 스스로 학습하고 진화하는 힘을 확보하는 구체적 메커니즘이다.

지속 실행가능한 조직개발체계 설계

조직개발은 단순히 구조를 바꾸는 일이 아니다. 더 본질적으로는 조직이 지속적으로 실행하고 학습할 수 있는 체계를 어떻게 설계할 것인가의 문제다. 많은 조직이 구조 개편을 일회성 이벤트로 접근한다. 새로운 조직도를 발표하고, 팀을 재편성하며, 직무를 조정하는 순간 변화가 끝났다고 여긴다. 하지만 이러한 방식은 시간이 지나면 다시 경직되고, 구성원은 단절과 혼란 속에서 방향을 잃는다. 조직개발은 단절적 개편이 아니라, 실행을 중심으로 한 지속 가능한 체계적 전환을 지향한다.

지속 실행가능한 조직개발체계는 과거와 현재, 미래를 끊지 않고 잇는 구조다. 기존의 경험과 학습을 무시하는 것이 아니라, 그것을 토대로 새로운 흐름을 만들어낸다. 즉, 기존 체계를 전면적으로 부정하거나 폐기하는 것이 아니라 전환transition과 적응adaptation을 통해 자기 진화하는 체계로 발전시키는 것이다. 변화 속에서도 구성원이 연속성을 체감할 때, 새로운 구조는 낯선 강요가 아니라 자연스러운 흐름으로 받아들여진다.

이 과정에서 9장에서 다룬 듀얼 오퍼레이팅 시스템dual operating system 개념을 확장해볼 수 있다. 기존의 안정적 운영 체계는 조직의 지속성과 신뢰를 보장하는 토대다. 동시에 문제 해결과 혁신을 위해서는 유연하고 빠른 실행 단위가 병행 운영되어야 한다. 이 두 체계가 공존할 때, 조직은 안정과 혁신을 동시에 추구할 수 있다. 이는 단절적 개편이 아닌, 전환적 적응을 가능하게 한다. 다시 말해, 기존 체계를 지우는 것이 아니라 그 위에 새로운 방식을 적층하고 확장해나가는 것이다.

지속 실행가능한 체계를 설계하기 위해서는 몇 가지 원칙이 필요하다.

첫째, 실행 단위 중심의 설계가 필요하다. 조직을 기능이나 직무로만 나누는 것이 아니라, 실제 문제 해결과 실행 흐름에 맞게 구조를 재편해야 한다. 둘째, 권한과 책임의 분산이 전제되어야 한다. 실행 단위가 자율적으로 판단하고 움직일 수 있을 때 구조는 살아 있는 유기체가 된다. 셋째, 회고와 개선의 루프가 내재화되어야 한다.

조직개발은 단절적 개편이 아니라 전환적 시스템을 만들어내야

     2부 — AI 시대, 우리만의 조직문화 만들기

한다. 이를 위해 실행 공동체의 목소리를 반영하고, 참여형 의사결정을 제도화하며, 자율적 실험을 시스템속에 내재화해야 한다. 이러한 전환 과정은 조직이 환경 변화에 능동적으로 대응할 수 있게 만들며, 동시에 구성원에게 심리적 안정감을 제공한다. 변화 속에서도 연속성을 느낄 때, 구성원은 새로운 구조에 몰입할 수 있다. 더 나아가, 이러한 전환은 기존의 체계를 전면 부정하는 것이 아니라, 그것을 토대로 새로운 질서를 적층하고 확장하는 방식이어야 한다.

이제, 조직개발은 지속 가능한 실행 루틴을 내재화하는 과정이 되어야 한다. 단절적인 구조 개편은 일시적인 충격을 줄 수 있지만, 오래가지 못한다. 반대로 전환적 구조는 실행 속에서 살아 움직이며, 끊임없이 학습하고 진화한다. 조직개발은 이 살아 있는 구조를 설계하고 유지하는 노력이며, 동시에 조직이 장기적으로 변화를 흡수하고, 미래를 준비하는 노력이다.

AI와 인간의 공진화를 촉진하는 조직개발

조직개발의 마지막 과제는 AI와 인간이 서로를 대체하는 관계가 아니라, 공진화co-evolution하는 관계를 어떻게 촉진할 것인가이다. AI가 점점 더 정교한 데이터 분석과 자동화를 수행하는 시대에, 조직은 AI를 단순한 도구로만 이해해서는 안 된다. 동시에 AI

를 전면에 내세워 인간의 경험과 감각을 무시해서도 안 된다. 조직개발은 AI와 인간이 각자의 강점을 살려 서로를 확장시키는 구조를 설계해야 한다. 그리고 이 공진화 속에는 반드시 인간의 성장이라는 관점이 중심에 놓여야 한다.

AI는 방대한 데이터를 실시간으로 분석하고 패턴을 드러내며, 진단과 예측에서 강점을 발휘한다. 그러나 AI는 의미를 해석하거나 맥락을 이해하는 데 한계를 가진다. 반대로 인간은 데이터 해석 과정에서 직관과 감정을 결합해 실행 맥락을 만들어내지만, 방대한 정보를 즉각적으로 처리하는 능력은 AI에 미치지 못한다. 따라서 조직개발은 이 두 가지 차이를 충돌이 아니라 보완의 원리로 엮어내야 한다. AI가 진단·분석·예측을 담당하고, 인간은 의미·맥락·관계를 담당하는 순환 구조를 제도화하는 것이 핵심이다. 다시 말해, AI는 조직개발의 새로운 파트너이며, 이제 조직개발은 AI와 인간의 공동 설계 체계로 확장되어야 한다.

예를 들어, AI 기반의 펄스 진단은 조직의 참여도와 실행 리듬을 실시간으로 추적할 수 있다. AI 도구와 데이터는 조직개발의 리듬을 가속화한다. 그러나 그것이 어떤 경험적 맥락 속에서 발생했는지는 인간이 토론과 회고를 통해 밝혀내야 한다. 또 AI는 성과와 협업 데이터를 시각화해 보여줄 수 있지만, 그 데이터가 구성원에게 어떤 의미로 다가오는지, 어떤 정서적 반응을 일으키는지는 인간이 만들어내야 한다. 이때 조직개발은 AI가 제시하는 객관적 지표와 인간이 만들어내는 주관적 경험이 서로 분리되지 않

     2부 — AI 시대, 우리만의 조직문화 만들기

도록 하나의 루프로 연결한다.

중요한 것은, 이러한 루프 속에서 인간이 단순히 AI의 보완적 존재로 머무르는 것이 아니라, 성장하는 주체가 되어야 한다는 점이다. AI가 반복적이고 계산적인 과제를 대신 수행할 때, 인간은 더 높은 수준의 사고, 창의성, 관계적 리더십, 의미 창출에 집중할 수 있다. 즉, 공진화는 기술의 발전과 동시에 인간의 내적 성장, 곧 지적·정서적·윤리적 성숙을 촉진하는 과정이어야 한다. 조직개발은 AI를 통해 인간의 약점을 보완하는 동시에, 인간이 AI와 협력하며 스스로의 강점을 극대화하도록 돕는 체계여야 한다.

이 과정에서 중요한 것은, AI와 인간의 역할을 이분법적으로 나누는 것이 아니라, 공동 실행의 리듬을 만드는 것이다. AI가 제시하는 수많은 옵션 중에서 무엇을 선택할지는 인간의 가치관과 목적이 결정한다. 반대로 인간이 선택한 실행이 어떤 결과를 낳는지 빠르게 피드백하는 것은 AI의 몫이다. 이 순환이 반복될 때, 조직은 데이터와 경험, 분석과 실행이 결합된 새로운 학습 역량을 얻게 된다. 그리고 이 학습 과정 속에서 인간은 스스로 더 나은 판단자, 협력자, 창조적 실행자로 성장한다.

공진화를 촉진하는 조직개발은 단순히 기술과 사람을 함께 쓰는 차원을 넘어선다. 그것은 조직의 정체성과 구성원의 성장에 관한 문제다. AI가 더 많은 업무를 수행한다고 해서 인간의 의미가 줄어드는 것이 아니라, 오히려 인간은 AI와 함께 더 큰 맥락과 목적을 설계하는 주체로 서게 된다. 조직은 AI와 인간이 함께 만들어내는 실행과 학습의 리듬 속에서 새로운 조직문화적 기반을 갖추게 되며, 그 과정에서 구성원은 자기 효능감과 전문성을 확장한다.

궁극적으로, 조직개발이 지향해야 하는 것은 AI와 인간의 공진화를 촉진하는 체계다. 이는 기술을 수용하는 능동적 태도와 인간적 감각을 결합해, 조직이 더 빠르게 학습하고 더 깊이 성장할 수 있도록 만드는 힘이다. 이제 조직개발은 AI와 사람의 공진화 속에서 학습하는 조직을 만드는 체계가 되어야 하며, 그 학습은 곧 구성원 각자의 성장을 포함한다. 조직은 AI와 인간이 함께 만드는 실행 공동체로서, 미래의 불확실성을 능동적으로 헤쳐 나갈 수 있다. 그리고 이것이야말로 AI 시대 조직개발이 도달해야 할 마지막 목표이자, 인간이 성장하는 방식 그 자체다.

2부 "AI 시대, 우리만의 조직문화 만들기"를 마치며

AI 시대의 조직문화는 선언이나 구호가 아니라, 구체적인 실행과 학습의 흐름 속에서 형성된다. 파트 2는 바로 그 실천적 여정을 다룬다. 목적과 원칙에서 출발해 업무프로세스와 리더십의 전환, 평가와 보상, 성장 설계, 조직구조와 인프라를 거쳐, 궁극적으로 조직개발 체계와 진단 방식을 새롭게 설계하는 과정을 이야기하였다.

첫걸음은 "목적과 일하는 원칙(4장)"에서 시작하였다. AI가 과업을 빠르게 대체하는 시대일수록, 인간이 공유해야 할 것은 무엇을 위해 일하는지에 대한 분명한 답이다. 조직의 목적^{MTP}은 단순한 표어가 아니라, 모든 의사결정과 실행의 기준이 되어야 한다. 명확한 목적과 원칙이 없다면 자율성은 방황으로 흐르지만, 그것이 뿌리내려 있으면 구성원은 어디서든 방향을 잃지 않고 실행을 이어갈 수 있다.

이어지는 "업무프로세스(5장)"는 실행을 현실로 연결하는 리듬이다. AI가 업무를 자동화하고 데이터를 분석하더라도, 실행을 실제로 이어주는 것은 프로세스다. 불필요한 절차를 줄이고, 협업과 피드백이 원활히 흐르도록 설계된 프로세스는 조직의 실행 속도를 높인다. 특히 AI가 제안하는 다양한 옵션을 프로세스 안에서 신속히 선택하고 적용할 수 있어야 실행의 품질이 유지된다. 프로세스는 단순한 절차가 아니라 실행의 리듬을 만드는 것이다.

그 다음은 "리더십의 전환(6장)"이었다. 리더는 더 이상 통제자가 아니라 실행 촉진자로 자리매김해야 한다. 목표를 지시하는 사람이 아니라 실행 루프를 설계하고, 피드백과 학습을 연결하는 코치가 되어야 한다. 권한을 부여하고 자율성을 존중하며, 의미와 맥락을 공유함으로써 구성원이 몰입할 수 있는 환경을 만드는 것, 이것이 AI 시대의 리더에게 요구되는 핵심이다.

리더십 전환과 함께 중요한 주제는 "평가와 보상(7장)"이었다. AI 시대에는 단순한 성과 지표가 아니라 실행과 학습에 보상하는 구조가 필요하다. 실행의 시도와 학습의 루프를 인정하지 않으면 구성원은 도전을 멈추게 된다. 반대로 실행과 학습의 과정을 평가하고 보상할 때, 조직은 실패를 두려워하지 않고 새로운 가능성을 탐색할 수 있다. 성과는 결과뿐 아니라 과정에서도 만들어진다는 점을 문화적으로 제도화하는 것이 핵심이다.

이어서 "성장 설계(8장)"를 강조하였다. 직무와 연차 중심의 경력 경로를 넘어, 실행 속에서 학습과 성장이 일어나는 구조를 만들어야 한다. 구성원이 반복한 실행, 실패로부터 얻은 학습, 그 기록과 공유가 곧 성장의 경로가 된다. AI는 이러한 실행 데이터를 기록하고 매핑하여 개인의 성장 경로를 지원하는 동반자가 된다. 경력은 더 이상 이력서의 목록이 아니라, 실행과 학습의 여정으로 재정의된다.

이제 구조가 따라와야 한다. "조직구조의 전환(9장)"은 전략 기반 설계에서 실행 기반 설계로의 변화를 말한다. 고정된 부서와 위계가 아니라, 문제 해결 단위 중심의 구조가 필요하다. 실행단위 조직, 권한과 책임의 유기적 분산, 실행 중심 조직 설계 도구 등은 모두 실행을 빠르게 만들기 위한 장치다. 중요한 것은 '지속 가능한 고정 구조'가 아니라, '지속적으로 실행 가능한 유연 구조'를 만드는 것이다.

구조와 더불어 "공간과 기술 인프라(10장)"는 실행의 조건을 결정한다. 재택·오피스·이동을 오가는 하이브리드 환경에서 공간은 단순한 장소가 아니라 몰입을 가능하게 하는 설계 조건이 된다. 기술은 언제 어디서든 실행 루틴을 이어가도록 지원해야 한다. 결국 몰입과 실행을 가능하게 하는 물리적·디지털 인프라는 조직문화의 토대이다.

그리고, 마지막으로 "조직문화활동과 커뮤니케이션(11장)"에 관하여 이야기하였다. 모든 조직문화활동은 조직의 목적과 일하는 원칙을 일상 속에서 체화하게 만드는 장치로 설계되어야 한다, 또한 조직내 커뮤니케이션은 단순한 정보전달을 넘어, 실행의 속도와 품질, 일관성을 좌우한다

이 모든 것은 단발적 시도가 아니라, 하나의 "조직개발 체계

(12장)"로 이어져야 한다. AI 시대의 조직개발은 도구와 데이터로 실행의 리듬을 가속화하고, 사람과 AI가 함께 학습하는 공진화의 구조를 만드는 일이다. 목적과 원칙, 프로세스와 리더십, 평가와 보상, 성장 설계, 실행과 구조·인프라가 따로 흩어진 요소가 아니라, 하나의 체계 속에서 연결될 때 비로소 조직문화는 살아 움직인다.

파트2는 AI 시대의 조직문화가 어떻게 현실로 구현될 수 있는지를 논하였다. 목적과 원칙이 방향을 세우고, 업무프로세스가 실행을 잇는 리듬이 되며, 리더십은 통제에서 실행 촉진으로 전환된다. 평가와 보상이 실행과 학습을 인정하고, 성장 설계가 실행을 통해 경로를 만든다. 조직구조는 문제 해결 단위 중심으로 유연하게 재편되고, 공간과 기술 인프라는 몰입과 실행을 뒷받침한다. 이러한 요소들이 하나의 조직개발 체계로 통합되고 개선의 순환을 통해 지속적으로 발전한다.

AI 시대의 경쟁력은 기술 자체가 아니라 실행을 가능하게 하는 조직문화다. AI는 도구이고 데이터는 자원일 뿐이다. 그것을 어떻게 해석하고 실행으로 전환하는지는 조직문화의 몫이다. 따라서 조직문화는 선언이 아니라 실행의 리듬, 프로세스, 평가와 보상, 성장과 학습의 순환으로 구성된 살아 있는 생태계다.